코끼리
만지는
인생

코끼리 만지는 인생

초판 1쇄 인쇄　2022년 8월 25일
초판 1쇄 발행　2022년 8월 30일

글쓴이　　　　이근후
발행·기획·편집　최다경

발행처　유한회사 인디북스
주소　　서울시 동작구 장승배기로 44 2층
홈페이지　www.indibooks.co.kr
페이스북　www.facebook.com/indibooks.co.kr
블로그　　blog.naver.com/indibooksco

디자인　이기영 @오픈어스

ⓒ이근후 2022

ISBN 979-11-969390-0-7 03810

* 이 책은 저작권법에 따라 보호받는 저작물이므로 무단 전재와 무단 복제를 금지합니다.

코끼리 만지는 인생

이근후 이화여대 명예교수 지음

인디북스

저자의 글

"진짜 명품입니까?"
편집증 사회에서 행복을 말하다

시력이 나빠져서 한 쪽 눈은 완전히 안 보이고 나머지 한 쪽마저 희미하다. 그렇지만 매일 가족아카데미아에 출근하여 글도 쓰고 강연활동도 간간이 이어가고 있다. 지금 내 곁에선 장애인과 요양보호사가 녹취도 하고 타이핑도 하며 내가 글을 쓰는 데 도움을 주고 있다. 이 책《코끼리 만지는 인생》은 나의 말년의 기록으로 이렇듯 여러 사람이 힘을 보태 만들었다.

자식들은 내게 주의를 준다. 이제 시대가 많이 변했으니 정치, 종교 이야기는 제발 삼가고 특히 여성 문제에 대해선 함부로 발언하지 말라고. 평생 이화여자대학에서 가르치고 여학생들에 둘러 쌓여 살았는데 나 같은 올드보이는 시대에 뒤떨어지는 것인가. 좀 섭섭한 마음이 들기도 하지만, 자식들은 물론 나를 위해 하는 말이다. 그도 그럴 것이 나는 1935년생이고 이젠 여든을 훌쩍 넘겼다.

하지만 날로 발전하는 인터넷 매체 덕분에 나는 아직도 여전히 각종 뉴스를 접하며 세상에 대한 관심을 잃지 않으려 한다. 또 사정이 허락하는 한 사회적 참여를 소홀히 하지 않으려고 애쓰며 여생을 보내고 있다. 그러니 비록 노인이라도 한국의 현재에 대해 조심스럽지만 우려되는 바 한 가지를 전하고 싶다.

생계가 해결된다고 한 나라의 의식 수준이 더불어 성장하는 것은 결코 아니다.

한국은 일본의 식민지배, 6·25 전쟁을 치르고도 고도의 경제발전을 이루었지만, 한 사회의 인권 의식과 정신적 성장이 저절로 이루어지는 것은 아니라는 뜻이다. 진정 잘 사는 나라, 국민이 행복해하는 나라는 정신 건강과 복지를 위해 더욱 힘쓴다.

오래 전 이야기지만, 의과대학을 졸업하고 진로를 결정할 때 지도교수님에게 정신과 의사가 되고 싶다고 했다. 지도교수님은 대번에 '너, 미쳤니?' 하고 외쳤다. 그분 말씀의 속뜻은 물론 내가 정말 정신질환자라는 것은 아니다. 당대엔 정신과 하면 오직 조현병 만성환자, 스스로 생을 포기한 폐인, 회복이 불가능한 치매 말기 환자만을 떠올렸기 때문이다. 의학 공부를 어렵사리 마치고 진로를 택하려 할 때, 하고 많은 전공 중에 왜 하필 정신과를 택해 가망 없는 낙오자들을 다루려 한단 말인가. 그분은 도리어 나를 위해서 만류하려 하셨던 것이다. 하지만 앞서도 말했듯이, 한 나라의 의식 수준은 정신 건강, 마음의 행복, 인권 보호 등으로 결정되는 것이지, 의식주의 해결이 잣대가 되는 것은 아니다.

내가 막 의사 공부를 할 때 신문에 대서특필되기도 했다. 조그만 마을에 만성 조현병 환자를 아들로 둔 어머니가 살았는데 동네에서 모자를 쫓아내려고 하자, 공동묘지에 가묘를 하나 만들어 놓고 아들이 죽어 장사 지낸 척하며 지냈다. 묘에는 작은 출입구를 하나 만들어 낮에는 가려 놓고 아들을 가두어 두고 아무도 못

보게 했다. 아들이 죽은 척, 홀로 사는 척 했다. 누군가 이를 알고 신문사에 제보하여 기막힌 사연이 세상에 알려지게 된 것이다. 동네 주민들을 사회적으로 지탄하고 언론에서 난리법석을 부려도 잠시 잠깐 세간의 이목을 모았을 뿐이다. 사회적 편견은 단번에 불식되지 않으며 여론의 관심도 문제를 해결하지는 못하며 한 나라의 인권을 개선하는 것은 세기에 걸쳐 기획하고 우리 모두가 실천해야 하는 일이다. 지금 한국은 예전과 비할 수 없는 물질적 풍요를 이루었지만, 안타깝게도 서로에 대한 불신이 팽배하고 내면의 행복과 여유를 상실해 보인다. 정말 아직도 멀었다.

얼마 전이었다. 식당에 앉았는데 옆 테이블에 막역한 사이로 보이는 두 여인이 담소를 나누고 있었다. 한 여인이 아무렇지 않게 건너편의 여인에게 묻는다.
"그거 진짜 명품이야?"
이런 대화가 일상이 되어 버렸다. 사람들은 가짜 뉴스 때문인지 방송을 보고 나면 묻는다.
"저건 진짜 뉴스야? 그걸 어떻게 알아?"

음모론이 유행하고 일상에서도 진위를 따진다. 건전한 호기심보다 불필요한 의심이 팽배하다. 한 나라의 인식을 바꾸는데 한탄만 하고 실망해서야 쓰겠는가? 해방이 된 지 아직 100년이 되지 못했고, 민주정부가 들어선 지 반세기가 채 지나지 않았다. 우리에게 실망과 자책은 성급하다.

이 책에서 나는 우리가 놓치기 쉬운 일상의 소소한 재미, 나눔과 베풂의 중요성, 불안 초조 의심에서 벗어나 지금 현재에서 느낄 수 있는 행복을 강조하고자 했다.

이 책을 펴내기로 한 편집자가 내게 물어왔다. 의사로서 가장 행복한 순간은 언제였냐고. 나는 답했다. 환자가 어느덧 병고에서 벗어나 나에게 반갑게 인사해 오는 일이라고. 동의하에 밝힌 건데 이 책의 편집자가 바로 나의 환자였다. 간혹 이런 사례들이 있다. 신상을 자세히 밝힐 순 없지만, 아픔을 딛고 일어선 환자들이 자신의 생생한 경험을 바탕으로 세상에 보탬이 되고자 하는 일을 기획하기도 한다. 또 정부에서도 요즘 이러한 사업을 후원해 주려 한다. 사회는 이렇게 점진적으로 발전하는 것이다.

각계각층에서 교육 의료 활동을 펼치고 있는 나의 제자, 또 자신의 병고를 세상에 알리고 보탬이 되려 하는 환자, 또 장성하여 건실하게 사회생활을 하고 있는 나의 자식손자들이 보다 나은 미래를 설계할 거라 믿어 본다. 그리하면 지금의 우려도 희망으로 바뀌지 않을까.

2022년 8월
이근후

차 례

저자의 글 "진짜 명품입니까?" — 편집증 사회에서 행복을 말하다 4

Chapter 1 인생이란 무엇일까?

코끼리 만지는 인생 12 | 인생은 덤이다 16 | 인생은 여행이다 22 | 인생은 소꿉장난이다 27 | 인생은 후회다 32 | 인생은 나눔이다 36 | 나눔은 어려울까, 쉬울까? 41 | 인생은 나그네의 삶이다 47 | 인생은 선택이다 54 | 인생은 한 번이다 59 | 인생은 착각이다 65 | 인생은 찰나다 71 | 인생은 황홀한 기쁨이다 76 | 인생은 짧다. 그러나…… 80 | 인생은 곱셈이다 86

Chapter 2 행복은 큰 것이 아니다

주는 것보다 받는 것이 많다 92 | 행복은 누가 주는 것이 아니라 내가 찾는 것이다 96 | 그럼에도 불구하고 100 | 존경과 사랑 105 | 잡동사니 109 | 질투는 시간의 낭비다 116 | 항상 맑으면 사막이 된다 121 | 완벽한 사람은 없다 125 | 바다는 비에 젖지 않는다 130 | 인생에서 가장 슬픈 세 가지 135 | 오늘은 남은 인생의 첫날이다 139 | 실패란 넘어지는 것이 아니라 넘어진 자리에 머무는 것이다 144 | 치매환자도 행복을 안다 149 | 장애인 중에 유명인이 많다 155 | 병도 나의 친구다 159 | 아쉬움 없는 삶이 있을까? 165 | 철 들자 남은 시간이 없다 170 | 고통은 지혜를 만든다 176 | 메타박스 182

Chapter 3 인생을 마음껏 누려라

살아서 돌아오라 190 | 오늘을 즐겨라 194 | 학생으로 살아라 199 | 어머니의 마음으로 204 | 아름다움을 발견하고 즐기라 209 | 책을 즐기라 213 | 여한 없이 살아보자 219 | 정직한 자서전을 쓰자 225 | 적선하세요 230 | 내 고집만 부리지 마라 235 | 자유를 책임지라 240 | 자주 그리고 멀리 걷자 246 | 잠을 충분히 자라 250 | 사랑한다 말하라 254 | 논쟁에서 이기지 마라 259 | 당신의 과거와 화해하라 265 | 힘껏 여행하라 270

편집자의 글 276

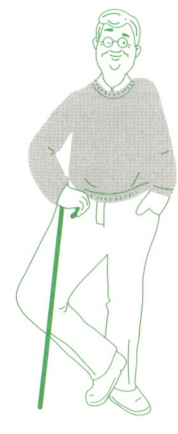

Chapter 1
인생이란 무엇일까?

코끼리 만지는 인생

유대인의 조크 joke

모세, 예수님, 프로이트, 마르크스, 아인슈타인이 하늘에서 만나 무엇이 인간사회를 움직이는 핵심적인 원리인가에 대해 논의했습니다.
먼저 모세가 십계명을 손에 들고 말했습니다.
"법이 전부입니다."
그러자 예수님이 양손의 못 박힌 자국을 펼쳐 보이며 말씀하셨습니다.
"아니, 사랑이 전부죠."
프로이트는 《꿈의 해석》을 들어 보이며 말했습니다.
"무의식과 섹스가 전부예요."
마르크스는 밥 먹던 숟가락을 놓더니 목소리를 높였습니다.

인생이란 무엇일까?

"밥이 전부죠. 돈이 전부예요. 이게 세상을 움직인다고요."
그러자 아인슈타인이 조용히 칠판에 "$E=MC^2$"를 휘갈겨 쓰고는 말했습니다.
"모든 것은 상대적입니다."

— 작자 미상

친구가 보내온 메일의 내용이 무척이나 재미있다. 그 친구가 지어낸 이야기인지, 아니면 다른 사람의 글을 인용해서 보내온 것인지는 모르겠으나 퍽 인상적이었다.

우선 여기에 등장하는 이들이 모두 유대인이라는 점에 놀랐다. 또 나는 정신의학을 전공한 의사이기에 프로이트의 등장이 흥미로웠다. 그의 말에 따르면 '인생이란 곧 무의식과 섹스'이다. 물론 여기에서는 우스갯소리처럼 인용되었지만 완전히 틀린 말은 아니다. 정신과 전문용어로 인간의 본능을 '리비도'라고 하는데 리비도가 무의식적이며 생래적이라는 데는 반론의 여지가 없다. 그런데 제아무리 프로이트가 주창했다 해도 이런 가설 하나만으로 인생 전부를 설명하는 데는 동의하기가 어렵다. 우리의 인생은 그렇게 단순하지가 않기 때문이다.

다른 등장인물, 심지어 예수님도 마찬가지다. 일생에 걸쳐 깨달아 얻은 지혜를 압축하여 표현한 것이니 틀렸다고 단언할 수는 없지만 과연 그 말만으로 우리의 인생을 온전히 설명할 수 있을까?

친구가 보내온 메일을 읽으며 '장님 코끼리 만지기'라는 속담이 떠올랐는데 이것이 우연의 일치는 아니다. 이 속담은 불교 경전인 《열반경》에 나오는 맹인모상盲人摸象 일화에서 유래했다. 풀이하자면, 전체를 보지 못하고 자기가 알고 있는 부분만 가지고 고집을 부린다는 의미다. 흔히 어떤 사람의 좁은 식견을 비꼬아 말할 때 이 속담을 사용한다.

코끼리를 만져본 장님의 표현이 각양각색인데, 다리를 만져 본 장님은 코끼리가 기둥 같다고 하고, 귀를 만져 본 장님은 부채 같다고 하고, 몸통을 만져 본 장님은 벽 같다고 한다.

과학을 공부한 나로서는 이러한 제각각의 견해가 틀렸다고 할 수도 없는 노릇이다. 코끼리를 만져본 사람이 직접 만지고 느껴서 알게 된 경험적 사실은 어디를 만졌느냐에 따라 그 느낌과 표현이 다른 것뿐이지 틀렸다 할 수 없기 때문이다. 그러나 자신이 만져본 코끼리의 일부를 전체라고 고집한다면 그 장님은 실제의 코끼리를 영원히 상상할 수 없을 것이다. 비록 눈은 보이지 않는다고 하더라도 그들이 힘을 합해 코끼리의 각 부분을 나누어 만지고, 그 촉각으로 감지해낸 이미지를 퍼즐 조각 맞추듯이 합친다면 코끼리에 가장 근접한 이미지를 만들어낼 수 있지 않겠는가? 또 같은 장애를 가진 그들이 그 이미지를 공유한다면 그들끼리도 더 잘 소통할 수 있지 않겠는가?

우리보다 오랜 세월을 먼저 살다 간 조상이 남긴 속담을 들여다보면 이런 지혜를 발견하고 인생을 새롭게 읽을 수 있다. 일견 우스갯소리 같은 유대인의 유머도 현대적 감각으로 표현되어 있지만, 다시 의미를 곱씹어 해석해 보면 그 안에 담긴 지혜를 이해하기가 더 쉬울 것이다.

그런데 선조가 남긴 인생에 대한 속담도, 지혜도, 이론도 각기 그 나름대로 옳기는 하지만 '인생은 이런 것이다. 이것이 진리다'라고 일반화할 수 있을까? 그러한 명제는 이 나이가 되도록 아직 찾아내지 못했다. 즉 나는 아직도 진짜 코끼리의 전체를 보지 못했다.

과연 인생이란 무엇일까? 인류 문명이 시작된 이래 이름만 대면 알 수 있는 철학자뿐만 아니라 범인凡人도 이 질문과 그 답에 많은 관심을 기울였고 나름의 해답을 제시했다. 저마다 그 자체로는 일리가 있으나 그것을 인생 전체라고 일반화할 수는 없다. 그러니 궁금증이 더할 수밖에 없지 않은가? 장님이 만진 다리와 귀, 몸통을 합치면 과연 진짜 코끼리를 알 수 있을까? 인생이란 정말 무엇일까?

인생은 덤이다

〈갈멜의 종은 울고〉 중에서

시냇물 촐랑이는 소리밖에는
죽은 듯 적적한 초가을 저녁을
나는 나를 대면하여 앉았는데

매미가 운다.
한 놈이 우니 다른 놈도 다투어 운다.
무엇이 슬퍼서가 아니라 생의 찬미가다.

수녀들은 제대 앞에서

무릎을 꿇고 기도를 올리겠구나.
천사처럼 아름다운 그녀들의
나는 새와 달밖에 보지 않는 그녀들의
그윽한 아베마리아 소리가 메아리친다면
그 여운 따라서 내게도 소리가 날까?

세상을 버리고
육친을 버리고 다시 청춘을 불살아 버리고
평생을 그리스도와 사랑으로 대결하는
그녀들 가슴의 십자가를 생각할 때마다
나는 감히 얼굴을 들 수 없는 나를 대면하여 앉았는데

갈멜의 종은 울고
아울러 매미는 다시 다투어 울고
네게는 그래도 아무 소리도 손길도 없고
그러므로 나는 차라리 괘씸하게 생각되는
나를 대면하여 앉았는데
또 갈멜의 종은 울고.

— 한솔 이효상(교수·시인, 1906~1989)

'덤'이라는 우리말이 있다. 물건을 팔 때 제 값어치의 물건 외에 다른 물건을 조금 더 얹어서 준다는 뜻이다. 나는 대학교 입학 후의 인생은 덤이라는 말을 숱하게 들었다. 그런데 누가 나에게 어떤 덤을 주었다는 말인가? 이 말도 언제부터인가 누군가가 생각해내서 전해진 것일 텐데 정확한 기원은 모르겠다.

　의예과 시절 독일어를 배웠는데 내게 처음 독일어를 가르쳐 주신 분이 바로 한솔 이효상 시인이었다. 그렇게 나는 그분과 사제 간의 인연을 맺었고 대학 내 동아리였던 시문학연구회에서 활동하면서는 한솔 선생님을 지도교수로 모시게 되었다. 교외 활동으로 경북 학생 산악연맹을 만들어 한솔 선생님을 회장으로 모시면서부터는 더욱 특별하고 가까운 인연이 되어 선생님께서 타계하실 때까지 아주 가까이에서 자주 뵐 수 있었다.
　한솔 선생님으로부터 인생은 덤이라는 말을 처음 들었다. 나는 그때 그 말을 들으며 인생이 어떻게 덤이 될 수 있는지 궁금했지만 그 뜻을 선뜻 물어보지는 못했다. 나는 의학도였고 순전히 의학적인 이유로 그 말에 동의할 수가 없었다.

　우리가 이 세상에 태어난다는 것은 확률적으로는 기적과도 같다. 수태의 과정을 보면 인간은 아주 치열한 경쟁한 끝에 이 세상에 나오는데 인생이 덤이라니 선뜻 동의가 되지 않았던 것이다. 의학적으로 설명하면 독자도 나의 아리송함을 보다 쉽게 이해할 수 있을 것 같다.
　인간은 세상에 나오면서 부모의 몸을 의탁하므로 어떤 부모를 만나는가가 매우 중요하다. 부모와 자식의 인연은 그 자체로 존귀하다. 우리가 한 생명체로 태어나는 과정을 보면 어머니는 난자를 한 달에 한 번 생산하여 수란관으로 내보내는데 이 난자는 단 3일밖에 살지 못한다. 게다가 한 번의 부부 관계로 사정되는 정자의 양은 무려 3억 5천 마리이다. 이 정자 3억 5천 마리가 자궁 경부에서부터 난자가 있는 수란관까지 25센티미터의 거리를 필사적으로 헤엄쳐 간다. 그중에서도 제일 빠르고 강한 정자만이 난자와 결합하여 수정란이 된다. 그리고 자라서 태아가 되고 열 달이 지나야 이 세상에 나오는 것이다. 게다가 단 한 번의 부부 관계로 수정이 이루어지는 것이 아니라 무수한 부부 관계 가운데 특정한 날짜에만 수정이 가능하다. 즉 난자와 정자가 결합할 수 있는 날에만 수정란이 생성될 수 있다. 그러니 의학도인 나로서는 인생은 덤이 아니라 치열한 경쟁에서 승리한 강자가 획득한 기회라고 생각할 수밖에 없다. 이런 생각을 쭉 좇다 보면 한 생명체로 태어남과 인생은 결코 덤이 아니라는 결론에 이르게 된다.

사람들은 흔히 말한다. '이 세상에 태어나고 싶어서 태어난 사람이 어디 있겠는가. 그리고 저세상에 가고 싶어서 가는 사람이 어디 있겠는가.' 허나 정자가 이토록 안간힘을 써서 엄청난 경쟁을 뚫고 난자를 만나는 것을 알고 보면 누가 태어나고 싶어서 태어났느냐는 말을 함부로 할 수는 없다.

한솔 선생은 경북대학교에서 교수로 재직하시다가 4·19혁명 이후 참의원에 당선되어 예결위원장을 지내신 분이다. 또 5·16군사정변 후에는 국회의원에 선출되어 나중에는 국회의장까지 지내신 정치인으로도 유명한 분이다. 그러나 나에게 선생님은 정치인보다 문학 동아리의 지도교수와 산악회 회장님으로서 곁을 함께하였다. 문학과 산을 매개로 맺어진 인연이 일생 동안 지속되었으니 평생의 은사인 셈이다.

처음 한솔 선생으로부터 인생은 덤이라는 말을 들었을 때 나는 순전히 의학적인 이유에서 동의하지 않았다. 그러나 그분은 독실한 가톨릭 신자로서 영원을 믿는 분이셨기에 '우리네 삶은 하나님께서 주신 것이라는 뜻으로 덤이라고 하셨나 보다' 혼자 짐작해 보았다.

우리는 보통 덤으로 받으면 공짜라고 생각하고 하찮게 여기거나 반대로 욕심내어 더 가지려고 한다. '공짜라면 양잿물도 마신다'라는 속담이 있다. 덤으로 얻었다고 하더라도 양잿물을 마시면 죽음에 이르는데도 사람의 심보가 때로는 그토록 어리석어 생겨난 말일 것이다.

한솔 선생님은 문학이나 산악에 관한 환담을 나눌 때면 으레 '인생은 덤이다'고 하시면서 '덤으로 받은 삶을 헛되이 살지 말라' 하는 말씀을 덧붙이셨다. 단순히 일상에서 말하는 덤, 세속적으로 생각되는 덤의 뜻과는 다른 '덤'을 선생님은 우리에게 가르쳐 주시려 했던 것이다.

나도 이제 나이가 들어 지금까지 살아온 경험을 돌이켜 보면 한솔 선생님께서 말씀하신 덤의 뜻이 조금은 이해가 된다. 젊어서는 '3억 5천 마리 중에서 치열한 생존 경쟁을 뚫고 얻어낸 삶이 어찌 덤이란 말인가?'라고 반문하며 과학적으로만 생각했으나, 덤에 관한 이야기를 한솔 선생님께 워낙 자주 듣다 보니 뇌리에 박혀서인지 내 나름의 경험을 바탕으로 곱씹어 보게 된다.

'치열한 경쟁을 거쳐 인생이라는 기회, 삶이라는 선물이 주어졌으니 그게 바로 덤이 아니겠는가?'

선생님의 말씀을 뒤집어 생각해 보면 이런 뜻이 아니었겠는가 싶다. 물론 이런 해석도 인생 전부를 설명할 수는 없지만 따지고 보면 인생은 확실히 덤이라고 할 수도 있겠다.

선생님은 덤이라는 말씀 끝에 항상 '덤이니만큼 더욱 가치 있게 사용해야 한다'는 말씀을 덧붙이셨다. 사람들은 흔히 덤으로 얻은 것은 값어치가 없다고 여기고 쾌락을 위해 낭비한다. 그러나 쾌락의 추구는 삶의 질을 오히려 떨어뜨리고 가치 없는 삶을 살게 한다. 이를 진즉 깨닫고 경계하라며 후학에게 전하신 선생님의 뜻을 이해하기까지는 선생님의 곁을 오랫동안 지킨 나라 해도 한참이 걸렸다.

젊었을 때는 이해되지 않았을 뿐만 아니라 오히려 반문했던 '인생은 덤'이라는 말을 나는 이제 강연에 초청받거나 집필 의뢰를 받으면 즐겨 사용하고 있다.

살아 보니, 인생은 정말 덤이다. 공짜로 주어진 덤이니만큼 더욱 가치 있게 사용해야 하고 그렇게 의미 있는 인생을 살다 보면 또 다른 덤이 주어지기도 한다.

오늘은 세심정洗心亭이 내려다보이는 창밖으로 하얀 눈이 사락사락 내린다. 이것도 나에게는 덤이다. 어제는 볼 수 없었지만 오늘을 살고 있으니 이 아름다운 광경을 거저 즐기고 있지 않은가? 그렇게 나는 오늘 또 하나의 덤을 가슴에 품어 본다.

인생은 여행이다

〈여행길에서〉

우리의 삶은
늘 찾으면서 떠나고
찾으면서 끝나지

진부해서 지루했던
사랑의 표현도
새로이 해보고
달밤에 배꽃 지듯
흩날리며 사라졌던

인생이란 무엇일까?

나의 시간들도

새로이 사랑하며

걸어가는 여행길

어디엘 가면

행복을 만날까

이 세상 어디에도

집은 없는데……

집을 찾는 동안의 행복을

우리는 늘 놓치면서 사는 게 아닐까

— 이해인(수녀·시인, 1945~)

'우리의 삶은 늘 찾으면서 떠나고 찾으면서 끝나지.'

이해인 수녀님의 시 〈여행길에서〉의 첫 구절이다. 쉽지만 간결하고 가슴에 와 닿는 말이다. 여행은 '자기가 사는 곳을 떠나 유람을 목적으로 객지를 두루 돌아다님'을 뜻한다. 그렇다면 우리네 인생은 어디에서 와서 어디로 가는 것일까? 이 나이가 들었어도 이 질문에 정확한 답을 할 수는 없지만 인생의 여정이 바로 여행이 아닐까 싶다.

내 어린 시절을 돌이켜 보면 여행과는 거리가 멀었다. 집에서 학교까지 5분이면 걸어갈 수 있었고 교실에서 공부하다 쉬는 시간이면 잠깐 화장실에 들렀고 공부가 끝나면 5분 거리에 있는 집으로 돌아왔다. 이것이 내 어릴 적 동선의 전부다.

1970년대 중반 일본 동경에서 열린 학회에 참석한 것이 나의 첫 해외여행이다.

그때만 해도 외국에 나가기가 아주 힘들었다. 절차도 복잡했고 외화를 아끼느라 정부도 확실한 목적이 없는 단순 여행에는 여권을 내주지 않았다.

'여행'이라고 하면 생각나는 사람이 있는데, 바로 철학자 칸트(1724~1804)는 시간을 정해 놓고 자기 집 주변을 산책할 만큼 산책을 즐겼으나 근거리 외에는 멀리 나가본 적이 없었다. 그에게는 그 산책이 유일한 여행이었던 셈이다. 그러나 그의 후학들은 칸트가 우주를 포함한 다양한 영역으로 지적 행로를 확장한 대단한 여행가라고 주장한다. 그러고 보면 꼭 발로 걷고 비행기를 타야만 여행이라고 할 수 있는 것은 아닌 것 같다.

나의 지인 가운데 한 분은 루프스라는 희귀질환을 앓고 있던 아내의 병세가 악화되자 아내와 함께 세계여행을 떠났다. 아내의 소원이 죽기 전에 가고 싶은 곳을 두루 여행하는 것이었는데 아내의 청을 받아들여 잘 다니던 직장을 사직하고 여행을 떠났던 것이다. 그런데 그 여행은 휴양 목적의 여행이 아니라 오지만 찾아다니는 탐험 여행이었다. 게다가 틈만 나면 여행을 다니다 보니 세계 구석구석 안 가본 곳이 없었다. 한 번은 두어 달간 여행을 마치고 돌아온 부부를 보았는데 예상과는 달리 환자인 아내는 건강한 모습이었고 함께 갔던 남편이 오히려 환자처럼 보였다. 그동안 지인의 아내는 심장이식 수술을 받아야 하는 등, 건강상 위험한 고비가 생겨서 주치의가 여행을 말렸다고 한다. 그러나 주치의의 예상이 빗나갔던 것이다. 당시에는 나도 의사라서 이분들에게 여행을 더는 권장하지 못했었다. 다만 후에 그의 여행담을 들으면서 환자 본인의 간절한 소망과 남편의 순애보 같은 내조가 있었기에 아내의 병세가 호전된 것이 아닐까 하는 추측만 해볼 뿐이었다. 의학으로는 설명되지 않는, 기적과도 같은 치유담을 들으며 나 혼자 속으로 상상해 보았다.

'여행지' 하면 떠오르는, 또 나를 두고두고 후회하게 만드는 장소가 있다. 부처님의 탄생지인 룸비니가 바로 그곳이다. 1982년부터 코로나19가 확산되기 전까지 나는 매년 네팔을 찾았다. 처음에는 등반을 목적으로 네팔 여행을 시작했으나 차츰 여행 목적이 의료봉사로 바뀌었다. 퇴직한 이후에도 비록 규모는 줄었지만 계속 의료봉사를 해 왔고 한국과 네팔 간의 문화 교류에도 힘써 왔다. 그러면서 나는 부처님의 탄생지인 룸비니를 여러 번 방문했다.

나의 어머니는 독실한 불자이셔서 룸비니를 비롯해 부처님의 족적을 찾는 여행을 한다면 참 행복해하실 것 같다는 생각을 자주 했다. 그러나 내가 네팔 여행을 다닐 무렵에는 어머니가 이미 연세가 많고 건강도 여의치 않으셔서 여행을 권하지는 못했다. 그 대신 내가 룸비니를 다녀올 때마다 향이나 염주 같은 기념품을 사다 드리면 무척 좋아하셨다.

그런데 지금 돌이켜 보면 어머니의 연세가 많고 건강이 좀 여의치 않으시더라도 앞서 말한 그 지인처럼 어머니를 잘 모시고 다녀왔더라면 얼마나 좋았을까 하는 아쉬움이 든다. 나는 의사라서 의학적인 견해만 앞세워 여행을 만류하기만 했지, 나의 지인처럼 순애보 같은 동행을 해보지 못한 것이 지금까지 후회로 남는다. 내가 모시고 룸비니를 다녀왔다면 어머니도 그 지인의 부인처럼 치유되는 기적이 혹시 일어나지는 않았을까?

이쯤 되고 보니 이해인 수녀의 시 〈여행길에서〉의 첫 구절 '우리의 삶은 늘 찾으면서 떠나고 찾으면서 끝나지'라는 말이 더욱 실감 난다. 어머니와 함께 찾으면서 떠나고 찾으면서 끝났더라면 지금의 나에게 후회는 없었을 것 같다.

프랑스의 소설가 로맹 롤랑(1866~1944)은 이런 말을 남겼다.
'인생은 왕복 차표를 발행하지 않습니다. 한 번 떠나면 두 번 다시 돌아올 수가 없습니다.'

그의 말을 듣고 보니 문득 이런 생각이 들었다.

'일단 한번 떠나 보라. 그곳이 어디든. 인생이라는 여행은 편도니까.'

인생은 소꿉장난이다

〈어린 시절〉 중에서

진달래 먹고 물장구치고 다람쥐 쫓던 어린 시절에

눈사람처럼 커지고 싶던 그 마음 내 마음

아름다운 시절은 꽃잎처럼 흩어져 다시 올 수 없지만

잊을 수는 없어라 꿈이었다고 가버렸다고

안갯속이라 해도

— 이용복(가수, 1970~)

어느 한가한 오후 나는 소파에 앉아 손자 손녀를 보며 이런 생각을 해보았다.

'나는 엄마 할게, 너는 아빠 하고, 너는 아들 해라.'

현직 교수로 있을 때 대한신경의학회 부회장직을 맡은 적이 있는데 그때도 어릴 적에 했던 소꿉놀이가 떠오르고는 했다. 당시 회장은 서석조 교수님(1921~1999)으로 지금의 순천향병원을 포함한 순천향대학교를 설립하신 분이다. 매월 임원회의 후 인근 식당에서 저녁 식사를 할 때 반주로 술이 몇 바퀴 돌고 나면 회장님은 어김없이 이선희의 'J에게(1985, 이세건 작사 작곡)'를 열창하셨다. 나는 이 노래를 들으면서 어린 시절에 소꿉장난을 할 때 나와 함께했던 추억의 그녀를 떠올렸다. 그녀의 성姓 이니셜이 'J'였기 때문이다. 나는 아빠를 했고, 그녀는 엄마였다.

나의 손자 손녀에게 내가 그들 나이만 할 때 그녀와 함께했던 소꿉장난 이야기를 들려 준 적이 있다. 손자 손녀의 반응을 요약하면 이렇다.
"요즘 아이들이 그런 소꿉장난을 하나요? 그 나이면 이제 그런 놀이 안 해요. 실제로 이성 친구를 사귀기도 하고 나중에 결혼하자고 약속하는 아이들도 있어요."
세상이 이렇게 변했단 말인가? 할아버지가 손자 손녀에게 유치원 아이처럼 J와 소꿉장난했던 이야기를 늘어놓고 나니 좀 창피하다는 느낌도 들었.

"그 엄마 역할을 했던 친구 혹시 할아버지의 첫사랑 아니에요?"
나는 쉽게 수긍할 수가 없었다. 중학교에 진학한 후에는 한 번도 만난 적이 없고, 떠올린 적도 없는데 어찌 첫사랑이라고 하겠는가?
사실 중학교 입학 후에 J에게서 책을 한 권 선물받기는 했다. 너무 오래되어서 자세히 기억은 안 나지만, 주인공이 온갖 고통과 시련을 극복하고 결국 의사가 되었다는 내용이었다. 그 책은 내가 의사가 되는 데 큰 영향을 주었다. 내가 나 스스로를 분석해 보았을 때 의식적인 수준에서 내가 의사가 되고자 했던 주된 동기는 바로 병약했던 어머니였다. 어머니가 자주 편찮으셨고 치료가 필요했기에 내가 어른이 되면 꼭 의사가 되어서 어머니를 돌봐 드리리라 마음먹었었다.

한번은 어머니의 병이 위중하여 한밤중에 왕진을 요청하러 갔다가 거절당하고 슬픔과 걱정에 잠겨 돌아온 적이 있다. 아직도 그 기억이 생생하고 가슴이 아프다. 나는 환자였던 어머니의 치료를 거절당했다는 사실에 눈물을 흘리며 어른이 되면 꼭 의사가 되겠다고 다짐했었다.

의사가 되기로 결심한 것은 소꿉장난하며 놀았던 때보다 한참 나중의 일이다. 나의 손자 손녀는 아직 내가 소꿉장난하던 나이에 불과한데 내 이야기를 듣고 할아버지의 첫사랑이 어쩌니 저쩌니 하는 것을 보면 나의 어린 시절보다는 분명 더 조숙하다.

정신분석학이나 정신치료에서 모든 인간에게 기본적으로 중요하게 작용한다고 여기는 것 중에서 하나가 바로 아동기의 감정 양식이다. 나의 손자 손녀가 이런 가설을 알 턱이 없을 텐데, 그녀가 혹시 내 첫사랑 아니냐는 지적을 하니 퍽 일리가 있다는 생각이 들었다. 그래서 그 이후부터 나는 종종 J를 떠올리기도 하고 안부가 궁금하여 수소문도 해보고 다시 한 번 만나보려고도 했지만 아직까지 인연이 닿지 않아 만나지 못했다.

어릴 적 소꿉장난은 가상의 살림살이로 부모를 모방하는 놀이이기는 하지만 가만히 들여다보면 중년기의 실제 삶과 크게 다르지가 않다. 다른 점이 있다면 아동기의 소꿉장난은 놀이이고 중년기의 소꿉장난은 현실이고 실제 인생이라는 것이다. 물론 실제로 결혼하여 부부가 되고 자녀를 낳아 양육하며, 하루하루 삶을 영위하기 위해 직장에 나가 부지런히 일하는 이 모든 생활은 물론 어릴 적 엄마 아빠 역할놀이와는 그 무게와 책임 면에서 완전히 다르다.

막상 어른이 되고 보니 매일의 삶이 생소할 정도로 다르고, 또 날마다 일어나는 예측 불허의 일에 대처하기 급급한 나머지 어릴 때의 소꿉장난 같은 재미는 없었다. 이제 자녀들은 장성하여서 각자의 가정을 꾸리고 자녀를 낳아 그들 나름의 실제 소꿉놀이를 하고 있다. 나도 이제 무거운 짐을 벗을 때가 되었다.

그렇다면 지금부터는 어떤 소꿉놀이를 하며 살아야 할까? 몸은 쇠약하고 눈과 귀는 어두운 할아버지 할머니 둘이서 소파에 앉아 두런두런 이 말 저 말 나누는 것이 소소한 재미를 준다. 옛날이야기를 하나씩 들추어내면서 둘이 주거니 받거니 하고 있노라면 곁에서 듣고 있던 손자 손녀가 박장대소한다. 나이 든 할아버지 할머니가 동문서답하는 것이 그리도 재미있나 보다. 이 코미디 같은 대화가 우리 같은 노인에게는 소꿉놀이나 마찬가지다. 그러고 보면 인생 자체가 소꿉놀이의 연속이 아닌가 싶기도 하다.

첫 번째는 어릴 때의 엄마 아빠 역할놀이이고, 두 번째는 어른이 되어 현실 속에서 허겁지겁 살아 내는 소꿉놀이이다. 그 책임감이 주는 무게가 어깨를 무겁게 했던 두 번째 소꿉놀이에서 벗어나면 세 번째로 옛 추억을 주제로 이런저런 대화를 주고받으며 웃고 떠드는 추억의 소꿉놀이를 하게 된다.

남의 일이라고 생각하고 동떨어져서 들여다보면 그때그때마다 소꿉놀이의 규모나 질만 달라질 뿐이지 그 내용은 다 비슷하다는 생각이 들었다. 이제 현실에서 숨 가쁘게 치러냈던 두 번째 소꿉놀이에서 벗어난 지도 한참 흘렀으니 내 인생을 옛날 옛적 엄마 아빠 역할놀이부터 돌이켜 보며 정리하는 것도 즐거운 놀이일 것 같다.

인생이란 것이 한 번에 두 가지 형태로 살 수 있는 것이 못 되니 우리의 삶은 각자 하고 있는 유일하고 독특한 소꿉놀이라고 할 수 있겠다. 철없던 시절의 엄마 아빠 역할놀이에서 시작하여 눈코 뜰 새 없이 내달리던 현실의 소꿉놀이를 지나 종국에는 다시 코미디 같은 동문서답을 주고받는 엄마 아빠 놀이로 되돌아가 마침표를 찍으니 가히 일생을 소꿉놀이라고 봐도 크게 틀리지 않겠다.

인생을 소꿉놀이에 빗대어 보며 이용복의 노래 〈어린 시절〉의 가사를 흥얼거려 본다.

"진달래 먹고, 물장구치고 다람쥐 쫓던 어린 시절에 눈사람처럼 커지고 싶던 그 마음 내 마음……."

아마도 그 커지고 싶던 마음 안에 엄마도 들어 있고, 아빠도 들어 있었나 보다. 어릴 적에 함께 소꿉놀이했던 그녀 J도 지금의 나처럼 이 노래를 흥얼거리며 옛 추억과 그때의 책 선물을 떠올리진 않을지 누가 알겠는가? 또 내 나이의 그 친구도 이제는 남편과 더불어 소파에 앉아 동문서답하는 코미디언이 되어 있을지 누가 알겠는가? 그래서 더더욱 보고 싶어지는 그녀이다.

인생은 후회다

〈서시〉

죽는 날까지 하늘을 우러러
한 점 부끄럼이 없기를,
잎새에 이는 바람에도
나는 괴로워했다.
별을 노래하는 마음으로
모든 죽어가는 것을 사랑해야지
그리고 나한테 주어진 길을
걸어가야겠다.

오늘 밤에도 별이 바람에 스치운다.

― 윤동주(시인, 1917~1945)

인생이란 무엇일까?

문득 '제아무리 잘난 사람이라도 일생 동안 한 번도 후회하지 않고 생生을 마칠 수 있을까?'라는 의문이 생겼다. 내가 살아오면서 읽은 수많은 시 중에 가장 두려움을 느끼게 했던 시는 바로 윤동주의 〈서시〉다. 그중에서도 특히 두려운 대목은 시의 첫 구절이다.

"죽는 날까지 하늘을 우러러 한 점 부끄럼이 없기를"

부끄럼으로 치자면 나는 지금까지 살면서 한 점이 아니라 수만 점은 지었을 것이다. 그런데 참 이상하게도 부끄럼을 부끄럼인 줄도 모르고 살았으니, 지금 생각해 보면 그 자체가 부끄러운 일이다.

후회란 '이전의 잘못을 깨닫고 뉘우치는 것'이다. 그런데 딱히 후회할 일이 기억나지 않으니 이상하다. 하늘을 우러러 부끄러운 일을 저질러 놓고도 후회함이 없다면 그것이 어디 사람이겠는가? 그러나 나에게 누군가 '당신이 살면서 해온 수많은 일 중 가장 후회되는 일은 무엇입니까?'라고 질문한다면 부끄러운 일은 수만 가지나 있어도 선뜻 대답이 나오지 않는다. 왜 그럴까? 이 질문에 대답하기 위해 내 기억을 되짚어 보려고 한다. 나는 '기억'이라고 하면 아름답고 좋은 기억이 아니라 아프고 나쁜 기억부터 떠오른다.

일본이 우리나라를 강제 점령하여 식민 생활을 할 때, 사람들은 조선말과 일본말을 혼용하고 있었다. 그러나 학교에서는 사정이 달랐다. 학교에서는 조선말을 절대로 사용하면 안 됐다. 식민치하의 교육은 아주 강압적이고 위협적이었는데, 만일 조선말을 쓰면 벌을 받거나 벌금을 내야만 했다. 당장의 곤욕을 피하려면 압제에 굴복할 수밖에 없었기에 조선말을 인위적으로 잊으려고 엄청 노력했다. 나는 그렇게 초등학교 4학년 때까지 일제강점기의 식민지 교육을 받았고, 1945년 8월 15일 광복을 맞으면서 상황이 전도되었다. 그때부터는 일본말을 사용하면 고통스러운 처벌이 뒤따랐다. 하루아침에 상황이 역전되어 나뿐만 아니고 다른 학생들도 혼란스럽기가 그지없었다.

'이전에는 조선말을 하면 처벌하더니 이제는 왜 일본말을 한다고 처벌한다는 말인가?'

어린 나이에 품은 의문이었지만 지금 생각해도 조선 사람의 인권을 송두리째 무시하고 우리 문화를 말살하는 교육을 자행했던 일본인은 참으로 괘씸하다. 그렇게 4학년까지 일본어를 배웠으니 웬만한 소통은 일본어로 가능했고 어렵지 않은 일본어 소설책도 읽을 수 있었다. 그러나 지금은 일본어가 뇌리에 그저 흔적으로만 남아 있을 뿐이지 의식 수준에서는 거의 지워졌다.

어른이 되어 전문의로 병원에 재직하면서도 유사한 경험을 했다. 정신과 환자는 자신의 고통스러운 상황을 해결하기 위해 아무에게도 이야기하지 못했던 자신의 치부까지 정신과 의사에게 털어놓고 개인적인 정보를 제공한다. 이후 치료가 끝나고 정신 건강을 회복하면 자신이 정신과 의사에게 했던 말이 부끄러워서 더는 떠올리고 싶지 않아 한다. 그리고 더 나아가 의사가 자신을 기억하지 말아줬으면 한다. 정신과 교과서를 보아도, 치료가 끝나면 평생 마주칠 일 없는 사람이 치료의 대상으로 적합하다고 해 놓았다. 그만큼 비밀 유지가 중요하다는 의미이고 의사와 환자의 관계도 민감하다.

내가 치료했던 환자 한 명은 정신과 의사 때문에 도리어 자기가 정신병에 걸렸다고 믿는 비논리적인 망상을 가지고 있었다. 그가 생각해낸 해결 방법은 이 세상의 모든 정신과 의사를 싹 쓸어버리는 것이었다. 그렇게 되면 정신질환자가 없어질 것이라고 생각했는지 정신과 의사들을 몰살할 방법이 있는지에 대해 나에게 묻고는 했다. 이런저런 이유로 나는 환자가 제공해 준 여러 가지 개인사를 기억하지 않는 습관이 생겼다. 내 스스로 강압하여 기억을 지운 것이다. 나에게도 후회할 일이 수없이 많았지만 이렇게 과거 기억을 강제로 지워온 탓에 자세한 기억이 바로 떠오르지 않는 듯하다.

'후회'라고 하면 일단은 '잘못'이 전제되어야 하고, 그 잘못을 깨닫고 반성하여 참회에 이르러야 진정한 후회가 될 것이다. 철학자 소크라테스(B.C.470~B.C.399)는 '음미되지 않은 인생은 아무런 보람이 없다'라고 했다는데 여기에서 말하는 음미가 바로 '후회'와 '반성'을 뜻하는 듯하다. 나는 후회 없는 인생은 없다고 확신한다. 하지만 뼈아프게 후회할 만한 일을 저질렀다고 해도 이를 깊이 반성하고 자기의 잘못에 대해 깊이 깨달으며 참회로 이어진다면 그는 비록 후회는 많았을지언정 부끄럼 없는 삶을 살았다고 해도 틀린 말은 아닐 것이다. 후회 없는 삶을 산다는 미명하에 잘못을 저지르지 않으려는 강박적인 삶이 아니라 후회를 통해 참회로 이어지는 삶이 진정 의미 있는 삶이 아닐까 하고 생각한다.

살아온 인생 중에 후회로 남는 순간을 되짚어 보니 사실은 일생이 후회투성이다. 중국의 시인 두보(712~770)는 '인생칠십고래희 人生七十古來稀(사람이 칠십을 살기는 예로부터 아주 드문 일)'라고 했다지만 지금은 백세 시대에 접어들었다. '걱정을 해서 걱정이 없어지면 걱정이 없겠네'라는 티베트 속담이 있듯이 때때로 반성하고 후회해도 걱정과 부끄럼이 없는 삶을 살기 위해 최선을 다하는 것도 좋지 않을까 싶다.

인생은 나눔이다

《이보다 더 큰 사랑은 없다》 중에서

하느님 보시기에 아름다운 것
가난한 세상 속으로 나와 함께 갑시다.
사람들이 끊임없이 죽어가는 이 땅,
비인간적인 이 세상 속으로.
굶주린 이들이 보이지 않나요?
당신의 자비는 어디 있나요?
그들은 웃고 우는, 당신과 나와 똑같은 사람입니다.
그들은 동정심뿐만 아니라 도움을 필요로 합니다.

— 마더 테레사(수녀, 1910~1997)

인생이란 무엇일까?

나눔이란 물질이나 마음을 서로 주고받는 것을 말한다. 사람은 사회적 동물이고 나눔 없이는 살아갈 수가 없다. 그럼에도 불구하고 어떤 사람은 나누지 않고도 살아갈 수 있다는 착각 속에 사는 것 같다. 한평생 정신장애인을 진료하며 새삼 깨닫게 된 바이지만, 특히 나눔을 경험하지 못한 사람이 마음의 고통과 병고에 시달리게 되는 것 같다. 특히 중증의 정신장애인에게는 나눔이라는 개념이 거의 없다.

언젠가 한 번은 약속이 있어서 강남의 한 빌딩에서 엘리베이터를 탔다. 그때 젊은 부인이 두세 살 된 아기를 안고 함께 탔는데 그 아기가 참으로 귀여웠다. 내가 아기에게 눈길을 주며 미소를 지어 보이자 아기는 나를 빤히 쳐다보고는 뚱한 표정을 지었다. 아기가 좋아하는 간식거리라도 하나 건네주면 좋아할 것 같아서 주머니를 뒤져 초콜릿 하나를 손에 쥐어 주면서, 아기가 예쁘게 생겼다고 인사말을 건넸다. 그 또래의 아기들은 손에 닿는 것은 무엇이든 입으로 가져가는데 어찌된 영문인지 그 아기는 내가 준 초콜릿을 손에 쥐고서 나를 한 번 힐끔 쳐다보더니 다시 엄마를 쳐다본다. 예사로운 아기의 행동이 아니다.

엄마는 아기에게 엄한 목소리로 "이비야(어린이의 행동을 제어할 때 쓰는 사투리 표현)"라고 한다. 내가 준 초콜릿을 먹지 말라는 뜻이다. 아기는 아마도 집에서는 할아버지를 본 일이 없는 것 같다. 예쁜 엄마나 젊은 아빠만 보다가 나와 같은 노인을 보았으니 아기는 섬뜩하게 느꼈을 법도 하다. 내가 준 초콜릿 같은 군것질거리는 이전에도 먹어 본 경험이 있을 텐데 엄마가 '이비야' 한다고 입에 넣지 않는 것을 보면 단단히 훈련받은 아기다.

슬픈 이야기이다. 서로 믿고 살 수 있을 만큼 사회가 안전하지 못한데 누군가가 초콜릿을 줬다고 해서 마구 받아먹을 수도 없는 노릇이다. 나야 그 순간에는 섭섭했지만 그렇다고 아기나 아기 엄마를 탓할 수도 없다. 조금은 무안한 마음을 안고서 엘리베이터에서 내렸다.

또 다른 일화도 있다. 나이대가 비슷한 아기를 각각 업은 엄마 둘이 정류장에서 차를 기다리고 있었다. 둘은 서로 모르는 사이인 듯했다. 한 아기가 막대 사탕을 빨아 먹고 있었다. 옆에서 그 모습을 보고 있던 다른 아기가 침을 삼키면서 자기 엄마에게 사탕을 내놓으라고 졸랐다.

'어떻게 될까?'

나는 이 상황을 유심히 보고 있었다. 사탕을 먹고 있는 아기는 다른 한 손에도 막대 사탕을 쥐고 있었다. '아기 엄마가 옆에서 보채는 아기에게 사탕을 나눠 주라고 하면 좋을 텐데……' 하는 기대를 해보았으나 그 엄마는 못 본 체하며 무표정이다. 옆에 있던 아기는 사탕이 먹고 싶어서 계속 떼를 썼다. 그때 그 아기의 엄마가 이렇게 말했다.

"음, 우리 백화점에 가자. 저 사탕보다 훨씬 맛있는 사탕 사줄게."

말에는 가시가 돋쳐 있었다. 나는 그 광경을 지켜보면서 침묵하는 엄마도, 더 맛있는 사탕을 사준다는 불편한 말로 아기를 달래는 엄마도 이상하게 보였다. 괜스레 내가 민망했다.

'참, 나눔이 무엇인데 저렇게 어렵나…….'

나에게 진료받았던 한 환자는 약국을 직접 운영하며 돈도 많이 버는 약사였다. 그는 월말이 되어 제약 회사에 약값을 지불할 때면 아깝고 억울해서 잠이 안 온다며 나에게 한동안 치료를 받았다. 당시에는 약국에서 외상으로 약을 먼저 들여놓고 월말이 되면 팔린 약만큼 제약 회사가 수금해 가는 것이 관례였다. 무엇이 아깝고 억울한지 이해가 되지 않았다. 이런 증상은 약물로 한두 번 잠을 재울 수는 있어도 아깝고 억울한 마음을 달리 먹지 않는 이상 나아지기가 쉽지 않다. 그

때는 나도 경험이 적은 젊은 의사였기에 이 환자의 습관을 바꿔 보려고 내 나름의 계획을 세웠다. 이 환자에게 나누는 기쁨을 알려주고 베푸는 습관을 갖게 해준다면 그 아깝고 억울한 마음이 누그러질 것이라고 생각했다. 그래서 나한테 약을 타러 올 때 선물 하나를 꼭 가지고 오라고 했다. 내가 선물을 받고 싶어서가 아니라 그렇게 치료하면 마음과 행동이 바뀔 것이라는 짧은 생각에서 해본 시도였다. 그분은 내 말대로 올 때마다 박카스 한 병을 선물로 가지고 왔다. 그런데 그 한 병을 나에게 줄 때 아까워서 손을 부들부들 떨었다. 박카스 한 병 주는 것이 얼마나 아까우면 손이 다 저렇게 부들부들 떨릴까? 사실 나에게 선물로 줬던 박카스도 제약회사가 약국을 찾는 고객에게 판촉용으로 나누어 주라며 공짜로 제공한 제품이었다. 그런 박카스도 남에게 주는 것이 아깝다면 그의 말대로 월말이 되면 초주검이 될 법하다는 생각이 들었다.

나눔도 교육이다. 어릴 때는 측은지심이 부족하다고 하더라도 교육을 통해 나눔의 중요성을 학생들에게 계속 알려주면 자라서도 이타적인 행동을 별 어려움 없이 할 수가 있다. 앞서 사례로 든 엄마들처럼 자기 아기에게 사탕을 나누는 교육을 하지도 않고, 백화점에 가서 더 맛있는 사탕을 사주겠다는 둥 가시 돋친 말이나 하는 것으로는 제대로 된 교육이 이루어질 수가 없다.

나는 어릴 때부터 나눔에 대한 교육을 철저히 받았다. 나는 당시에는 보기 드문 외동아들이었다. 부모님께서는 내게서 외동아들의 티가 나지 않게 하려고 일찍부터 나눔을 가르치셨다. 너무 귀한 아들이라서 이기적으로 자라지는 않을까 고심하셨던 부모님의 마음이 담긴 교육이었다. 어렸을 때는 왜 나누어야 하는지도 모르고 부모님께서 시키는 대로 고지식하게 실천했다. 당시만 해도 모두 가난한 시절이라 점심시간에 도시락을 먹을 수 있는 학생은 한 반의 절반도 되지 않았다. 나는 부모님으로부터 나눔을 실천해야 한다는 교육을 받았기 때문에 친구와 함께 내 도시락을 나눠 먹느라 식사를 항상 반밖에 하지 못했다. 그때는 나눔의 의미도 제대로 모르면서 부모님께서 시키니까 따랐지만 어른이 되어서는 어릴 때 받았던 교육이 삶에 큰 영향을 주었다는 사실을 새삼 깨닫게 되었다. 나는 지금도 무언가를 가지면 나누고 베푸는 일부터 계획한다.

박애의 상징이자 노벨평화상 수상자이기도 한 마더 테레사 수녀님은 '얼마나 많이 주느냐보다 얼마나 많은 사랑을 담느냐가 중요하다'라고 말씀하셨다. 사랑을 담아 나눔과 베풂을 실천하는 사람이 실제로 얼마나 될지 궁금하다. 이 세상에 나눔을 실천하며 살아가는 사람이 그리 많지는 않을 테니 얼른 떠오르는 사람도 적다. 다음 글에서는 인터넷을 뒤져서라도 나눔을 실천한 미담을 찾아내어 다시 한 번 자세히 다루어 보아야겠다.

나눔은 어려울까, 쉬울까?

〈나눔의 신비〉 중에서

촛불 하나가 다른 촛불에게
불을 옮겨 준다고
그 불빛이 사그라지는 건 아니다

벌들이 꽃에 앉아 꿀을 따간다고
그 꽃이 시들어가는 건 아니다

내 미소를 너의 입술에 옮겨 준다고
내 기쁨이 줄어드는 건 아니다

빛은 나누어줄수록 더 밝아지고

꽃은 꿀을 내줄수록 결실을 맺어 가고

미소는 번질수록 더 아름답다

자신의 것을 잃지 않으면

누구에게도 나누어 줄 수 없고

자신을 나누지 않는 사람은

시간과 함께 어둠 속으로 사라진다

— 박노해(시인, 1957~)

나는 사회적 동물인 인간이 나눔과 소통을 통해 성장하는 과정이 바로 인생이라고 생각한다. 그런데 한평생 정신과 의사로 일하며 알게 된 사실은 마음의 병을 앓는 정신장애인은 나눔을 매우 힘들어한다는 점이다.

정신장애인은 자신이 구축해 놓은 특이한 적응 체계로써 세상을 살아가며 나눔에 대해서는 상대적으로 관심이 적다. 그렇다면 비장애인은 얼마나 나누면서 사는지, 풍부한 나눔의 경험은 얼마나 있을지가 문득 궁금해졌다.

이와 관련하여 가까운 지인에게 질문한 적이 있다. 그분 말씀으로는 비장애인도 나누는 삶에 대해서는 전혀 생각이 없거나 있다고 해도 점점 줄고 있는 추세라고 했다. 그 말을 듣고 나는 깜짝 놀랐다. 적어도 비장애인은 나눔의 삶을 실천하고 있을 것이라는 막연한 기대감을 가지고 있었기 때문이다. 지인은 사회가 급격히 변함에 따라 생활 습관이 달라지고 상황에 대처하는 적응 방법도 달라지는데, 현대 사회가 각박하다 보니 나누고 베푸는 생각과 행동도 점차 줄어들고 있다는 말을 덧붙였다. 듣고 보니 일리가 있는 설명이었다. 아무리 사회가 각박하다고 해도 나눔이 이렇게나 사라져 버린 것일까?

1933년 장편소설 《대지大地》로 노벨문학상을 받은 미국인 소설가 펄벅 여사는 1960년에 처음으로 우리나라의 시골 마을을 방문했다. 펄벅 여사가 논두렁길을 걷고 있을 때 한 농부가 소달구지를 몰고 가고 있었는데 소달구지 위에는 가벼운 짚단이 몇 단 실려 있었고, 농부도 자기 지게에 짚단을 짊어지고 소를 몰고 가고 있었다. 이에 궁금증이 생긴 펄벅 여사는 통역사를 시켜 물었다.

"달구지에 짐을 한꺼번에 싣고 가면 편할 텐데 왜 힘들게 짐을 나누어 지고 걸어가세요?"

그러자 농부는 다음과 같이 대답했다.

"에이, 어떻게 그러나요? 저도 일했지만 소도 하루 종일 힘들게 일했으니 짐도 나눠서 지고 가야죠."

맞다! 이것이 나눔이다. 우리의 마음속 깊은 곳에는 나눔이 늘 자리하고 있지만 그것을 밖으로 끄집어내어 실행하지 못할 뿐이다. 함께 일한 소에게도 이런 마음이 들게 마련인데 사람이 더불어 살아가는 사회에서 나눔이 사라져 간다는 것은 우울한 일이 아닐 수 없다.

나는 1980년대에 제주도민의 초청을 받아 정신 건강에 대한 강연을 하기 위해 아내와 돌이 채 지나지 않은 손자와 함께 제주도에 들른 적이 있다. 강연을 마치고 서울로 돌아오는 비행기를 타자 우리 옆자리에는 젊은 부부가 손자보다 좀 더 어린 아기를 안고 있었다. 비행기가 이륙하자 아기 엄마는 젖병을 꺼내 아기에게 물렸다. 이를 물끄러미 쳐다보고 있던 손자가 자기도 우유를 달라고 했다. 이유식을 먹는 나이였기에 우유는 따로 준비하지 않았는데 보채기 시작한 것이다. 승무원에게 준비된 우유가 있으면 좀 달라고 했더니 준비된 것이 없단다. 손자에게 비행기에서 내리면 맛있는 우유를 주겠다고 설명해 보았으나 그런 설명을 알아들을 리 없는 손자는 큰 소리로 울기 시작했다. 비행기가 소란스러울 정도로 울며 떼를 썼는데 승객들은 불편하지만 아무도 항의하지 않았다. 손자가 우는 모습을 곁에서 지켜보던 젊은 부부가 자기 아이에게 물렸던 젖병을 손자에게 건네주었다. 나는 당시에는 당황한 나머지 어쩔 줄을 몰라 허둥지둥했지만 손자의 소란을 인내해준 승객들에게 감사했고 자기 아기에게 먹일 우유를 손자에게 나눠준 젊은 부부에게도 정말 감사했다. 비행기에서의 그 사건은 세상이 점점 각박해진다고 해도 아직은 사람들 사이의 나눔과 배려가 남아 있음을 확인하는 계기가 되었다. 비록 어린 아기가 자진해서 우유를 나눠 준 것은 아니지만 그 부모가 곁에서 우는 손자를 보고 나누는 행동을 보여 주었으니 그런 부모 밑에서 성장하는 자녀는 나눔을 실천하는 청년으로 자랄 것임을 확신하게 되었다. 모르긴 해도 그 아기는 지금은 30~40대의 중년으로 성장해서 나눔을 실천하며 살아가고 있을 것이라고 상상해 본다.

　한 해를 마무리하는 연말에는 종종 우리에게 훈훈한 소식이 전해진다. 한 번은 전주의 얼굴 없는 천사가 2000년부터 2021년 12월 29일까지 매년 연말에 나눔을 실천했다고 하는데 그 누적 금액이 무려 8억 1천여 만 원에 달한다고 했다. 주로 연말에 집중되기는 하지만 이런 뉴스가 매해 보도되는 것을 보면 나눔이 부족하다고만은 생각되지 않는다.
　내가 생각하는 나눔은 나보다 어려운 사람에게 행하는 것이다. 나보다 도움이 더 필요한 사람에게 나누어 주는 것이 진정한 나눔이 아니겠는가. 점점 나눔이 줄고 있다는 생각에 잠시 느꼈던 우울함은 부질없는 것일 수도 있겠다. 지인의 말대로 나눔이 부족하다기보다는 세대가 바뀌면서 상황 대처 방법이나 대인관계에서의 소통 방법이 변화하고, 그에 따라 나눔의 방법도 달라지고 있다고 생각하면 조금은 위안이 되기도 한다. 나눔의 정의가 어떻게 달라지든 나눔 없이는 살아갈 수 없는 인생이다. 나눔이 좀 줄어들고 베푸는 방식은 바뀌었을지라도 그 마음은 따뜻하게 남아 있으면 좋겠다.

부처님의 말씀 가운데 '무재칠시無財七施'라는 말이 있다. 재산이 없어도 누구나 남에게 베풀 수 있는 일곱 가지를 뜻한다.

첫째는 화안시和顏施다. 얼굴에 밝은 미소를 띠고 부드럽고 정답게 남을 대하는 것이다. 이런 표정만으로도 많은 사람에게 편안함을 줄 수 있다.

둘째는 언시言施다. 공손하고 아름다운 말로 대하는 것이다. 사랑의 말, 격려의 말, 칭찬의 말, 양보의 말 등으로 주변 사람의 마음까지 밝게 만들 수 있다. 반대로 남에게 해가 되는 말을 구업口業을 짓는다고 하는데, 이렇게 입으로 짓는 업 중에 네 가지가 가장 흔하다고 한다. 서로 이간하는 말, 성나게 하는 말, 진실이 아닌 것을 교묘하게 꾸며대는 말 등이다.

셋째는 심시心施다. 착하고 어진 마음으로 사람을 대하는 것이다. 따뜻한 마음으로 사람을 대하면 그 사람은 용기를 얻고 나아가 남에게도 선행을 베풀 수 있다.

넷째는 안시眼施다. 호의를 담아 부드럽고 편안한 눈빛으로 사람을 대하며, 동시에 다른 사람의 좋은 점을 보려고 하는 것이다.

다섯째는 신시身施다. 힘으로 남을 도와주는 것이다. 약한 사람의 짐을 들어주거나 일손을 거들고 고개 숙여 인사를 나누는 것이다. 신시身施를 통해서 몸가짐이 바르게 된다.

여섯째는 상좌시床座施다. 다른 사람에게 자리를 양보하는 것이다. 즉 지치고 힘든 이에게 편안한 자리를 내어주는 것이다.

일곱째는 방사시房舍施다. 사람들이 편안하게 쉴 공간을 주는 것이다. 이것은 찰시察施라고도 하는데 묻지 않고도 상대의 속을 헤아려서 도와주는 것이기도 하다.

  우리가 비록 가진 것이 없다 해도 부처님이 말씀하신 무재칠시를 하나하나 실천하다 보면 각박한 세상이라고 해도 나눔이 끊임없이 계속 이어지지 않을까 하는 소망을 가져본다.

인생은 나그네의 삶이다

〈하숙생〉(작사 김석야, 작곡 김호길) **중에서**

인생은 나그네 길

어디서 왔다가

어디로 가는가

구름이 흘러가듯

떠돌다 가는 길에

정일랑 두지 말자

미련일랑 두지 말자

— 최희준(가수, 1936~2018)

가수 최희준뿐만 아니라 독일의 작가 괴테(1749~1832)도 이런 말을 남겼다. '나는 고작 이 세상에서 하나의 나그네, 한 가닥 편로遍路에 지나지 않는다. 그대들인들 이밖에 더 무엇이겠는가.' 인간은 인생의 기나긴 길을 오가는 나그네라는 것이다.

자기 고장을 떠나 다른 곳에 임시로 머무르고 있거나 여행 중인 사람을 나그네라고 하는데, 순우리말인 '나그네'는 정겹기도 하지만 반면에 외로운 느낌도 드는 말이다.

'나그네'의 각 음절로 내 나름의 뜻을 풀이해 본 적이 있다. 먼저 나그네의 '나'는 나 자신을 말하는 것으로 내가 중심이라는 뜻이다. '그'는 그대라는 말과 같다. '그'는 나 자신이 아니라 내가 바라본 타인이다. 마지막으로 '네'는 사람을 일컫기도 하고 '○○네' 하고 부를 때는 가족 전체를 의미하기도 한다. 말하자면 세 글자 모두 사람을 뜻하는데 이들이 서로 어울려 이러쿵저러쿵 살아가는 것이 인생이라는 생각을 해 보았다. 나를 중심에 두고 내가 바라본 사람이 곧 내게는 모두이고 나그네이다. 그러나 입장을 바꾸어 생각해 보면 나그네에게는 나 또한 나그네가 된다.

인류 문명이 발생한 이래 철학자를 비롯한 수많은 석학과 현자가 나그네의 정체에 관해 연구했지만 이렇다 할 답을 얻지 못했다. 앞서 언급했듯이 나그네란 자기 고장을 떠나 정처 없이 여행하는 이를 말한다. 그렇다면 인간의 본래 고장은 어디일까?

흔히 자신이 태어난 곳을 고향이라고 말한다. 고향의 정의를 문자 그대로만 받아들인다면 많은 철학자가 인간이 어디에서 왔는지에 대한 고민을 할 필요조차 없었겠다. 내가 태어난 고장이 지리적으로 지구의 '어디'라고 말하는 것은 어렵지 않다. 그러나 상상력이 풍부하고 사색을 즐기는 철학자들은 인간이 지구가 아닌 다른 어딘가에서 왔을 것이라고 상상하고는 했다. 물론 상상은 자유지만 그것을 증명해 놓은 사람은 어디에도 없다.

요즘 전파 천문학 분야에서는 '지구와 비슷한 환경의 별에서 인간보다 더 발달한 지적 생물체가 마치 나그네처럼 우주 공간을 오고 가지 않을까?'라는 가정을 염두에 두고 연구 활동을 벌이고 있다. 우주 공간에서 울려 퍼지는 자연적인 소리와 지적 생명체가 만들어낸 조작된 소리를 전파를 통해 구분하여 인간과 같은 생명체의 존재를 연구하고 있는 것이다.

과학자뿐만 아니라 시인, 가수에게도 나그네는 관심의 대상이다. 이 장의 처음에 인용한 노래는 1965년에 라디오 드라마 주제곡으로 히트했던 최희준의 〈하숙생〉이다. 가사는 쉽지만 그 뜻을 음미해 보면 철학자들이 고민했던 내용과 다르지 않다. 노래 첫 부분을 제외한 나머지 가사는 다음과 같다.

인생은 나그네 길
구름이 흘러가듯
정처 없이 흘러서 간다
인생은 벌거숭이
빈손으로 왔다가
빈손으로 가는가
강물이 흘러가듯
여울져 가는 길에
정일랑 두지 말자

미련일랑 두지 말자

인생은 벌거숭이
강물이 흘러가듯
소리 없이 흘러서 간다

　유행가는 가사가 쉽고 아름다운 목소리로 불리기에 철학자의 그 어떤 심오한 생각이나 사상보다 깊은 울림을 준다. 어떻게 보면 노랫말 속에 담긴 뜻은 불교 경전에 나오는 '공수래공수거空手來空手去'를 의미하는 것 같기도 하다. 인생이란 공수래공수거, 즉 빈손으로 왔다가 빈손으로 간다는 뜻으로 재물에 악착같이 욕심을 부릴 필요가 없음을 뜻한다.

　한편 신앙을 가진 사람들은 인간이 이 세상 저편의 어딘가에서 잠시 지구에 왔다가 일생을 나그네처럼 살고 저세상으로 다시 간다고 믿는다. 그러나 이 땅을 살아가는 우리 인간은 전생이나 저세상이 실제로 있는지 증명할 수 없다. 모르긴 해도 이 세상의 삶이 우리가 경험해 보지 못한 새로운 세상과 이어졌으면 하는 소망에서 비롯된 믿음이 아닌가 싶다.
　전생이나 저세상은 주로 종교에서 다루어지는 이야기지만 꼭 신앙인이 아니더라도 과학으로 증명되지 않는 세계가 있다고 믿는 사람이 제법 많다. 고도로 과학이 발달하여 우주로 여행을 가는 이 시대에 과학이 아직 증명해 내지 못한 비과학적인 신앙에 의지하려는 것을 보면 과연 인간은 어디에서 와서 어디로 가는 것인지 덩달아 궁금해진다. 하숙 생활을 끝내고 저세상으로 갔다가 다시 돌아와서 '저세상은 이렇더라'고 전해준 나그네가 한 사람도 없으니 정말 저세상이 궁금하지 않을 수가 없다.

일부 과학자나 의사가 죽었다가 깨어난 사람을 면담 및 연구한 내용이 있는데, 엄밀히 말하면 죽었다가 깨어난 것이 아니라 임사臨死 현상을 체험한 사람의 경험을 연구한 것이니 진짜 저세상 이야기는 아니다.

문득 《삼국유사》에 나오는 신라인의 이야기가 떠오른다. 통일 신라 이후 불교가 성행하면서 신라인은 서방정토를 극락이라고 칭했다. 경주의 남산은 신라인의 극락을 연상하게 한다. 경주에 살았던 많은 신라인은 죽어서 서방정토에 가는 것보다 현세의 서방정토에서 살고 싶은 현실적 세계관을 가졌던 듯하다. 경주의 남산은 동서로 8킬로미터, 남북으로 4킬로미터 정도의 야트막한 산인데 이를 서방정토처럼 꾸며 수미산이라고 여겼다. 그리고 틈만 나면 남산에 올라 극락세계를 즐겼으니 참 현실적인 생각과 행동이다.

인간이 어디에서 와서 어디로 가는지 나는 아직 모른다. 세월이 흘러 이를 규명하는 학자가 나와 그 증거를 제시한다면 그때 가서는 확실히 내가 온 곳과 갈 곳을 알 수도 있겠지만 지금의 내 지식과 경험으로는 모른다고 하는 것이 옳겠다. 내가 저세상이 없다고 말하지 않는 이유는 나는 현세에서 증명된 사실만을 믿고 살아가도록 학습된 사람이기 때문이다.

떠나온 집이 있든 없든 떠나갈 저세상이 있든 없든 그것에 몰두하여 평생 고민하기보다 지금 이 땅 위의 하숙 생활을 잘 누리면서 인생을 더욱 재미있게 만들어 가면 어떨까?

에티오피아 속담에는 이런 말이 있다.

"인생은 나그네, 마침내 집에 돌아온다. 인생은 나그네, 마침내 대지에 돌아온다."

언뜻 들으면 그럴듯하지만 도대체 돌아온 집은 어디인지 궁금해져서 파고들기 시작하면 끝이 없다. 그래서 내가 생각해낸 해법은 지금 여기에서 충실하고 유쾌한 삶을 사는 것이다. '인생은 어디에서 와서 어디로 가는가'에 대한 고민은 우리 세대가 아니라 다음 세대가 언젠가는 풀어줄 것이라는 믿음으로 지금 여기에 충실해 보자.

〈나그네〉를 두고 박목월(1916~1978) 시인은 이렇게 노래했다.

강나루 건너서
밀밭 길을

구름에 달 가듯이
가는 나그네

길은 외줄기
남도 삼백 리

술 익는 마을마다 타는 저녁놀
구름에 달 가듯이 가는 나그네

시인의 말처럼 괴나리봇짐을 등에 짊어지고 나그네가 되어 가다가 다리 아프면 저 먼 곳 동구 밖 상여꾼의 구슬픈 소리 들으며 지친 다리 쉬어 가고, 목마르면 나무 그늘을 벗 삼아 평상에 걸터앉아 막걸리 한 잔 걸쳐 보는 것도 좋지 않을까. 지나가는 또 다른 나그네를 불러 세워 거나하게 취해 떠도는 심정을 서로 달래 보며 나그네 인생을 논해 보는 것도 좋지 않을까.

'인생은 나그네 길'이라는 가사의 〈하숙생〉을 듣다가 문득 뚱딴지같은 생각을 해보았다.

인생은 선택이다

《무소유》중에서

얼마 전부터는 생각을 고쳐먹기로 했다. 조금 늦을 때마다 '너무 일찍 나왔군' 하고 스스로 달래는 것이다. 다음 배편이 내 차례인데 미리 나왔다고 생각하면 마음에 여유가 생긴다. 시간을 빼앗긴 데다 마음까지 빼앗긴다면 손해가 너무 많다.

— 법정 스님(1932~2010)

태어나고 죽는 일 외에 인간의 삶은 선택의 연속이다. 자기가 의도했거나 하지 않았거나 자기가 선택한 대로 살아가는 것이 바로 인생이다. '선택'이라는 단어를 듣자마자 가장 먼저 떠오른 것은 다름이 아니라 내가 어릴 때 본 야바위꾼이다. 경상도 사투리인 야바위꾼은 교묘한 속임수로 남의 돈을 취하거나 남을 속이는 사람을 얕잡아 이르는 말이다. 그런데 나는 그런 의미의 야바위꾼을 떠올린 것이 아니다.

내가 어릴 적 본 야바위꾼은 똑같은 컵 두 개를 가지고 재빠르게 움직이는데, 한 컵에는 콩알을 들었지만 다른 한 컵은 비어 있다. 재빠른 손놀림으로 두 컵을 이리저리 옮기면 그 모습을 보고 있던 사람들은 콩이 어느 컵에 있는지 헷갈리게 마련이다. 그렇게 컵을 뒤섞어 놓고 어느 컵에 콩이 있을지 돈을 걸고 맞추는 것이다. 많은 사람이 각자 콩이 들었다고 생각되는 컵을 선택하여 돈을 걸지만 막상 열어 보면 콩이 없는 경우도 있다.

야바위꾼은 콩이 없는데 있다고 속이지는 않는다. 보는 사람의 판단이 흐려질 때까지 현란하게 두 컵을 움직여 착각을 유도하는 것이다. 과정이야 어떻든 마지막에 판단하고 돈을 거는 것은 구경꾼이다. 야바위꾼이 구경꾼의 착각을 유도하는 것은 사실이지만 속였다고 볼 수는 없다. 돈을 잃은 것은 아쉽지만 착각하여 잘못된 선택을 한 책임은 구경꾼에게 있다.

'선택' 하면 떠오르는 또 다른 하나는 영국의 작가 윌리엄 셰익스피어(1564~1616)다. 그의 작품 《햄릿》에 나오는 햄릿의 절규하는 대사는 수백 년이 지난 오늘날까지 명문 名文으로 인정받고 있다.

"죽느냐 사느냐, 그것이 문제로다 To be or not to be, that is the question."

살고 죽는 것은 동시에 할 수 없는데 그중 하나를 선택하자니 고뇌에 차지 않을 수 없었을 것이다.

한참 라면 광고가 전성기를 이루던 시기에, 이 절체절명의 외침에 빗댄 우스갯소리가 유행한 적이 있다. 햄릿이 한국행 비행기를 타고 오다가 목적지인 한국에는 내리지도 않고 비행기를 탄 그대로 떠나버렸다는 것이다. 그는 왜 장시간 힘들게 타고 온 비행기에서 내리지 않고 되돌아갔을까? 이유는 이렇다. '지금 당장 라면을 먹느냐 안 먹느냐, 이것이 문제로다'의 기로에서 결국 라면을 먹기로 선택하여 비행기에서 내리지 않았다는 것이다. 햄릿은 한국보다 라면을 더 소중하게 여겼다는 우스갯소리인 것이다.

또 '순간의 선택이 평생을 좌우한다'라는 광고 문구가 유행한 적도 있다. 그 물건을 선택해야 후회하지 않을 테니 사고 보라는 은근한 강요가 담긴 카피였다.

이렇게 광고하는 상품을 선택하는 문제뿐만 아니라 어떤 상황에서의 내 선택이 바른지 그른지, 선택의 결과가 어떨지 고민하는 것이 우리 인생이다. 우리의 삶이 시공간을 초월한 무한의 삶이라면 고민할 필요조차 없겠지만 우리 인생은 유한하기에 선택이 중요하지 않을 수 없다.

대학교 재학 중 가깝게 지내던 친구와 여름 방학을 절에서 보내기 위해 책을 짊어지고 예천에 있는 용문사를 찾은 적이 있다. 용문사에 아는 스님이 한 분 계셔서, 간다는 기별도 없이 무작정 친구와 함께 갔다. 당시에는 요즘처럼 교통편이 발달하지 않았기에 길 찾기가 쉽지 않았지만 마침 예천에 사는 동기생의 집에 하루 머물면서 용문사에 가는 길을 대충 알아냈다.

용문사는 국보인 윤장대가 있는 유명한 사찰이다. 내 친구 집은 그곳에서 약 18킬로미터 떨어져 있었는데 용문사로 바로 가는 교통편이 없어서 밤새 고민한 끝에 용문사까지 걸어가기로 했다. 여름이라서 한낮에는 걷는 것이 힘들어 석양 무렵에 길을 떠났다. 해가 지고 나니 사방이 깜깜했다. 마침 그믐이어서 달빛도 없고 오직 별빛만 총총할 뿐이었다. 희미하게 보이는 길을 따라 열심히 걸었는데 문제는 갈림길이었다. 그야말로 선택의 기로에 선 순간이었다. 과연 어느 길로 가야 한다는 말인가?

한 번 들은 길 찾는 방법은 당최 기억도 나지 않고 친구와 둘이 모르는 길을 갈 수밖에 없었다. 지금 젊은이들이 들으면 참 바보 같다고 여길지 모르겠지만 우리는 침 뱉기 방법을 사용하기로 했다. 다소 비위생적이지만 왼손 손바닥에 침을 뱉고 오른손으로 손바닥을 탁 쳐서 침이 튀는 쪽으로 가기로 한 것이다. 대학생씩이나 된 두 청년이 이렇게 비논리적인 방법으로 깜깜한 한밤중에 용문사에 도착했다.

불가의 가르침을 보면 인연이 닿지 않는 일은 없다고 했다. 내가 평생을 가르치고 배운 정신분석학 가설에서도 우연은 없다고 배웠다. 우연처럼 보이지만 원인은 반드시 있게 마련인데 그 원인을 제대로 알지 못하니까 그냥 우연이라고 대충 얼버무려 말하는 것뿐이다. 그렇다면 침 뱉는 방법으로 첩첩산중의 용문사를 찾은 것도 우연이 아닐 수 있겠다는 생각이 든다. 목적지였던 절에 도착할 수 있도록 바른 선택을 할 수 있게 해준 어떤 귀한 인연 덕분이 아닌지 모르겠다.

선택이라는 관점에서 우리의 삶을 돌아보면 선택이 아닌 것이 없다. 비록 그 선택이 자기가 원한 것이든 원하지 않은 것이든 간에 그 선택의 책임은 자기에게 있다. 그러나 이쯤에서 개인의 범주를 벗어나 사회 구조적인 문제로 불가피한 선택을 할 수밖에 없다는 반론이 나올 법도 하다. 맞는 말이다. 선택에는 주변 상황과 변수가 존재한다. 그 때문에 어느 한 선택만이 바른 선택이라고 단언할 수는 없는 노릇이다.

이 글의 첫머리에 인용했던 법정 스님은 다음과 같은 말씀도 남겼다.

"무소유란 아무것도 갖지 않는다는 것이 아니라 불필요한 것을 갖지 않는다는 뜻이다. 우리가 선택한 맑은 가난은 부(富)보다 훨씬 값지고 고귀한 것이다."

그리고 미국의 자동차 사업가 헨리 포드(1863~1947)는 말했다.

"선택하지 못하는 것은 종종 잘못된 선택보다 더 나쁜 결과를 가져온다."

올바른 선택을 하지 못할까 봐 전전긍긍하다가 이러지도 저러지도 못하는 우유부단한 태도에 일침을 가하는 말이다.

이 외에도 선택의 중요성에 대한 가르침은 많이 있지만 꼭 가르침을 따라야만 해서가 아니라 내 삶은 내가 선택해서 살아가는 것이 의미 있고 가장 행복하지 않을까 싶다. 그 선택의 결과가 비록 성공으로 이어지지 못하고 실패한다고 하더라도 내가 선택한 것이니만큼 그 결과를 기꺼이 받아들이고 그 실패를 통한 교훈을 고마운 마음으로 받아들일 필요가 있을 것이다. 선택의 결과가 성공이라면 나에게 즐거움을 주니 더할 나위 없겠고, 만일 실패하더라도 다음 실패를 거듭하지 않도록 신중하게 생각하는 계기를 만들어 준 것이니 그 또한 고마운 일이다. 그러나 선택의 실패를 거듭하면서도 그 실패의 원인을 생각해 보지 않는 사람은 선택을 가장 못 하는 사람이고 인생에서의 패자다.

"승자는 넘어져도 앞을 보지만, 패자는 넘어져도 뒤를 본다."

이 말은 승자의 선택과 패자의 선택을 구분하여 선택의 중요성과 그 의미를 깨우쳐 보자는 말일 것이다. 실패 없는 삶은 없다. 선택에 실패한 삶도 있겠고 성공한 삶도 있을 수 있으나 그 선택은 누구의 탓도 아니고 오로지 나의 몫이다.

인생은 한 번이다

《삶의 지혜》 중에서

나는 분명히 늙어갈 것이다.
늙어가는 것을 피할 수 없다.
나는 분명히 병에 걸릴 것이다.
병에 걸리는 것을 피할 수 없다.
나는 분명히 죽게 될 것이다.
죽음을 피할 수 없다.
내가 아끼고 사랑하는 이는 모두 변하게 될 것이다.
그들과 헤어지지 않기 위해서 도망칠 방법은 없다.
나는 내가 쌓은 업의 주인이다.

내가 쌓은 업보로부터 도망칠 방법은 없다.
선업이든 악업이든 나 스스로 책임져야 한다.

— 틱 낫한(스님, 1926~2022)

　사람들은 오래 살고 싶어 한다. 그러나 살고 싶은 만큼 오래 살지는 못한다. 모든 사물에는 본말本末이 있다고 했으니 사람인들 예외가 있겠는가? 생生과 사死는 하루 이틀도 아니고 인간이 이 세상에 나온 이래 반복되어 온 일이다. 영장류가 생겨난 지 6천만 년이 다 되었다는데 영원히 죽지 않고 살았다는 사람은 단 한 명도 없고, 이것이 자연의 순리임을 알면서도 수복장수壽福長壽를 마음속으로 기원한다.
　더 자세히 설명하기 위해 몇 가지 예를 들어 보겠다. 제일 먼저 떠오르는 것은 예수님의 부활이다. 부활이란 쇠퇴한 것이나 죽어서 사라진 것이 다시 일어나 성하거나 살아남을 뜻하는 종교적인 용어이다. 예수님이 죽음에 이르렀다가 막달라 마리아 앞에 나타나신 것을 기독교인은 부활이라고 한다. 하지만 죽었다가 부활하여 나타나신 이후의 기록에 예수님의 형상으로 생전처럼 살았다는 기록은 없으니 부활이라는 종교적인 주장을 믿는다고 하더라도 잠시 부활하여 막달라 마리아 앞에 모습을 보여 주고 어디론가 가신 것이다.
　라마교에서는 부활이 아니라 환생이라고 말하는데 특히 생명이 다른 몸으로 옮겨 가는 종교적 현상을 일컬어 환생이라고 칭한다. 라마교도는 제14대 달라이 라마는 전생前生이었던 제13대 달라이 라마 툽텐 갸초(1876~1933)가 환생한 것이라고 주장한다. 이 환생은 라마교의 원로 위원회에서 인증하는 것으로 그들만이 믿는 특별한 종교적 관습이다.
　우리나라에도 일찍이 불교가 들어와 불교문화의 영향을 많이 받았는데 일연

인생이란 무엇일까?

(1206~1289)이 쓴 《삼국유사》에 보면 부활도 아니고 환생도 아닌 좀 독특한 일화가 나온다. 그 이야기는 다음과 같다. 망덕사의 승려 선율은 돈을 시주받아 〈육백반야경〉을 만들다가 완성되기 전에 갑자기 저승사자에게 이끌려서 염라대왕에게 갔다. 염라대왕 앞에 간 그는 말했다.

"저는 〈대품반야경〉을 완성하려고 했으나 과업을 이루지 못했습니다."

그 말을 들은 염라대왕은 선율을 인간 세상으로 돌려보내며 말했다.

"너는 수명은 다했으나 좋은 소원을 다 마치지 못했으니 인간 세상으로 돌아가 보배로운 불전을 끝마치도록 하거라."

선율은 인간 세상으로 돌아오는 길에 한 여인을 만났는데 그 여인의 소원이 간절하여 우선 그녀를 도와주고자 여인의 집으로 가다가 살아났다. 이때는 선율이 죽은 지 열흘이 되어 이미 남산 동쪽 기슭에 장사 지낸 후였다고 한다. 무덤 속에서 선율이 살려 달라고 부르짖는 소리를 지나가던 목동이 듣고 절에 알려 승려들이 무덤을 파서 꺼내 주었다고 한다.

이 일화에서 선율은 염라대왕에게 요즘 말로 '집행유예'를 받은 것이다. 선율은 염라대왕의 배려로 죽음을 사면받아서 다시 이승으로 돌아왔고 그가 소망했던 일을 모두 마치고 저승으로 떠났다. 이 설화는 다른 종교에서 언급된 부활이나 환생과는 조금 다른 측면이 있다. 예수님은 부활하여 긴 시간 동안 같은 몸으로 살았고 달라이 라마는 다른 이의 몸을 받아 다음 생을 사는 환생을 했으나 선율은 저승에 갔다가 같은 몸으로 잠시 이승으로 돌아와 간절한 소원을 이루었으니 이는 부활이나 환생과는 다른 것이다.

마지막으로 힌두교에서 전하는 이야기 중 한 사나이에 관한 이야기를 소개하고자 한다. 한 사나이가 저승사자가 자기를 데리러 올 것을 예견했으나 이 세상에 미련이 남아 저승으로 순순히 끌려가기가 싫었다. 어떻게 하면 가지 않을까를 곰곰이 생각하던 그는 묘안을 하나 찾아냈다. 그가 사는 뒷동산에다 창문이 없는 튼튼한 집 한 채를 짓고 입구만 열어 놓았다. 드디어 저승사자가 사나이를 데리러 왔을 때 이 사나이는 저승사자를 붙잡아 자기가 지어 놓은 집에 가두고 문을 봉쇄해 버렸다. 저승사자는 사나이를 염라대왕 앞으로 끌고 가기는커녕 집에 갇혀서 나오지도 못했다. 저승사자가 집에 갇혀 있는 동안 그 사나이는 소망을 이루고 즐거운 세월을 보냈다. 그러나 그 즐거운 세월도 하루 이틀이지 1년, 10년, 100년이 흘러 어느덧 200년을 넘게 살고 보니 너무 고통스러웠다. 다 늙어 버린 그는 하릴없이 숨만 쉬며 지내야 했다. 그 고통은 저승사자를 가두기 이전보다 더 커져 갔고 결국 고통을 이기지 못하여 큰 병에 걸리고 말았다.

그 사이 사나이의 소망은 변해서 이전과는 달리 이제는 어떻게 하면 죽을 수 있을까를 고민하게 되었다. 결국, 가두어 두었던 저승사자를 풀어주며 자신을 염라대왕 앞으로 데려가 달라고 사정했다고 한다.

예화들을 소개하다 보니 모두 종교와 관련된 이야기이다. 종교가 없는 사람이나 과학자의 입장에서는 이 이야기들이 단지 인간의 소망을 투영한 이야기일 뿐이지 재미도 없고 현실성도 없다고 느낄 것이다. 종교라는 믿음의 차원에서 보면 신앙인에게는 사실이지만 내가 배운 의학이나 지금까지 살아온 경험으로 보아서는 믿기 어렵기도 하고 어디까지나 입증할 수 없는 신화에 불과한 것으로 보인다.

불로초를 구하기 위해 각국에 특사를 보낸 진시황의 이야기를 놓고 보더라도 인간이 수복장수를 소망한 지는 참으로 오래되었다. 첨단과학과 의학의 발달로 인간의 평균 수명을 연장하는 데는 성공했지만 앞으로 과학과 의학이 더 발달하여 인생을 두 번 살게 해 줄 수 있을지는 모르겠다. 내가 배운 의학과 지금까지의 경험에 비추어 보면 그것은 불가능하다. 인간의 삶은 어디에서 시작돼서 어디로 가는지 모르는 미지의 행로이고, 기차표로 표현하자면 돌아오는 것을 기약할 수 없는 편도 차표다. 왕복 차표가 아니다. 흔히 사람이 태어나서 생을 마감할 때까지를 여행이라고 표현한다. 그것도 딱 한 번뿐이니 더 아쉬움이 많이 남는 여행 말이다. 그러나 아쉬움이 남는다고 해서 누구에게는 왕복 차표를 주고 누구에게는 편도 차표를 주는 것은 아닐 것이다. 가까이 들여다보면 인생은 불공평해 보이지만 큰 틀에서 보면 누구에게나 공평하게 주어진 편도 차표이다.

인생이 편도 차표라는 나의 주장은 종교를 가진 사람을 제외하고는 대부분이 순리라고 생각할 것이다. 인생이 왕복 차표라면 이번 생에서 이루지 못한 것을 다음 생에 다른 인생으로 태어나 이룰 법한데 그러지 못하기 때문이다.

종교 없이 의학을 공부하고 환자를 치료하며 살아온 나로서는 부활이나 환생은 믿기가 쉽지 않다. 세월이 흘러 의학이나 과학으로 증명되고 부활이나 환생, 죽음의 유예 같은 비현실적인 소망을 실현할 수 있다면 그때는 믿을 수 있을지도 모르겠다. 그러나 지금은 그런 경지에 이르지 못했으니 그저 내가 생각하는 순리대로 사는 수밖에 없다. 종교를 가진 분은 죽음에 대한 불안을 해소해 줄 믿음을 가지고 있기 때문에 거기에서 행복을 찾을 수도 있다. 하지만 내가 생각할 때 그것은 단지 소망이 투영된 믿음일 뿐이지 아직은 과학적으로 증명되지 못한 믿음이다. 종교에서 말하는 환생이 있다면 삶의 질이 지금보다 더 행복할까? 각 종교적 부활 및 환생 일화들을 살펴보다 보니 공연스레 이런 궁금증이 생긴다.

인생은 일회적이고 비가역적이기 때문에 더욱 소중하고 귀한 것이다. 이렇게 보면 한순간도 가볍게 넘길 삶이 아니다. 기왕에 태어난 인생이라면 그 생을 가치 있게 살기 위해 노력해 보는 것이 환생과 부활에 기대는 것보다 더 순리에 맞지 않을까 하는 생각도 든다.

옛말에 '자기가 좋아하는 대로 좇아서 한다'는 뜻의 '종오소호從吾所好'라는 말이 있다. 내가 좋아하는 것은 부활도 아니고 환생도 아니니, 최선을 다해 내 삶에 집중하고 인생을 헛되이 보내지 않도록 오늘을 충실하게 살아가는 것이다. 마음속으로 마음껏 부활도 해보고, 환생도 해보며 하루하루를 더 값지고 성실하게 사는 그런 인생도 좋지 않을까?

인생은 착각이다

〈산중문답山中問答〉

문여하사서변산　問余何事棲碧山
소이부답심자한　笑而不答心自閑
도화유수묘연거　桃花流水杳然去
별유천지비인간　別有天地非人間

풀이:
묻노니, 그대는 왜 푸른 산에 사는가
웃을 뿐 답은 않고 마음이 한가롭네
복사꽃 띄워 물은 아득히 흘러가나니
별천지 따로 있어 인간 세상 아니네

— 이태백(중국 시인, 701~762)

사람의 삶을 한 가지로 단정해서 말하기는 어렵다. 인생은 각자 살아가는 방식과 개인의 경험이 달라서 인생을 논하려면 인간 전체가 아닌 한 개인의 인생까지 살펴보아야 한다.

살아 보니 인생이 모두 착각이었다고 누군가가 말했다고 한다. 인생이 모두 착각이라면 내가 경험한 삶의 체험은 무엇이란 말인가? 나는 당최 동의할 수 없었지만 그 말의 뜻을 일단 들여다보기로 했다. '인생은 착각이다'라는 생각은 인생을 살아본 사람이 인생의 일부분만 표현한, 즉 장님이 만져본 코끼리와 마찬가지일 것이다. 다시 말해 그 나름대로 일리는 있다. 그렇다면 인생이 착각이라는 말은 어떤 의미일까?

착각이라는 말을 들으니 제일 먼저 떠오르는 사람이 바로 독일의 철학자 니체다. 나는 철학을 전공하지 않아서 잘은 모르지만 대학 시절 들었던 '신은 죽었다'라는 니체의 충격적인 선언은 또렷이 기억하고 있다. 니체는 당시 철저한 기독교 사회에서 더구나 목사님의 아들로 태어나 독실한 기독교 집안에서 자랐는데 왜 신은 죽었다고 했을까?

왜 이런 선언을 했는지에 대한 니체의 설명을 직접 듣지는 못했으나 그 말에 대해 여러 학자가 자신의 생각을 담아 해석한 것은 많이 읽어 보았다. 그러나 학자들의 주장은 그들 나름의 합리적인 견해일 뿐이고 니체가 그런 말을 하게 된 직접적인 이유는 아니었다. 그러나 분명한 것은 신본주의神本主義 시대에 살던 저명한 철학자인 그가 신은 죽었다고 했으니 그 당시로는 실로 충격적이고 불경스러운 말이었을 것이다.

"신은 살아 있다." 혹은 "신은 죽었다."

이 두 주장만 놓고 보면 어느 한쪽은 착각일 것이다. 내가 '인생은 착각'이라는 말을 듣고 바로 니체의 '신은 죽었다'를 떠올린 것도 니체의 깊이 있는 통찰은 배제한 채 얕은 지식과 경솔함에서 일으킨 단순 연상일 테다. 니체는 신은 살아 있고 전능하다고 믿던 시대에 살았지만 신의 실존에 대해 의문을 품었고 나름의 철학적인 논증 끝에 '신은 죽었다'는 결론에 이른 것이다. 니체의 이 결론이 맞다면 신은 살아 있으며 전능하다고 굳게 믿었던 그의 과거는 착각인 셈이 된다.

신은 살아 있는가 아니면 죽었는가. 어느 것이 맞는지 나는 정녕 모르겠지만 니체가 만년에 신은 죽었다는 말을 빈번하게 했다고 하니 그 이전에 신은 살아 있다고 믿은 자신이 틀렸음을 고백하는 것이나 같다. 일상생활 중에 소소한 착각을 경험하고 사는 우리에게는 니체의 짧은 말이 깊은 생각에 빠져들게 하기에 충분하다.

일상생활로 돌아가 보자. 우리는 살면서 착각할 때가 정말 많다. 착각이란 어떤 사물이나 사실을 실제와 다르게 느끼거나 지각하는 현상을 설명할 때 쓰는 말이다. 정신의학에서는 더 구체적으로 그 뜻을 특정하고 있다. 인간은 모든 사물이나 사실을 5관을 통해 자극받아 대뇌로 옮겨 저장한다. 이 과정에서 감각기관이 대상을 올바르게 지각하지 못하고 잘못 해석해서 대뇌에 저장하는 것이 바로 착각이다.

기질적으로는 우리 몸의 5관에 병리적인 변화가 있거나 혹은 기억에 바르게 입력하기는 했으나 회상하는 과정에서 잘못 해석하거나 기억해 내는 경우가 있다. 이런 경우도 착각이라고 해서 병리적인 현상으로 본다. 이와 비슷하기는 하지만 다른 용어인 환각이라는 말이 있다. 이 환각은 대상물이 없는데도 실제 대상물이 있는 것처럼 지각하는 것이다.

착각은 대상은 있지만 그 대상을 잘못 해석해서 지각하는 것이라면 환각은 대상 자체가 없는데 있는 것처럼 지각하는 것이 다른 점이다. 환각도 병리적인 현상이다. 이런 병리적인 현상은 일반적으로 흔히 볼 수 있는 것이 아니어서 일상생활에서 우리가 자주 저지르고, 또 자주 접하는 착각과는 거리가 있다.

한 번은 외래진료에서 환자를 진료하고 있는데 한 선배님에게 전화가 왔다. 약속을 해놓고 왜 나오지 않느냐며 볼멘소리를 했다. 하지만 나는 그날 점심 약속을 한 기억이 없었다. 왜냐하면 월요일은 내가 외래진료를 하루 종일 보는 날이기 때문에 누군가와 약속을 잡아 외부로 나갈 수 있는 사정이 안 되었기 때문이다. 수첩을 뒤져 보니 약속 날짜는 화요일로 기록되어 있었다. 화요일은 내가 아예 환자를 돌보지 않는 날이어서 사람을 따로 만나야 할 일이 있을 때는 주로 화요일에 약속을 잡곤 했기 때문에 그 선배님과도 화요일에 약속한 것이 맞는 것 같았다.

선배님께는 일단 오늘은 늦었으니 내일 만나자고 했다. 화요일 점심시간에 만난 선배님은 내가 착각한 것이라며 확신을 가지고 나무라셨다. 나는 월요일은 누구와도 약속을 해본 적이 없으니 아무리 친한 선배님이라고 해도 특별히 월요일에 약속을 잡지는 않았을 것이라고 확신했다. 선배님은 자신의 기억이 맞다며 약속 날짜가 기록된 수첩을 나에게 보여주기까지 하셨다. 그분의 수첩에는 분명 월요일에 약속이 기록되어 있었다. 그렇다면 선배님이 착각한 것일까 아니면 내가 착각한 것일까? 확률은 반반이지만 월요일에 환자 진료 일정이 잡혀 있던 내가 착각했을 리는 없으니 내 주장에 무게가 좀 더 실리지 않나 싶다.

환자를 돌보고 학생을 가르치는 교직에 종사하면서 월요일에는 누구와도 만남을 약속했던 경험이 없으니 나는 확신을 가지고 계속 화요일이 약속일이라고 주장했다. 하지만 선배님은 약속이나 여러 가지 사항을 수첩에 빠짐없이 적는 무척 꼼꼼한 분이셨기 때문에 선배님이 착각했다고 막무가내로 밀어붙이기에도 난감한 상황이었다.

그래서 서로 대화하며 정리한 결론은 이렇다. 약속 후 수첩에 적을 때 확인해 보지 않았기 때문에 서로 다른 날짜에 약속한 것으로 됐다는 결론이었는데 그러면 왜 아무도 확인하지 않았을까? 그것은 오로지 자기 생각이 옳을 것이라는 선입견이나 희망 사항 때문에 같은 말을 두고도 자기 방식대로 해석한 결과였지 않을까 하고 결론 내렸다.

생각해 보면 착각은 우리가 순간적으로 저지르는 선택이다. 자기가 원하고 바라는 소망대로 보려는 속성 때문에 일상생활에서 자주 일으키는 것이 바로 착각이다. 자신이 착각해 놓고 맞다고 고집하지 말고 서로 앉아 차근히 대화하다 보면 그 착각이 어떻게 발생했는지 어렵지 않게 발견할 수 있다. 그런데 우리는 보통 착각했더라도 자기 생각이 옳다는 고집을 꺾지 않는다. 그 때문에 착각의 원인을 찾지도 못한다.

"나는 광기가 자주 두려워지고는 한다. 이른바 눈이 일으키는 착각에서 그러한 두려움을 갖게 된다. '내가 본 것이 아니다'라고 단언할 만한 근거가 나에게 있을까. 다시 말해서 심연도 아무것도 아닌 것을 착각하여 자기 가까이 닥쳐오는 심연이라고 생각하기 쉬운 것이다."

이 말은 영국의 철학자인 비트겐슈타인(1889~1951)이 스스로 경험하고 자각한 일반적인 착각에 대해 설명한 말이다. 그러나 내 생각에는 착각이 두렵다기보다 애교스러울 때도 많다. 우리의 일상에서 착각은 때로 웃을 일을 만들어 준다. 약속 날짜를 착각한 덕분에 선배님과 나는 즐거운 에피소드를 하나 갖게 되었다. 삶에서 소소한 착각은 없는 것보다 있는 것이 즐거울 것 같다. 착각 자체도 즐겁지만 착각을 통찰하여 니체처럼 '신은 죽었다'라고 소리칠 수 있다면 그 또한 즐거운 일이 아니겠는가.

착각은 삶의 전부는 아니지만 인생을 살아가는 데 필요한 양념 같은 요소이다. 영국의 작가 마크 트웨인(1835~1910)은 가슴에 깊이 와 닿는 이런 말을 남겼다.

"곤경에 빠지는 것은 뭔가를 몰라서가 아니다. 뭔가를 확실히 안다는 착각 때문이다."

이 장의 서두에 인용한 이태백의 시처럼 한낱 착각으로 뒤덮인 인생이라는 현실에서 빠져나와 무릉도원의 물에 잠시 발을 담그고 있는 나를 떠올려 보니 슬그머니 미소가 지어지며 입꼬리가 살포시 올라간다.

인생이란 무엇일까?

인생은 찰나다

〈제망매가〉

생가 길은
예 있으매 머뭇거리고,
나는 간다는 말도
못 다 이르고 어찌 갑니까
어느 가을 이른 바람에
이에 저에 떨어질 잎처럼
한 가지에 나고
가는 곳 모르온저
아아, 미타찰에서 만날 나
도 닦아 기다리겠노라

— 월명사(신라의 승려)

아침에 출근해서 인터넷을 열었더니 한 친지가 전해온 부음 소식이 보였다. 어머님이 돌아가셨다는 부고다. 친지의 어머님은 연세가 아흔으로 얼마 전에 낙상을 하여 요양병원에 입원해 있었는데 코로나19에 감염되어 격리되었던 처지라고 했다. 그 소식을 듣고 연로하신데 건강이 위태롭지는 않을까 조마조마했던 기억이 난다. 코로나19 사태 때문에 직접 문상을 갈 수는 없겠으나 댓글로 안타까운 마음을 담아 조의를 전하고 유족을 위로하는 글을 남겼다. 끝부분에 이런 말을 하나 덧붙였다.

"모두가 떠날 때가 있는 법, 인생의 순리가 그러하니 아쉽지만 어떻게 하겠는가."

굳이 덧붙이지 않아도 될 글을 쓴 이유는 얼마간 세월이 흐르면 나도 가야 하고 유족도 가야 하고 또 그 자손들로 나이 들면 차례대로 가야 한다는 생각이 들어서다. 당연한 그 순리를 누가 거역할 수 있겠으며, 거역한들 어찌하겠는가 하는 안타까운 뜻을 담아 보냈던 것이다.

이런 생각을 하게 된 데는 또 다른 이유가 있다. 나와 친구들이 좀 더 젊었을 때는 먼저 타계하는 친구의 소식을 듣고 너무나 안타까운 마음에 곧바로 문상하러 갔다. 문상을 마치고 끼리끼리 모여 고인을 회상하는 자리에서 항상 나오는 이야기가 있었다.

"인생을 이렇게 찰나처럼 살고 갈 것을 무엇이 그리 괴로워서 아웅다웅 살았는지 모르겠다."

그런 말을 누군가 꺼내면, 우리는 곧 이구동성으로 이제 마음의 여유를 갖고 자주 만나고 즐기면서 살자는 결론에 도달했다. 장례식장이 자아내는 분위기 때문일까? 그런 결론에 도달하면 누구 한 사람 이견을 내지 않고 찬동한다. 찬동할 뿐만 아니라 오늘부터라도 원 없이 자주 만나서 즐기고 가자고 한다. 이런 말은 꼬리에 꼬리를 물고 번져 나간다. 아마도 그때 그 자리에서는 찰나 같은 인생의 무상함을 인식하고 뱉은 말이라 진심이 담겼던 듯하다. 그러니 이견을 제시하는 친구가 하나도 없었고 그 말이 진심임에는 틀림이 없었다. 그러나 문상을 마치고 각기 일상으로 돌아가고 나면, 여유롭게 인생을 즐기며 살자는 그때 그 말은 얼마간의 여운은 남기지만 곧 잊혀 버린다. 그러지 말자고 우리 모두 다짐했지만, 그 찰나 찰나를 위해 다시금 아웅다웅하는 삶의 현장으로 되돌아가 고인처럼 살아가는 것이다.

사람이 태어나서 생을 다하면 죽음에 이른다는 것을 누가 모르겠는가? 알면서도 마음에 새기고 사는 사람은 적은 것 같다. 그 이유를 곰곰이 생각해 보니 이 세상에서 영원히 살 수 있는 사람은 없다는 게 순리인데도, 한가하게 그런 생각을 곱씹으며 살아갈 상황이 되지 못하기 때문이 아닌가 싶다.

어릴 때는 죽음이 무엇인지 모르니 한 해가 빨리 가기를 손꼽아 기다렸다. 한 해가 지나면 설도 있고 추석도 있고 그런 명절을 기다리다 보면 죽음 같은 것은 생각할 여지도 없고 또 그럴 나이도 아니었다. 청소년이 되어 혹시 어떤 계기가 되어 주변의 죽음을 맞닥뜨린다 해도 아직 자신에게는 살아갈 날이 많기 때문에 죽음이라는 주제는 그냥 스쳐 지나가 버린다. 장년기에 이르면 발등에 불끄기가 급하다. 물론 순탄하게 살아가는 장년도 있겠지만 가정을 이루고 직장에 다니고 사업을 한다. 이런 복잡한 삶을 살아가다 보면 발등에 떨어진 불부터 끄는 일이 더 시급하다. 장년이 되어 문상하러 갈 일이 생기면 잠시 찰나의 허무함에 젖기도 하지만, 머리로는 무상함을 알면서도 당장의 상황을 해결하느라 죽음이나 인생의 덧없음에도 미처 마음을 쓰지 못한다. 그래서 문상을 마치면 쉽게 일상으로 돌아가 버린다.

'찰나'라는 말은 본래 불교용어로 순우리말이 아니다. 자주 쓰기는 하지만 다소 생소하다. 사전에는 그 뜻이 '매우 짧은 시간'이라 되어 있고, 또한 '탄지彈指의 10분의 1이 되는 수'로 나와 있다. 여기서 '탄지의 10분의 1'이란 10-18을 이른다. 원래 산스크리트어인데 한역을 할 때 소리나는 대로 음을 갖다 붙이다 보니 우리말에는 없던 찰나라는 말이 생겨났다.

앞서 언급한 적이 있는데, 부인이 불치병에 걸려 여생을 부인을 간호하는 데 전심전력하는 지인이 있다. 의사의 만류에도 불구하고 세계의 오지를 여행하며 아내를 위해 시간을 투자하는 분 말이다. 그분이 인터넷에서 사용하는 아이디가 바로 '찰나'이다. 아내를 간호하는 하루하루가 그분에게는 찰나라고 느껴졌을지 모르겠다. 모두가 고개를 절레절레 흔들 정도로 힘든 결정을 내렸음에도 자신에게 주어진 찰나를 가치 있게 쓰고 싶다는 그분의 소망이 아이디에 깃들어 있는 것만 같다.

푸블릴리우스 시루스(B.C.85~B.C.43)는 인생은 순간이며 모든 것이 순식간에 주검으로 굳어진다는 것을 알아야 한다고 했다. 신라의 승려가 남긴 〈제망매가〉라는 시도 인생의 찰나성을 지적한다. 그 공통된 교훈은, 언제 왔는지는 알 수 있으나 언제 갈지 모르는 우리네 인생의 찰나를 가치 있게 사용하라는 뜻이다.

찰나는 순우리말로는 한순간이고, 같은 뜻으로 쓰이는 한자어로는 촌각(寸刻)이라는 말이 있다. 흔히 '촌각을 아끼라'는 말로 사용되는데, 그 말뜻을 되새겨 보면 찰나찰나, 촌각촌각으로 수없이 이어진 인생은 결코 짧다고 할 수 없다. 무상한 인생이라는 말도 그만큼 순간순간의 소중함을 뜻하는 것이지 함부로 허비하라는 뜻은 결코 아니다.

인생을 살 만큼 살아 보고서 자신이 걸어온 삶의 궤적을 더듬어 보았는데, 이루어 놓은 일도 없고 한 일도 없다는 생각이 들면 어떻겠는가? '언제 나이는 또 이렇게 들었을까!' 하고 한숨 섞인 탄식이 절로 나올 것이다. 하지만 돌이켜보면 그 짧지 않는 기간에 자기가 이룬 가치 있는 일이 왜 없겠는가? 그럼에도 불구하고 자조적인 생각이 드는 것은 그 값진 인생의 경험과 이루어 놓은 업적을 돌이켜 보니 그 또한 한순간이었다는 생각이 들기 때문인 듯싶다.

'티끌 모아 태산'이라는 말도 있다. 티끌이 찰나라면 태산은 나이 들어 느끼는 자기 자신의 자랑스러운 업적이다. 찰나는 찰나만으로 존재하지 않는다. 찰나가 이어지면 길고 긴 시간이 된다. 그래서 찰나는 순간순간 가치 있는 삶으로 이어져야 한다. 그렇다! 찰나는 한순간에 지나가 버린다. 달리는 열차의 창밖 풍경은 쏜살처럼 휙 하고 지나가 버려서 그 순간 무엇을 보았는지 알 수조차 없다. 그게 바로 찰나가 아닐까? 보일 듯해서 자세히 보려고 하면 보이지 않는, 잡을 수 있을 듯해서 잡으려고 손을 뻗으면 잡히지 않는, 늘 우리와 밀고 당기기를 반복하는 그것, 그게 바로 찰나가 아닐까?

나이팅게일(1820~1910)은 이런 말을 남겼다.
"주어진 삶을 살라. 삶은 멋진 선물이다. 거기에 사소한 것은 아무것도 없다."
크림전쟁의 전장에서 수많은 환자를 돌보느라 치열한 삶을 산 그녀가, 사소해 보여 놓치기 쉬운 무수한 찰나로 이루어진 현재의 삶에 최선을 다하라는 말을 남긴 이유는 바로 그 찰나의 소중함을 가슴에 새기란 뜻일 것이다.

인생은 황홀한 기쁨이다

"인생의 의미는 스스로 찾는 것이다. 인생을 비극으로 생각하는 사람에게는 비극이 되고, 희극이라고 생각하는 사람에게는 희극이 된다. 우리는 어차피 태어나고 말았다는 분명한 결과 앞에 서 있으므로 오직 잘 살아야 한다는 것만이 기쁨이며 법칙이다."

— 윌리엄 사로얀(미국 작가, 1908~1981)

삶을 살다 보면 기쁜 일이 더 많을까, 고통스럽고 슬픈 일이 더 많을까? 더 깊이 따질 것도 없이, 부처님은 인생 자체가 바로 생로병사의 고^苦라고 했으니 기쁨보다 고통이 더 많을 것 같다. 그런데 이런 부처님의 말씀을 제치고서 '인생은 황홀한 기쁨이다'라고 주장하는 사람도 있으니 한번 즐거움과 고통을 견주어 봐야겠다.

　즐거움이나 우울함은 감정에 해당되는데, 감정은 어떤 일이나 현상, 사물에 대해 느끼어 나타나는 심정이나 기분을 뜻한다. 비슷한 말로 정서를 들 수 있는데 감정과는 약간의 차이가 있다. 정서는 사람의 마음에 일어나는 여러 감정 모두를 말한다. 그러니 자질구레한 감정을 묶으면 정서가 되는 것이다. 정서에는 기분이 좋은 정서도 있고 기분이 나쁘고 울적한 정서도 있다. 일상생활 중에 느끼는 기쁨과 우울의 감정은 상황에 따라 그 범위와 폭이 크게 달라지는데, 개인에 따라 견딜 수 있는 정도도 다르고 감정 문제를 해결해 나가는 능력도 다르다.

　정상적인 범주를 완전히 벗어나 더는 처리하지 못할 정도인 병리적인 범위의 감정과 정서도 있다. 또한 기분 좋은 정서라 해도 병적으로 분류되는 정서가 있다. 병적 정서란 상황에 맞지 않는 정서를 말한다. 기분 좋을 일도 아닌데 기분이 좋다거나 우울할 일도 아닌데 우울해진다면 병적 증상으로 본다. 기분 좋은 정서에 해당하는 병적 정서로는 희열감euphoria, 의기양양감elation, 고양감exaltation 그리고 긍정 정서가 극치에 달한 황홀감ecstasy 등이 있다. 우울감은 비탄grief과 우울depression로 구분하는 정도이다.

　물론 병적이 아닌 황홀감도 있는데 예를 들면 다음과 같다. 그리스의 물리학자 아르키메데스(B.C.287~B.C.212)의 일화가 생각난다. 그는 왕이 만들라고 명령한 왕관에 금이 제대로 들어갔는지를 확인해야 했다. 이 문제를 풀지 못하면 벌을 받게 되는 아르키메데스는 하루하루 고민하며 문제를 풀기 위해 노심초사했으나 여전히 풀지 못한 상태였다. 그러던 어느 날 목욕탕에 들러 탕 속에 들어갔는데 문제를 풀 방도를 찾아냈다. 자기의 몸 부피만큼 물이 차오른다는 원리를 발견하여 너무 기쁜 나머지 벌거벗은 채로 탕에서 뛰쳐나와 껑충껑충 춤을 추었다고 한다. 이 깨달음은 병적인 황홀감과는 전혀 다르다. 고심하던 문제의 답을 마침내 아주 우연히 찾게 된 기쁨이요, 수고와 노력에 따른 황홀감의 상태였다.

또 다른 예는 싯다르타의 이야기이다. 그는 6년간의 고행 끝에 깨달음을 얻어 부처가 되었다. 그 깨달음의 환희를 주체하지 못해 일주일 동안 부다가야를 껑충껑충 뛰어다녔다는 일화가 수천 년이 지난 지금까지 전하고 있다. 그 또한 황홀감 때문이었던 것으로 유추된다.

아르키메데스와 싯다르타, 두 사람 모두 그토록 찾고자 했던 진리를 깨달았으니, 그 기쁨이 그저 그런 보통 기쁨은 아니었을 것이다. 남들 보기에는 정상이 아닌 이상행동이었을 테지만, 이유 없이 그런 행동을 한 것이 아니니 병적인 황홀감이라고는 할 수 없다. 깨달음에 의한 황홀감이라고 불러야 마땅하다.

예술가의 일대기나 작품 등에서도 황홀감의 예를 찾아볼 수 있다. 예술가들은 황홀경에 비할 만큼 고양된 정서를 예술 작품으로 표상한다. 폴란드의 작곡가이자 피아니스트 쇼팽(1810~1849)은 사랑하는 여인을 떠올리며 작품을 만들었고, 또 이 사랑이 주는 온갖 환상적인 느낌을 곡에 담아냈다. 그 대표적인 예가 바로 〈환상 교향곡〉이다. 우리는 이 곡에 담긴 만큼의 황홀감의 극치를 맛볼 수는 없더라도, 일상생활에서 소소한 즐거움이나 기쁨은 많이 누리고 산다. 그런데 사람들은 이러한 소소한 기쁨보다는 황홀감에 가까운 즐거움의 극치를 경험해 보고 싶어 한다. 그러나 그것은 일반인에게는 쉽지도 바람직하지도 않을 때가 많다. 이 쉽지 않는 황홀감을 맛보기 위해 '가짜' 황홀감에 심취하는 사람도 많다. 내가 굳이 여기서 그런 황홀감은 '가짜'라고 콕 집어 말하는 것은 자신의 행동에 대한 책임감이 결여되고, 땀 흘린 노력의 대가가 아닌 순간적인 쾌락을 계속 맛보기 위해 조작된 황홀감을 따로 지칭하기 위함이다.

설명이 좀 어려울 수도 있으니 다시 예를 들어보겠다. 흔히 약물중독자가 즐겨 찾는 가짜 황홀감은 약물로 유도된 황홀감이므로 오히려 약효를 떨어뜨린다. 적정한 약효로 만족하지 못한 약물중독자는 다시 그 황홀감을 경험하기 위해 약물을 더 많이 취하게 된다. 그러한 황홀감은 약물중독으로 인해 발생하는 부작용인데도 말이다. 이 가짜 황홀감을 가져다주는 약물은 의학계에서도 관심을 갖고 주의 깊게 별도로 특별히 관리한다. 의사라도 아무나 그러한 약물을 취급할 수는 없다. 이 가짜 황홀감을 유발하는 약물인 아편류와 향정신성 약물은 처방할 수 있는 면허를 따로 발급하는 등 철저히 관리되고 있다.

이러한 중독성 물질 중에 약물로 제일 처음 사용된 것은 아편opium이다. 아편의 역사는 매우 오래되어 1세기에 디오스코리데스가 저술한 약학 교재에도 등장할 정도다. 수세기 동안 약학 교재로 쓰인 그의 저서 《약의 재료De Materia Medica》에는 아편이 약물로 쓰인다는 기록이 나온다. 지금은 온 세계가 이 가짜 황홀감을 주는 약물과 전쟁을 치르고 있다. 이 말은 땀과 노력으로 황홀감에 이르기보다 간단하게 취하기 쉬운 약물로 가짜 황홀감을 지속하고자 하는 욕망을 지닌 사람이 많다는 뜻이다. 이런 약물에 의한 가짜 황홀감은 지속 시간이 짧기도 하지만 만성적으로 몸과 정신을 피폐하게 만든다. 그리하여 어떤 학자는 이 가짜 황홀감에 중독된 사람을 일컬어 '만성적인 자살 시도자'라고 칭하기도 했다.

우리가 삶에서 즐거움과 기쁨을 얻고자 한다면 그럴 만한 동기와 계기도 있어야 하지만, 땀 흘려 노력하고 도전해야 한다. 그렇게 얻은 행복이야말로 진정한 황홀감을 안겨줄 수 있다.

가짜 황홀감은 아무리 진짜 황홀감과 유사하다고 하더라도 가상이고 허구다. 진정한 행복은 노력 없이 절대로 순간적으로 이루어질 수 없다. 인생의 의미는 스스로 찾아야 하고 인생의 책임도 스스로 져야 한다. 노력하고 도전한 자에게는 '인생은 황홀한 기쁨이다'는 말이 옳지만, 가짜 황홀감을 추구하는 사람에게는 이 말이 위험한 유혹일 뿐이다.

인생은 짧다. 그러나······

독좌경정산　　獨坐敬亭山
중조고비진　　衆鳥高飛盡
고운독거한　　孤雲獨去閑
상간양불염　　相看兩不厭
지유경정산　　只有敬亭山

풀이:
뭇새들 높이 날아 사라지고
외로운 구름 홀로 한가로이 떠가네.

서로 보아도 싫증내지 않는 것은
오로지 경정산뿐이라네.

— 이태백(중국 시인, 701~762)

인생이란 무엇일까?

수명에 대해 다룬 수많은 명언이 전해져 내려오는데, 그것을 살펴보면 대체로 인생은 덧없이 짧다는 내용이 많다. 그렇다면 과연 사람이 얼마나 살아야 짧지 않은 삶을 살았다고 할 수 있을까?

내가 초등학교 4학년 때는 일제강점기에서 갓 광복을 되찾은 상황이었다. 다시 우리말로 교육을 받고 우리 문화를 회복하게 되었는데, 일본인 교사들이 하루아침에 물러가고 배턴을 이어받은 한국인 교사들이 부임하여 갑자기 한국 문화를 가르치자니 애로가 많았을 것이다. 선생님들도 나와 마찬가지로 한국 문화 말살 정책으로 제대로 된 교육을 받지 못했으니, 지금의 초등학교 선생님들과는 비할 바가 못 된다.

요즘 젊은이들은 이해하기 힘들겠지만, 내가 학교 다닐 적엔 삼천갑자동방삭 三千甲子東方朔이라는 말이 익숙했다. 한국 선생님이 담임으로 새로 부임하자, 이 말을 칠판에 써 놓더니 우리에게 이렇게 설명해 주셨다.

"중국 사람은 국토가 넓어서 그런지 허풍이 정말 심하더라. 옛날 중국에 동방삭이라는 사람이 있었는데 그가 자그마치 3천 년을 살았다고 하더라고. 또 3천 년 동안 기른 수염이 3천 자(1자의 길이는 30센티미터이므로 3천 자는 900미터에 해당)나 되었다는구나."

숫자가 벌써 가늠하기조차 어렵고, 수염이 900미터에 이른다니 그 길이를 상상하기가 어려웠는데도, 난 선생님의 말씀이니 한 치의 의심도 없이 그 이야기를 믿었다.

고등학교에 진학하여 동양사를 배웠는데, 그때 역사 선생님에게서 들은 설명은 또 달랐다. 오래 전 기억이지만 더듬어 보면 이렇다.

"한漢나라 무제武帝가 인재를 구한다는 소식을 천하에 공포하자, 제齊나라 사람이었던 동방삭이 대나무 한 짐에 자기 자신을 소개하는 글을 써서 무제에게 올렸다. 동방삭의 글은 내용이 많아 읽는 데 두 달이나 걸렸지만, 변론이 뛰어나고 해학과 재치가 넘쳐 무제의 총애를 받게 되었다. 그 뒤로도 동방삭은 때때로 무제의 사치와 부국강병책에 대해 간언도 하고, 단순히 익살만 부린 것은 아니었다.

정설定說은 아니지만 따로 전하는 이야기에 따르면, 동방삭은 서왕모西王母의 복숭아를 훔쳐 먹었기 때문에 장수하였다고 하는데, 그래서 그를 '삼천갑자동방삭'이라고 불렀다는구나."

이 전설은 《한서漢書》〈동방삭전東方朔傳〉에 나오는 이야기다. 한 갑자甲子를 1년으로 치면, 삼천갑자동방삭은 무려 3천 년을 살았다는 셈이다.

또한 《산해경山海經》에 따르면 서왕모는 서방 곤륜산崑崙山에 사는 신으로, 사람 얼굴에 호랑이의 이빨을 하였으며 표범의 꼬리를 달고 다녔다고 한다. 민간에서는 불사의 약을 지닌 선녀로도 전해진다. 서왕모에 대한 이야기는 한대漢代에 이르러 민간에도 널리 퍼지게 되었고 한국에도 전해졌다.

이야기를 이어가 보자. 저승사자는 실수로 동방삭을 염라대왕 앞에 끌고 갔는데, 사람을 잘못 끌고 온 것을 알게 된 염라대왕은 저승사자에게 동방삭을 빨리 이승으로 다시 보내 주라고 호통 쳤다. 그런데 동박삭은 자신의 수명이 궁금해서 염라대왕에게 물었다. 염라대왕은 동방삭에게 명부를 하나 보여 주었는데 거기보니 동방삭의 수명이 고작 일갑자 甲子였다. 동방삭은 몰래 붓으로 획을 더 그어 삼천갑자로 고쳤다. 나중에 이 사실을 안 염라대왕이 동방삭을 다시 잡아 오라고 저승사자를 보냈지만, 그때마다 동방삭은 저승자사를 피해 도망 다녔다. 수소문 끝에 동방삭이 조선 땅에 있다는 것을 알게 된 저승사자는 동방삭을 잡을 수 있는 꾀를 냈다. 강가에 앉아서 숯을 씻고 었었던 것이다. 지나가던 동방삭이 그 광경을 보고 물었다.

"도대체 왜 숯을 강물에 씻는 거요?"

인생이란 무엇일까?

저승사자가 답했다.

"숯이 검어서 내 옷을 더럽히기에 희게 만들려고 씻는 것입니다."

그 말을 들은 동방삭은 배꼽을 잡고 웃으며 말했다.

"내가 삼천갑자를 살았지만 숯을 강물에 씻는 놈은 생전 처음 보네."

처음엔 동방삭을 몰라봤던 저승사자는 마침내 동방삭을 찾게 되었고 그를 저승으로 잡아갈 수 있었다. 당시에 저승사자가 숯을 씻은 곳의 지명은 탄천炭川이라고 전한다.

사실 동방삭은 기원전 154년부터 기원전 92년까지 고작 62년을 살다가 병사했던 사람이라 역사에 기록되어 있는데, 거침없는 입담과 눈에 띄는 행보로 후대에 전설적인 인물로 회자되었던 것이다. 동방삭이 겨우 62년을 살았는데 3천 년을 살았다고 사실처럼 설명했던 초등학교 선생님을 떠올리면 지금도 우습다. 그런데 웃음 뒤에는 씁쓸한 여운이 남는다. 그 이유는 그 초등학교 시절 담임선생님이 무식해서가 아니라 나와 마찬가지로 철저한 한국 문화 말살 정책으로 제대로 된 역사 교육을 받을 수 없었던 암울한 시대 상황 때문이다.

이번엔 역사를 더듬어 실제로 오래 산 사람들을 살펴보자. 중국의 최장수자는 리칭원으로 256년을 살았다는 기록이 있지만 그 신빙성엔 의문이 있다. 볼리비아 정부가 세계 최고령자라고 주장한 아이마라 원주민 카르멜로 플로세스 라우라 여사는 123세까지 살았다고 전해진다. 2014년에 사망한 그녀의 주민등록 서류를 보면 1890년에 출생했다는 기록이 있지만 이 또한 기네스북에 등재되지는 못했다. 최장수자로 공인된 사람은 바로 프랑스의 잔 루이 칼망 여사로 1875년에 태어나 1997년에 사망했다는 확실한 증거 서류가 있다.

동방삭이 3천 년을 살았다는 이야기가 나중에야 비로소 허구였음을 알게 된 나로서는 중국인의 수 개념을 별로 믿지 않았는데, 리칭원이 256년까지 살았다는 기록이 있다 해도 선뜻 의학적으로 믿을 수가 없다. 나머지 두 여성은 그나마 의학적으로는 가능한 수명만큼 살았으니 믿음직하다.

내가 태어난 1930년대는 한국인의 평균 수명이 30~40세였다. 그러던 것이 1970년대에 들어 남자 58.7세, 여자 65.8세로 놀랍게 상승했다. 40년 만에 평균 수명이 약 20년이 늘어난 것이다. 2020년의 통계 자료에 따르면, 한국 남자의 평균 수명은 80.5세, 여자는 86.5세라고 한다. 평균 수명이 급속히 늘어나고 있는 것이다. 우리나라뿐 아니라 세계 여러 나라에서도 인구의 고령화가 사회 문제로 비화되어 가고 있다. 1960~70년대에 출생한 사람들의 예상 연령은 100세란다. 그렇지 않아도 현대사회를 100세 시대라고 부른다.

인간이 평균적으로 100년을 산다면 그 세월은 결코 짧지 않은데 도대체 왜 인생은 짧다고 말하는 것일까?

제일 흔히 입에 오르내리는 말이 바로 '인생은 짧고 예술은 길다'라는 격언이다. 이 말은 어디에서 유래한 것인지 어원을 찾아보니, 소크라테스(B.C.470~B.C.399)까지 거슬러 올라가게 되었다. 대체 그는 왜 그런 말을 했을까? 궁금한 나머지 소크라테스가 최초로 했다는 말의 원문을 찾아보았다. 그가 본래 전달하고자 했던 말의 뜻은 이러했다.

"뛰어난 기술은 오래 걸린다. 목숨은 얼마 남지 않았다. 기회는 급히 지나간다. 실험은 위험하다. 판단은 어렵다."

10대, 20대의 예술가들이 명작을 남기고 요절하는 것을 보면 그의 말이 옳기는 옳다. 그런데 100세 시대를 맞은 작금에도 과연 인생은 짧다고 해야 할까, 길다고 해야 할까?

영국 속담에는 이런 말이 있다.

"인생은 행복한 자에게는 너무나 짧고, 불행한 자에게는 너무나 길다."

이 말이 문득 가슴에 사무친다. 아무리 긴 세월을 산다 해도 행복하지 않다면 그 세월이 무슨 의미가 있겠는가? 인간 수명의 길고 짧음은 생물학적·수학적 수치를 뜻하는 것이 결코 아니라 그 세월 동안 어떤 가치를 얼마만큼 지향하면서 살았는가로 가늠해야 할 것이다.

이 장의 서두에 인용한 이태백의 시처럼 고개를 들어 문득 하늘을 바라보니 새들이 지저귀다 흩어져 날아간다. 이 시를 지은 이태백은 무슨 생각이었을까? 높이 날아가는 새를 보고 인생의 높은 곳에 오르려고 했을까? 아니면 무심히 흐르는 구름을 쳐다보며 저 무심한 구름처럼 인생을 흘려보내려고 했을까? 아니면 흔들림 없이 우뚝 솟아 있는 경정산처럼 묵묵히 주어진 삶에 충실하려 했을까?

삶이라는 지난한 과정 속에서 크든 적든 행복을 자주 경험하면서 산 사람에게는 우리가 말하는 생물학적 연령은 그리 중요하지 않을 것이다. 지금이라도 숫자에 불과한 나이에 집착하지 말고 어떤 가치를 지니고 내 삶을 행복하게 살아갈 수 있을까를 고민해 보는 게 어떨까? 그리하면 저 높이 나는 새도, 무심히 흐르는 저 구름도 부럽지 아니할 테고, 경정산같이 늘 묵묵히 한곳에 서서 우뚝한 삶을 살아도 좋지 않겠는가.

인생은 곱셈이다

〈인생의 방정식〉 중에서

꿈을 꾸는 사람은
인생의 방정식을 푸는 삶을 살아갑니다.
방정식을 풀면서 많은 문제를 만납니다.
그 과정에서 꿈을 현실화하면서
새로운 미래를 창조할 수 있습니다.

문제가 보이는 사람은
그 답을 찾을 수 있습니다.
문제를 푸는 것뿐만 아니라

인생이란 무엇일까?

> 스스로 문제를 내고 답을 찾을 때,
> 그것을 창조라고 합니다.
>
> — 작자 미상

　나는 머리가 나쁜 편은 아닌데 수학과는 거리가 멀다. 왜 그렇게 되었는지는 모르겠는데 수학은 너무 어렵다. 아내나 자녀들은 말한다. 수학만큼 쉬운 것도 없는데 아빠는 그것을 모른다니 정말 교수와 박사가 맞느냐고 묻는다. 그들에게는 쉬울지 몰라도 나에게는 정말 어려웠다. 중학교 때는 수학을 대수, 기하 이런 것으로 나누어 공부했는데 그 학문의 개념조차 알지 못했다. 수학 선생님은 나를 많이 사랑해 주셨는데 선생님의 사랑에 부합하지 못하는 게 항상 고민일 뿐 수학을 어떻게든 정복해야겠다는 생각은 하지 못했다.

　이런 내가 인생에 대해서 여러 가지 짤막한 칼럼을 쓰다 보니 문득 인생은 곱셈이라는 생각이 떠올랐다. 수학이라면 그렇게도 무지했던 내가 거창한 인생을 두고 곱셈이니 어쩌니 하는 소리를 하다니! 스스로도 우습긴 하지만 살아 보니 그렇게 지나온 내 생애는 덧셈과 같은 사고체계의 생활이었다. 이 말을 바꾸면 경직되고 융통성이 없고 이해의 폭이 좁고 그랬다는 뜻이다. 그 증거로 나는 어릴 때부터 초중고등학교에 이를 때까지 부모님과 담임 선생님이 해 주신 말씀 외에는 바른 말이라고 생각하지 못했다. 그래서 부모님이 하시는 말씀이 나에게는 내 인생의 전부였다.

　인생이란 그렇게 단순하게 살 수 있는 게 아니다. 그럼에도 불구하고 나는 아주 단순한 덧셈의 사고체계로 그렇게 단순하게 살았다는 뜻이다. 한 가지 예를 들면 초등학교 때 내가 뭔가를 잘못해서 벌을 서게 되었다. 담임선생님은 나를 벌세워 둔 채 퇴근해 버렸다. 내게 융통성이 있었다면 나도 집으로 돌아갔을 텐데 담임선생님이 집에 가라는 말씀을 안 하셨으니 그냥 계속 벌서고 있었다. 내가 밤이 되어도 집에 돌아오지 않자 부모님이 오셔서 나를 데리고 갔다. 그러니 내 사고는 덧셈밖에는 하지 못하는 체계였다.

예를 하나 더 들어본다. 일제강점기였는데 주말이 되면 산에 가서 퇴비용으로 풀을 베어오라고 했다. 한 번은 내가 무슨 일이 있어 풀을 베러 교외에 나가지 못했다. 그러니 월요일에 등교할 수가 없었다. 풀이 없어서 학교에 가지 않겠다는 나를 보고 아버지는 가마니 한 장을 뜯어서 풀 대신 한아름 안겨 주셨다. 그런데도 나는 담임선생님이 풀이라고 했지 가마니라고 하지는 않았으니 등교하지 않겠다고 고집을 피웠다. 이에 아버지는 지나가는 한 학생이 진짜 풀 한 포기만 들고 가는 것을 보고 가마니와 그 풀 한 포기를 바꾸어 내게 주시며 등교하라고 했다. 나는 풀 한 포기를 들고 학교에 갔다. 월요일마다 풀을 많이 베어 온 학생에게는 상을 주었는데 그날 상 받은 사람은 바로 우리 아버지에게 풀 한 포기를 주고 가마니를 받아 간 그 친구였다. 퇴비를 만들기 위한 목적으로 풀을 베어 오라고 했는데 나는 그 이치를 모르고 풀만 생각한 것이다. 그래서 그날 나 대신 가마니를 내고 상을 탄 친구를 보면서 너무 억울해했다. 풀을 베어 오라고 해 놓고 왜 가마니를 낸 학생에게 상을 주는지 그게 이해되지 않았다. 이 정도의 덧셈 사고체계는 초등학교를 졸업할 때까지 이어졌으니 지금 생각해 보면 참 어처구니없다. 그래서 나는 스스로 덧셈 체계적인 단순한 생활을 했다고 가져다가 붙여 본 것이다.

대학교에 입학하여 시야가 넓어지면서 '가마니로도 퇴비를 만들 수 있구나' 하는 정도로는 확장되었지만 학창 생활을 곱셈 체계로는 살아 보지 못했다. 이처럼 덧셈 사고체계, 곱셈 사고체계라는 용어를 만들어 나를 생각하게 된 것은 수학은 잘못하면서도 '수학이 정말 어떤 것인가?'라는 궁금증을 갖게 된 대학교 때부터였다. 자녀의 말대로 그 쉬운 수학을 몰랐으니 지금이라도 개념을 찾아 아는 체해야겠다는 생각에 여러 가지 검색을 해보았다.

첫째, 기본적인 산술인 사칙연산은 B.C. 2000년경 이집트 바빌로니아에서 사용했고, 둘째로 1489년 독일의 수학자 요하네스 비드만의 저서에서 더하기(+)와 빼기(-) 기호를 처음 사용했다. 셋째로 곱하기(×) 기호는 1618년 영국의 수학자 윌리엄 오트레드가 처음으로 사용했고, 나누기(÷)는 스위스 수학자 란이 1659년에 처음 사용했다고 한다.

맞게 검색했는지는 모르지만은 이를 앞세운 뜻은 내가 만든 신조어인 덧셈 사고체계와 곱셈 사고체계라는 말을 좀 더 설명하기 위해서이다. 덧셈 사고체계는 하나 더하기 하나는 둘이다. 이 원리는 변할 수가 없다. 단순하다. 그런데 이런 사고체계로 세상을 산다면 어떻게 살아갈 수 있을까? 삶이란 덧셈보다는 훨씬 복잡한 상황인데 어떻게 덧셈 사고체계만을 가지고 살아갈 수 있겠는가? 생각해 보면 물리학적 체계와도 같다. 물리학이란 '자연 현상의 보편적 법칙을 연구하는 자연과학의 한 분야'이니 덧셈 개념과 마찬가지로 단순한 개념이다. 여기에 비하면 화학적 사고체계는 물리적 사고체계와는 달리 복잡하다. 두 물체가 합쳐져서 전혀 다른 형태가 되든지 새로운 반응을 일으키니 수학의 곱셈 사고체계와 비슷하다. 이런 설명은 내가 혼자서 생각해본 것이지 학술적으로나 일반적으로 검증된 내용은 아니다.

나는 대학교 시절에 큰 사건(4·19혁명, 3·15부정선거 등)을 겪으며 세상은 단순한 덧셈 사고체계만을 가지고는 살아갈 수 없다는 것을 알게 됐다. 이 세상은 단순한 덧셈 체계가 아닌 복잡한 곱셈 체계라는 것을 알아차렸으니 늦어도 한참 늦은 늦둥이였던 것이다. 이것은 내 사고체계가 덧셈에서 곱셈으로 바뀌는 큰 전환점이 되었으니 내 인생에서 가장 큰 변곡점이 아닐 수 없다. 내가 비록 늦둥이로 곱셈 사고체계로 변하긴 했지만 지금 와서 생각하니 그 늦둥이가 오히려 나에게 더 탄탄한 곱셈 사고체계를 만들어 준 바탕이 되었다. 지금 다 큰 자녀들이나 손자들과 함께 이야기를 나눌 때가 있으면 나는 과거 이야기를 하면서 지금 말한 곱셈 사고체계와 삶에 대해 이야기한다. 반응은 놀랍다.

"아빠, 진작 그런 생각을 했으면……. 그런 생각은 초등학교 때도 다 가르쳐 주는데 왜 아빠 혼자만 몰랐을까?"

조금은 나를 놀리는 말투다. 그런 놀림을 받아도 대학 시절에 겪은 경험으로 변할 수 있었던 나 자신을 자랑스럽게 생각한다.

낙극애생樂極哀生이란 사자성어가 있다. '즐거움이 다하면 슬픔이 생긴다는 말'이다 우리의 삶에는 늘상 기복이 있었다. 그 기복이 단순한 덧셈 사고체계이든 복잡한 곱셈 사고체계이든 그 둘 속에서 어울려 티격태격하며 앞서거니 뒤서거니 하며 살아온 삶이다. 이젠 이 둘의 아옹다옹 싸움에 나눗셈을 더하자. 인생은 책과 같다 했던가? 지금 보는 페이지는 덧셈이지만, 다음 페이지는 무슨 셈법일까? 다음 장에 무엇이 있든 인생이라는 책을 한 장 한 장 넘기며 우리네 인생을 좀 더 윤택하고 활기차게 만들었으면 좋겠다.

인생이란 무엇일까?

Chapter 2
행복은 큰 것이 아니다

주는 것보다 받는 것이 많다

《기브앤테이크》 중에서

어떤 사람은 누군가에게 호의를 베풀 때마다 항상 대가를 받으려 한다. 또 어떤 사람은 항상 되돌려 받으려 하지는 않지만, 자신이 베푼 것을 절대 잊지 않고 빚을 떠안겼다고 생각한다. 그러나 아예 잊는 사람도 있다. 그들은 포도를 맺는 나무처럼, 남을 도와준 다음 아무것도 되돌려 받으려 하지 않으며 다른 일을 시작한다. 우리 모두 그런 사람이 되어야 한다.

— 애덤 그랜트(미국의 교육자, 1981~)

사람은 이 세상에 태어나서 하직할 때까지 주는 것이 많을까, 받는 것이 많을까? 이런 질문을 한다면 당연히 주는 것보다 받는 것이 많다는 대답이 일반적이리라 생각한다. 그러나 또 다른 측면에서 사람들이 생활하는 습관을 보면 자기는 주는 것이 많고 받는 것이 적다고 생각하는 사람이 의외로 많다.

내가 젊었을 때 건장한 청년 환자가 입원하여 치료한 적이 있다. 그의 주증상은 부모를 폭행하는 것이어서 부모가 강제로 입원시킨 경우이다. 그와 찬찬히 이야기를 나누다 보니 엉뚱한 주장을 한다.

"선생님, 자식을 낳았다면 부모가 책임을 져야 하는 게 아닌가요?"

나는 그에게 일부는 동감해 주었다. 생각해 보면 태어나서 부모로부터 절대적인 보호를 받지 않으면 살아갈 수 없는 시기를 지나고 사춘기를 지난다. 자신을 주장하기 시작하면서 청년기가 되면 그도 부모가 살아온 것처럼 모방하여 이 세상을 살아가는 것이 일반적인 생애주기이다. 그런데 이 건장한 30대의 남자가 부모에게 책임을 지라니 무슨 책임을 지란 말인가? 들어보니 무한 책임을 요구했다. 이 환자의 주장은 자기가 이 세상에 나오고 싶다고 부탁한 일도 없고 부모가 자기들끼리 좋아서 쾌락을 즐기다가 나를 낳아 놓고 책임을 안 진다면 그게 부모냐는 논리이다. 이 건장한 청년은 자기가 죽을 때까지 모든 것을 책임져야 할 무한 책임이 부모에게 있다고 주장했다. 나는 그때 그 말을 듣고 허황된 주장이라고 생각하면서 치료했으나 폭력을 자제하는 수준에서 더 나아가지는 못했다.

동갑내기 친구가 하나가 있다. 얼마 전에 안부가 궁금해서 전화했더니 바쁘단다. 이 나이에 바쁘다면 좋은 일일까? 무슨 일로 그리 바쁘냐고 물었더니 빚 갚느라고 바쁘단다. 그의 말은 젊었을 때 친구들이나 후배들에게 너무 많은 금전적인 빚을 졌기 때문에 그 빚의 일부라도 갚고 세상을 하직해야 되지 않겠는가라는 뜻이었다. 나는 전화로 답했다.

"네 말도 맞지만 지금 우리 나이에 무슨 수로 그 빚을 다 갚겠느냐. 지금은 옛날처럼 일 저지르지 말고 그냥 조용히 지내는 것이 오히려 빚 갚는 것이다."

그는 머리가 참 좋아서 미래 산업에 대해 또래보다 훨씬 앞서 생각하였다. 그가 생각하는 것을 가지고 사업을 벌였는데, 사업이 반쯤 진행되다가 다른 사람 손에 넘어가서 지금은 탄탄한 회사로 자라고 있는 것이 많다. 그가 이룬 반의 성공은 결실을 맺지 못하고 온전한 실패로 돌아가고 마니 주변의 친구들이나 후배들에게 경제적인 피해를 많이 끼치게 되었다. 그는 빚을 전부는 갚지 못하더라도 일부라도 갚을 수 있다면 나이에 상관없이 성의를 다해야 한다고 강하게 주장했다. 듣고 보면 백 번 옳은 이야기인데 우리 또래 나이로서는 감당할 기력이 없을 터라서 걱정이 됐다. 그 친구는 고집스럽게 일을 하다가 얼마 전에 타계하고 말았다.

나는 젊었을 때 항상 나를 주는 사람으로 인식했지 받는 사람이라고는 생각해 본 적이 없다. 주는 것보다 받는 것이 많다는 말에 생각으로만 동의했을 뿐 실제로 가슴 깊이 느껴본 적은 없다. 그도 그럴 것이 나는 마음의 고통을 받는 사람들에게 일생 동안 도움을 주었으니 '준 사람'이지 '받은 사람'은 아니다. 학생들을 가르쳤으니 지식을 준 사람이지 받은 사람은 아니다. 그리고 살아오면서 틈틈이 봉사도 했으니 그야말로 주었지 받지는 않았다. 이러한 좁은 생각에 갇히어 내가 얼마나 많이 받으며 살아왔는지를 알지 못했다. 그러다가 1982~2019년에 거의 매해 네팔을 방문하면서 내 생각은 자연스럽게 바뀌었다. 네팔의 히말라야를 처음 방문했을 때는 마칼루봉을 등반하기 위해 갔으나 그 후로 정년퇴임할 때까지는 학생들과 교수들과 어울려 무의촌을 순회하면서 치료하기 위해 갔다. 일종의 의료 봉사다. 나는 그런 봉사를 계속하면서 문득 이런 생각이 떠올랐다.

'내가 짊어지고 온 약품이라야 얼마 되지도 않는데 이것을 가지고 봉사했다는 마음이 앞서다니. 그렇다면 내가 받는 것은 무엇일까?'

50세가 넘어서야 그런 생각을 처음 했으니 늦둥이치고는 참 어리석은 늦둥이다. 거대한 히말라야 산속 천막 안에 누워서 내가 준 것과 내가 받은 것을 비교해 보니 계산할 필요도 없었다. 내가 준 것이 한 줌이라면 내가 받은 것은 태산 같았다. 되돌아보면 도움 받지 않은 것이 하나도 없었다. 환자를 치료하고 학생을 가르치고 봉사하는 것도 선배들에게 배우고 받아서 한 일이지 내가 독창적으로 해낸 일은 아니다. 그것뿐이랴? 인간관계를 뛰어넘어 자연과의 관계를 생각해 보면 더 말할 필요도 없다. 그런데 나는 히말라야 산속의 천막에 누워 그런 생각을 하고 가슴으로 동의했던 것이다. 나는 그때 철이 들었다.

'되로 주고 말로 받는다'는 속담이 있는데 이 속담은 어릴 때부터 익히 알고 있었다. 알고 있었다는 것은 그냥 말로만 알았을 뿐 내 가슴으로 깊이 알지는 못했다는 뜻이다. 나는 천막 안에서 비로소 그런 생각을 하면서 뒤늦었지만 생각을 바꾼 것이 너무 기뻤다. 내가 만일 젊었을 때부터 되로 주고 말로 받는다는 말을 가슴으로 이해했다면 그 입원했던 청년에게도 더 많은 도움을 주지 않았을까 하는 상상을 해본다.

정말로 고맙고, 고맙다. 늦은 나이일지라도 말로 받고 온 삶을 되돌아보면서 감사할 줄 알게 되었으니, 이 아니 기쁘겠는가! 우리 모두는 이 세상에 태어나서부터 말로 받은 행운아다. 살아가면서 어떤 고통이 우리에게 닥친다고 하더라도 우리가 '되로 주고 말로 받는다'는 속담을 가슴으로 이해하고 실천한다면 그런 고통쯤이야 얼마든지 극복할 수 있지 않을까 싶다. 내가 50세 이전까지는 말로만 이해했던 이 속담을 히말라야 산속에서 50세가 한참 넘어 그 뜻을 바로 알게 되었으니 내가 의료 봉사로 준 것이 아니라 히말라야로 인해 받아온 것이 훨씬 많은 셈이다. 비교할 바가 아니다.

자식을 낳았으면 책임을 지라고? 과연 자식은 무한 책임의 대상일까? 빚 갚고 가야 한다고? 과연 무슨 빚일까? 베풀되 베풀고 준다는 생각조차 하지 말자. 누구나 받는다. 또 누구나 준다. 그게 삶의 사이클 아닌가? 주고, 다시 받는 것이······.

행복은 누가 주는 것이 아니라
내가 찾는 것이다

《스스로 행복하라》 중에서

누가 내 삶을 만들어줄 것인가
오로지 내가 내 인생을 한 층 한 층 쌓아갈 뿐이다

사람은 누구나 자기 스스로 발견한 길을 가야 한다
그래서 자기 자신의 꽃을 피워야 한다

— 법정 스님(1932~2010)

행복이란 '생활에서 충분한 기쁨과 만족감을 느껴 흐뭇한 상태'를 말한다. 헌

행복은 큰 것이 아니다

데 나의 여러 가지 조건을 보고 남들이 나는 행복할 것이라고 말한들 정작 내 자신이 행복을 느끼지 못한다면 그것은 행복일 수가 없다. 그러니 행복은 다분히 주관적인 느낌이라고 생각하는 것이 더 옳겠다. 행복은 누가 주는 것일까? 아니면 내가 스스로 찾아야 하는 것일까? 두 가지 다 옳을 수도 있으나 나는 행복은 누가 나에게 주는 것이 아니라 내가 스스로 만들어 느끼는 신기루 같은 느낌이라고 생각한다. 사소한 일에도 행복감을 느낄 수 있는가 하면 거창한 일에도 행복을 느끼지 못할 수 있다. 그러니 주관적인 느낌이 더 큰 것이다.

　행복은 누가 주어서 거저 받는 것이 아니라 내가 스스로 성취해 가는 것으로 공짜가 아니다. 우리나라 속담에 공짜라면 양젯물도 마신다는 말이 전해질 만큼 공짜를 즐기는 사람이 많은 것 같은데 행복만큼은 절대로 공짜가 없다. 행복은 내가 만들어 챙기고 느끼면서 즐겨야 한다는 말이다. 그만큼 행복은 고통과 인내가 따라야 한다는 말도 된다.

　지인 중에서 공짜의 개념을 다르게 생각하는 두 분이 있다. 한 분은 이 세상의 어떤 거래에도 공짜는 없다는 생각이 확고하다. 간단한 예를 들어 보겠다. 우리가 차를 운전하기 위해서는 주유소에서 기름을 넣어야 한다. 기름을 넣고 나면 주유소에서 휴지나 음료수 등 작은 선물을 준다. 이 분은 그런 선물이 공짜처럼 보이지만 이미 그 값이 기름값에 포함된 판촉 수단이라고 보고 절대로 받지 않는다. 안 받는 사람이 많아져야 공짜 선물처럼 위장하는 꼼수도 안 쓸 것이고, 그래야 기름값도 내린다는 논리다.

　다른 한 분은 정반대이다. 주유소 중에는 판촉 선물 외에 사은품으로 무엇 무엇을 더 드리겠다고 현수막을 걸어 놓은 곳도 있다. 간혹 사은품 중에는 소형 전자제품까지 섞여 있었는데 일상생활에 많이 쓰이는 것이다. 이분은 그 사은품 가운데 드라이어가 탐이 나서 주유소 사장님을 찾아 내가 앞으로 여기에서만 조건에 맞게끔 기름을 다 넣을 테니 저 드라이어를 먼저 달라고 요청했다고 한다. 사장님이 어쩌다 설득당했는지는 자세히 모르겠으나 정말로 이분은 선물부터 받았다고 한다. 나는 그분에게 드라이어는 백화점에 가서 사도 값이 얼마 되지 않는데 구차하게 왜 그런 약속까지 하면서 받아 왔느냐고 물어 보았다. 그분은 단호하고 명료하게 '공짜잖아요' 하고 답했다. 이 두 분의 말씀을 듣고 보면 이 말도 옳은 것 같고 저 말도 옳은 것 같다. 그런데 가만히 생각해 보면 전자의 논리에 더 수긍이 된다.

    사람이 살아가면서 생활하다 보면 어떤 형태든지 서로 주고받음이 있다. 눈에 보이지 않는 마음을 비롯하여 눈에 보이는 많은 물건을 주고받으면서 살아간다. 뉴스에서 종종 거액의 뇌물을 받은 사람들이 재판을 받는다는 소식을 듣는다. 유심히 들어 보니 그 재판의 핵심은 그 거액의 돈이 '대가성'이 있는지 없는지를 따져서 대가성이 없다면 죄가 되지 않는다는 것이다. 그것은 법률적인 판단이다.

    내가 공부한 심리학적인 가설에서는 어떤 형태의 주고받음이든지 주고받는 데는 반드시 대가성이 있다고 말한다. 그러면 이런 반론이 있을 것이다. 상대방에게 고맙다고 선의의 생각을 담아 주는 것도 대가성이 있는 것일까? 심리학적인 가설로 말하자면 법률적인 판단과는 달리 모든 관계는 적든 크든, 의도적이든 선의이든 대가성이 존재한다. 내가 조그마한 선물 하나를 감사하다고 드렸는데 그것이 어떻게 대가성이 있는 행동이란 말인가? 이에 대한 설명은 이렇다. 그것은 '내가 당신에게 감사한 마음을 갖고 있다는 것을 알아주세요'라는 표현이다. '알아 달라'는 것이 넓은 의미에서는 바로 대가성이다. 법률적으로는 대가성의 유무가 중요하겠지만 심리학적으로는 우리 삶의 관계 그 밑바탕에는 의식적이든 무의식적이든 대가성주고받음이 깔려 있다는 말이니, 양자의 견해는 조금 다르다.

    '대가성이 있다'는 것은 '공짜는 없다'는 말과도 통한다. 우리 일상에서 '대가성이 없다'고 느끼면서 주고받는 유무형의 모든 것에 결국 '공짜는 없다'는 것을 알아야 한다.

행복이라고 하는 이 신기루 같은 만족감을 얻고자 한다면 감나무에서 감이 떨어지길 기다리듯 그냥 입만 벌리고 있어서는 안 된다. 자업자득이라는 말이 있다. '자기가 저지른 일의 결과를 스스로가 돌려받음'이라는 뜻이다. 어감은 좀 다르지만 이는 통장에 돈이 쌓이는 이치와 같다. 내가 돈을 통장에 넣지 않으면 공짜로 돈이 들어와 모일 리가 없다. 그래서 행복은 절대로 공짜로는 얻을 수 없는 것이다. 내가 행복감을 느낄 만한 일을 했느냐 하지 않았느냐에 따라 달라질 수 있다. 또 수월하게 얻는 행복이 있을지 모르겠으나 대개는 아픈 경험과 극심한 고통을 극복하고 나서야 얻을 수 있는 행복이 더 많다.

미국의 저술가인 노먼 빈센트 필(1898~1993)은 '우리의 행복은 우리가 만들어 나가는 마음의 습관에 달려 있다'고 했다. 영국의 소설가 그레이엄 그린(1904~1991)은 '인간은 아무도 다른 인간을 깊이 이해할 수 없고 아무도 다른 인간의 행복을 만들어 줄 수 없다'고 했다. 이런 명언들은 행복에는 절대로 공짜가 없다는 내 생각을 뒷받침해 준다.

행복이란 고통을 이기는 땅에서 얻어지는 소중한 열매이지 공짜로 어디서 뚝 떨어지는 열매가 아니다. 이것을 빨리 알아차린 사람이라면 그는 이미 행복을 손에 쥐었다고 해도 과언이 아니다. 절대로 공짜 거래는 없다. 하물며 행복에서야 두말할 필요가 없다.

그럼에도 불구하고

〈호랑이의 눈〉 중에서

우리는 모두 각자의 두려움에 맞서야 하고, 두려움에 직면해야 한다. 두려움을 어떻게 다루느냐에 따라 남은 인생을 어떻게 살지가 결정되기 때문이다. 모험을 할 것인가, 두려움에 갇힐 것인가.

- 주디 블룸(저술가, 1938~)

　사람은 주로 말로써 상대방과 소통한다. 동물 중에서 말하는 동물은 사람이 유일하다. 물론 동물도 일정한 소리를 내어 자기들끼리 즐겁다거나 위험하다는 신호를 주고받는 경우가 있지만, 사람은 이를 해독하지 못하고 그냥 동물이 소리를 낸다고 표현한다.

　사람도 처음부터 말을 잘하는 것은 아니다. 태어나서는 옹알거리다가 '엄마, 아빠' 정도의 단어를 구사하게 되고, 점차 언어를 습득하는 만큼 의사소통이 가능해진다. 또 경험을 통해 언어 능력이 점점 향상되면서 여러 단어를 자율적으로 엮어 문장과 글을 만들어 낸다. 그리고 자기 생각이나 감정을 상대방에게 전달할 만큼 발전하게 된다.

　이렇게 언어 능력이 향상되면서 각기 다른 언어 습관이 생긴다. 같은 단어나 문장을 사용하더라도 사람마다 그 내용이 조금씩 다르다. 각자의 언어 습관에 따라 자신이 좋아하는 단어나 문장은 더 자주 사용하고 익숙하지 않은 말은 덜 사용한다. 그래서 저마다 독특한 말버릇, 말본새가 생겨난다.

　나에게도 입버릇처럼 즐겨 쓰는 문구가 있는데 그중 하나가 '그럼에도 불구하고'이다. 왜 이 문구가 말버릇으로 굳어졌는지는 모르겠다. 또 언제부터 이 문구를 자주 사용했는지 정확히 알 수 없으나 아마 대학 시절부터 자주 쓴 듯하다. 그 이전까지는 나에게 닥친 상황이 그리 복잡하지 않았고, 심오하게 생각하고 결정해야 할 사항이 많지 않았다. 그러다가 대학에 입학했는데 그때까지는 경험한 적이 없었던 갖가지 상황이 나에게 닥쳐왔다. 이에 적응하느라 우왕좌왕했다. 그럴 때마다 '그럼에도 불구하고'라며 돌이켜 보다가 말버릇으로 굳어진 것이 아닌가 싶다. 그리고 또 직업이 정신과 의사이다 보니 정신장애 환자를 돌보며 이 말을 자주 쓰게 된 때문도 있을 것이다.

　《표준국어대사전》에서는 '그럼에도 불구하고'라는 관용구를 '비록 사실은 그러하지만 그것과는 상관없이'라고 풀이해 놓았다. 사람들은 스스로의 힘으로 해결이 안 되거나 감당하기 어려운 상황에 놓이면 흔히 '이런 일은 절대 일어나서는 안 돼'라거나 '이건 있을 수 없는 일이야'라며 그 상황을 회피하려고 한다. 눈앞에 벌어진 일을 직시하기를 꺼리는 것이다. 그러나 그런 식으로 피한다고 해서 이미 벌어진 일이 달라지는 것도, 끝나는 것도 아니지 않은가. 그런 말로 일시적인 위안을 받을 수 있을지는 모르겠지만 근본적으로는 상황이 해결되지도 않고 현실에 잘 적응하지도 못한다. 그래서 내가 자주 사용하게 된 말이 바로 '그럼에도 불구하고'이다. 이 말을 사용할 때 그 전제는 내 생각과 다르더라도 내 앞에 일어난 일을 있는 그대로 바라보고 인정하며 적응하라는 것이다. 이미 벌어진 상황을 피할 것이 아니라 바로 볼 수만 있다면 그에 대한 적응 방법도 융통성 있게 얼마든지 달라질 수 있다.

상황이 이미 벌어졌는데도 있을 수 없는 일, 또는 일어나서는 안 되는 일이라며 거부한다면 적응하고 헤쳐 나갈 방법도 찾기가 어렵다. 우리나라 속담에 '호랑이에게 물려 가도 정신만 차리면 산다', '하늘이 무너져도 솟아날 구멍이 있다'라는 말이 있다. 이 속담의 전제는 일어난 상황을 우선 직시해야 한다는 것이다. 그래야만 적절하고 합당한 방식으로 대처할 수 있고, 다음 행동도 취할 수 있게 된다.

평소 나는 조상의 지혜가 담긴 속담의 뜻을 깊이 새겨 보고는 하는데, 이 속담들 덕분에 내 사고 체계에 '그럼에도 불구하고'라는 말이 각인되었던 듯하고, 나아가 나의 언어 습관으로 정착되었을 법하다. 그 누구보다 우선은 나에게 거는 최면과도 같은 말이고 나아가 정신장애로 고통 받는 환자에게 일러주기 좋은 말이기도 하다.

우선 일어난 상황을 직시하자. 바로 볼 수 있다면 속담과 같은 반열의 지혜도 얻을 수 있다. 정신을 차리고 봐야 솟아날 구멍도 찾을 수가 있다. 정신을 차리지 못한다면 솟아날 구멍이 우리 앞에 있어도 볼 수가 없다. 이제 솟아날 구멍을 찾았다면 행동으로 옮겨야 한다. 그것이 비록 생소한 발버둥이라고 하더라도 행동이 꼭 필요하다. 행동을 반복하다 보면 습관이 형성된다. 재앙 수준의 상황이 아니라면 이런 습관만으로도 해결할 수 있는 일이 더 많을 것이다.

코로나19 유행으로 나는 지난 2년간 나들이를 못 하게 되면서 유튜브 채널 하나를 만들어, 제자와 함께 즉문즉답하는 형식의 동영상 방송을 내보내고 있다. 한 번은 제자의 사정으로 일주일 동안 녹화를 못하게 되었다. 그래서 그 제자가 12년 전에 녹화해 두었던 우리 둘의 즉문즉답 영상을 올렸다. 세월이 많이 흘렀으니 영상 속 내 목소리의 강도나 말의 흐름은 지금과는 달랐지만 대담 중에 '그럼에도 불구하고'라는 말을 자주 사용하는 것을 듣고 새삼 놀랐다. 그때도 상황에 대처하는 공식처럼 사례를 설명하고 핵심을 전할 때마다 사용했던 말은 '그럼에도 불구하고'였다. 즉 그때나 지금이나 내가 전달하고자 하는 중심 내용은 똑같다는 뜻이다. 상황을 극복하는 방식을 두고 심리학에서는 흔히 '자아 방어기제'라는 용어를 사용해서 설명한다. 어떤 방어기제를 선택하여 내 앞에 닥친 문제를 해결할지는 오직 자신에게 달려 있다.

'그럼에도 불구하고'라는 말을 쓸 때는 반드시 일어난 사실에 대해 수긍하고 인정하는 것이 전제되어야 한다. 말은 쉬워 보일 수 있지만 상황을 직시하는 것은 어렵고도 힘든 일이다. 힘든 상황을 피할 수만 있다면 오죽 좋겠는가. 그러나 내 앞에 벌어진 상황은 다른 누가 끝내 줄 수도 없고 도망치게 해줄 수도 없다. 피하다 보면 다만 그 상황에서 받을 충격을 좀 미루거나 희석할 수 있을 뿐이다.

글을 쓰다 보니 떠오르는 격언이 하나 있다. 진인사대천명盡人事待天命, 사람이 할 수 있는 일을 다하고서 하늘의 뜻을 기다린다는 뜻이다. '그럼에도 불구하고'의 뜻과 일맥상통한다. 이 격언이 전달하고자 하는 바도 먼저 상황을 인식하고 스스로 할 수 있는 데까지 최선을 다한 후 천명을 기다리라는 것이다. 감이 먹고 싶으면 먼저 감나무에 올라가서 감을 따야 한다. 감이 먹고 싶다고 감나무 아래에 누워서 입을 벌리고만 있다면 최선을 다한 것이 아니다.

　내가 '그럼에도 불구하고'라는 말을 자꾸 권하는 것은 할 수 있는 한 최선을 다해 보자는 마음에서다. 우선 마음을 차분히 가라앉히고 마음을 비질해서 티끌만 한 먼지도 떨어내 보자. 매일같이 세찬 파도에 부딪히는 바위섬에 수많은 생채기가 생기듯이 이 세상을 살아가는 사람이라면 누구나 상처 받은 경험이 있을 것이다. 무겁고도 무거운 마음의 짐은 저 차가운 북새의 바람에 실어 훨훨 날려 보내는 것이 좋지 않을까. '그럼에도 불구하고' 인생은 살 비비고 부대끼며 살아가는 맛이 있지 않는가.

존경과 사랑

《이어령의 마지막 수업》 중에서

"영화가 끝나고 'the end' 마크가 찍힐 때마다 나는 생각했네. 나라면 저기에 꽃봉오리를 놓을 텐데. 그러면 끝이 난 줄 알았던 그 자리에 누군가 와서 언제든 다시 이야기가 시작될 수 있을 텐데. 그때의 라스트 인터뷰가 끝이 아니고, 다시 지금의 라스트 인터뷰로 이어지듯이, 인생이 그래."

– 이어령(저술가·교수, 1933~2022)

존경이라는 말도 있고, 사랑이라는 말도 있다. 그런데 사람들은 이 두 단어를 구분 없이 쓰는 경우가 많다. 존경받는 사람에게는 사랑이 저절로 따라오는 줄 알고, 사랑받는 사람이라면 존경은 당연한 것으로 여기기도 한다.

그러나 두 단어의 사전적 의미를 각각 살펴보면 개념의 차이를 좀 더 명확하게 이해할 수 있다. 존경은 '우러러 받듦'이라고 되어 있지만 사랑은 '다른 사람을 애틋하게 그리워하고 열렬히 좋아하는 마음'이라고 되어 있다. 두 단어는 같지 않다. 존경은 받지만 사랑받지 못하는 사람도 있겠고, 사랑은 받아도 존경받지 못하는 사람도 있을 것이다.

나는 아내와 함께 이어령 교수의 병문안을 다녀온 적이 있다. 이 교수는 단정한 옷차림으로 소파에 단아하게 앉아 우리 내외를 맞이하셨다. 병마로 고통이 아주 심할 텐데도 흐트러짐이 없었다. 우리는 모처럼 이 교수와 한 시간 남짓 좋은 대화를 나누고 왔다. 최근 작가 김지수 선생이 이어령 교수와의 인터뷰 내용을 다듬어서 《이어령의 마지막 수업》이라는 책을 펴냈다. 그 책 속의 대화 가운데 내 눈길을 끈 대목이 있어 이를 그대로 옮겨 적어 본다.

작가 김지수 선생이 질문했다.

"문제적 인간이셨죠?"

이 날카로운 질문에 이어령 교수는 이렇게 고백했다.

"그래. 그래서 사는 내내 불편했지. 아이 때도 어른이 되고서도, 이상한 사람이다, 말꼬리 잡는다, 얄밉다는 소리만 들었으니까. 지금도 마찬가지야. 나 좋다는 사람 많지 않아. 모르는 사람은 좋다고들 하지. 나를 아는 사람들, 동료들, 제자들은 나를 다 어려워했어. 이화여대 강의실에서 강의하면 500~600명 좌석이 꽉꽉 차도, 스승의 날 카네이션은 다른 교수에게 주더라고. 나한테는 안 가져와. 허허."

그는 존경은 받았지만 사랑은 받지 못했다고 용감하게 고백했다. 이 교수가 자신을 되돌아보면서 '내 이름값이 이렇구나' 하고 알아차렸다는 점이 특별히 나의 관심을 끌었다. 심리학에서는 이런 알아차림을 '통찰'이라고 한다. 부처님은 6년 동안의 고행 끝에 생로병사 진리에 관한 깨달음을 얻으셨는데 불교에서는 이를 '깨달음'이라고 한다.

넓은 의미에서 이어령 교수의 통찰이나 부처님의 깨달음은 같은 것이다. 그 결론의 크고 작음이나 무겁고 가벼운 정도가 다를 뿐이지 알아차림에 이르는 과정은 똑같다. 그래서 나는 이 교수의 통찰을 마음 깊이 새겼다.

이화여자대학교 기독교학과에 나와 함께 근무했던 서광선 교수라는 분이 계셨다. 김옥길 총장님께서 그를 불러 어떤 보직에 일할 수 있는 좋은 교수를 한 분 추천해 달라고 하셨단다. 그래서 어떤 이를 추천했더니 단칼에 그 사람은 안 된다고 잘라서 그 이유를 물어보셨더니 돌아온 대답은 이렇다.

"그 사람은 너무 똑똑하기 때문에 안 돼요."

서광선 교수는 똑똑한 것이 왜 걸림돌이 되는지 궁금한 생각이 들어 총장님께 되물었단다.

"총장님, 저도 똑똑한데요?"

"그러니까 당신도 조심해."

서광선 교수는 총장님의 이 말씀을 듣고 존경과 사랑이 어떻게 다른지 바로 깨달았을 것 같다. 그는 이어령 교수와는 달리 학생들로부터 꽃 선물을 아주 많이 그리고 자주 받는 교수로 이름나 있었다. 이어령 교수의 통찰은 언제 이루어졌는지 정확히 알 수 없으나 교직에 몸담고 있을 때였으니 아마도 우리 교수 셋 모두 비슷한 시기에 비슷한 깨달음을 얻은 게 아닐까 싶다.

나는 존경과 사랑을 또 다른 의미에서 구분해 보고 싶다. 사회가 요구하는 높은 수준의 가치 범주 안에서 한 치의 흐트러짐 없이 행동한다면 존경이 대상이 될 것이다. 그러나 사랑은 다르다. 틀에 갇혀 있으면 사랑받기 어렵다. 존경받으려면 흐트러짐이 없어야겠고, 사랑받으려면 흐트러짐이 있어야 한다. 존경과 사랑은 이처럼 극과 극의 성향을 지닌, 전혀 다른 단어임에도 우리는 그 두 단어가 비슷하다고 착각한다.

나는 이 두 단어를 놓고 꼭 하나만 선택하라고 한다면 사랑 쪽을 택하겠다. 나는 사랑받고 싶다. 존경이나 사랑 모두 내가 받고 싶다고 해서 받을 수 있는 것이 아니고, 내 행동에 따라 다른 사람이 결정하는 것이다. 그러니 내가 받고 싶다고 한들 주는 사람이 없다면 공염불이 될 것이다.

내가 한평생 사는 동안 사랑받을 만한 일을 했는지는 잘 모르겠다. 그래서 오늘도 속 빈 강정이 아니라 진짜 사랑을 받고 싶어서 아내에게 "자기야!" 하고 불러본다. 하지만 돌아오는 답은 사랑이 아니라 도리어 핀잔이다. 그래서 나는 볼멘소리로 얼마 전에 타계하신 틱낫한 스님(1926~2022)의 사랑에 관한 격언까지 인용해 본다.

"진정한 사랑에는 자존심이 없다. 사랑받는다는 것은 나를 존재 그대로 인정받는 것, 사랑하는 방법도 모른 채 사랑하면 사랑하는 사람을 다치게 할 뿐이다."

스님의 말까지 빌려 사랑받고 싶은 내 간절한 마음을 읍소해 본다. 욕심일 수 있겠지만 나는 아직도 사랑을 한없이 받고 싶다.

잡동사니

⟨이상한 기억⟩

동그란 스탠드 건너 당신은 앉아 있고
나는 세월 건너편 낡은 벤치에 앉아 있다
그 사이로 계곡이 있었던 듯하기도 하고 잠시,
여우비가 스쳤던 듯하기도 하다
달빛이 얼굴 위에 소나기처럼
쏟아졌던 것 같기도 하고
간선도로에 자욱한
모래의 융단이 깔린 듯하기도 하다

수많은 이정표와 자동차 바퀴를 거슬러 올라가면
기껏, 소스라치는 마른 나뭇잎,

나뭇잎 한 장의 모질고 쓰린 기억들

세월 건너편 낡은 벤치 위에 당신은 앉아 있고
나는 동그란 스탠드 앞에 앉아 있다
안개가 많은 것들을 지운 듯 세상은 어렴풋하고
달력 속에서 나는
무릎을 세우고 엎드려 울었다

어느 순간 벌컥, 빗금을 그으며
계속 또는 단애가 들어섰을 것이다 우리는
들판에 있었던 듯하고 못물 속에 깊숙이
가라앉았던 것 같기도 하다
우리는 아마 어깨를 들썩이며 울었을 것이다

스탠드의 불이 나가고 당신은
세월 저편으로 사라졌다 나는
모래와 꽃과 바람을 받으며 여물어갔다

세월인 당신, 얼룩인 당신

가끔 슬픔이라는 짐승이 드나들기도 하지만
당신에 대해 나는
아주 이상하고 단단한 기억을 가지고 있다

— 송중규(시인·교사, 1962~)

행복은 큰 것이 아니다

나는 '잡동사니'라는 단어가 아주 매력적이라고 생각한다. 나에게 이 단어가 특별히 뜻 깊게 다가오는 이유는 이 단어를 의학적으로 살펴보았을 때 이해할 수 있다. 독자의 이해를 위해 자세히 한번 살펴보겠다. 나는 의사로서 한평생 환자의 몸과 마음을 다루는 역할을 하다 보니 문득 이 잡동사니라는 용어가 우리 몸과 마음에 아주 적절한 비유가 된다는 사실을 알게 되었다. 잡동사니는 실로 우리 몸을 비유하는 데에 적합한 용어다. 원래 이 말은 의학적인 의미로 사용되지는 않지만, 우리 몸과 마음에 비유해서 생각해 보면 유용하고 재미있으며 뜻 깊은 단어로 새로이 탄생한다.

잡동사니라는 말은 본래 '잡다한 것이 한데 뒤섞인 것. 또는 그런 물건'이란 뜻이다. 그 기원이 순우리말인지 한자인지 잘 모르겠서 자세히 찾아보았더니 조선시대 실학자 안정복이 쓴《잡동산이雜同散異》에서 유래한 말이었다. 안정복은 이 책에서 우리나라와 중국의 역사와 제도, 명문가의 저술, 명물 등을 잡다하게 다루었다. 또한 자연현상, 역사 용어, 우리나라 유명인의 시, 민간에서 떠돌아다니는 이야기 등까지 포괄하여 실로 여러 분야의 다양한 내용을 기록해 놓았다. 주제가 너무 방대하다 보니 전체적으로 체계가 허술하여 그 가치는 그리 높게 평가되지 못한다.

그러나 내가 '잡동사니'를 매력적으로 느낀 것은 이 책 때문이 아니라 우리 몸과 마음을 나타낼 때 이 표현이 유용하기 때문이다. 우리 몸과 마음의 구성은 어찌 보면 잡동사니라고 해도 될 만하다. 우선 눈으로 보는 신체는 잘 정돈되어 있어서 사람이라면 누구나 똑같은 구성을 이루고 있다. 그런데 마음은 눈으로 볼 수가 없고 신체 부위나 장기처럼 특정한 모양을 지닌 것도 아니다. 하지만 누구나 마음을 가지고 있다는 사실은 부인할 수 없다.

눈으로 직접 볼 수 없는 마음이지만, 우리 몸이 행동하는 방식이나 한 사람의 습관 같은 것을 미루어 보면 마음의 기능을 간접적으로 이해할 수 있다. 마음은 이렇듯 유추하여 알 수 있고, 몸을 이해할 때와는 좀 다른 시각에서 바라보아야 접근이 가능하다.

몸은 뼈를 골격으로 하여 여러 가지 장기가 있고 그 외관에는 근육과 살이 붙어 전체를 형성한다. 하지만 마음이 위치한다고 여겨지는 가슴이나 생각을 일으키는 머리는 그 반대다. 뼈가 있고 주위에 근육이 붙어 있듯이 뇌가 뼈에 붙어 있는 것이 아니라 뇌를 보호하기 위해서 두개골이 둘러싸고 있다. 이 점이 몸과는 확연히 다르다. 몸은 살아가는 에너지를 얻기 위해 음식물을 섭취하고 이를 소화하여 장으로 내려보내는데 장은 영양분과 찌꺼기를 분리한다. 영양분은 흡수하여 각 장기로 흘려 보내고 남은 찌꺼기는 대변이나 소변 등으로 몸 밖으로 내보낸다.

그런데 그렇게 찌꺼기처럼 내보낼 수 없는 것이 있으니, 그게 마음의 부산물이다. 우리는 이 세상을 떠날 때까지 감정과 생각 그리고 행동에 대한 기억 등 모든 것을 뇌세포에 저장한다.

우리 몸은 보고, 듣고, 맛보고, 냄새 맡고, 피부로 느끼는 등 5감으로 주변 상황을 지각한다. 이 자극을 신경을 통해 뇌에 전달하면 뇌는 기능에 따라 각 세포에 저장한다. 단지 일시적으로 저장이 되는 것이 아니라 일평생 일어나는 모든 것을 저장한다고 하니 그 용량은 상상만 해도 대단하다. 학자들이 연구한 바에 따르면, 보통 성인의 뇌세포 수는 1천 억 개 이상이라고 하니 그 정도의 용량이라면 일생의 경험을 하나도 빠트리지 않고 저장할 수 있을 것이다.

그런데 문제는 영양가 없는 찌꺼기를 배설물로서 몸 밖으로 배출하는 몸과는 달리 마음은 지각된 모든 것이 영양분이 있든 없든 상관없이 저장한다는 점이다. 일상을 살아가다 보면, 물론 오래도록 행복하게 간직하고 떠올리고 싶은 경험도 있지만 단 1초도 기억하기 싫은 힘들고 고통스러운 경험도 있을 것이다. 그런데 이런 힘든 기억을 밖으로 배설할 수 없으니 마음의 고통은 상상만 해도 여간 심하지 않을 것 같다. 또 일생을 살다 보면 고통, 희열, 행복 등, 별의별 경험을 다하는데 그때그때 느끼는 바와 생각하는 것이 다를 테니, 이 모든 것을 통틀어 표현하는 말로 '잡동사니'가 그야말로 딱 알맞다. 그래서 정신과 의사인 내게 잡동사니라는 표현이 유난히 더 매력적으로 다가온다.

몸이 음식물을 받아들여 영양분과 찌꺼기로 구분하듯, 마음도 필시 즐겁고 영양이 있는 경험과 느낌을 받아들임과 동시에 그렇지 못한 기억과 감정도 포함하고 있을 테다. 편의상 고통스럽기만 하고 도움도 되지 않는 느낌, 감정, 경험, 기억 등을 '쓰레기 마음'이라고 표현해 보자. 휴지나 찌그러진 깡통 같은 쓰레기는 간직할 필요가 없으므로 버리면 그만이다. 신체도 노폐물을 분리하여 밖으로 배설하는데 쓰레기 마음은 왜 밖으로 배설하지 못할까? 두개골에 갇혀 쓰레기가 빠져 나가지 못하는 것일까? 아니다. 5감으로 수집된 정보가 뇌로 전해져 뇌세포에 하나도 빠짐없이 저장되니 영양이 있는 생각과 영양이 없는 생각을 구분해 저장하기가 어려운 것이다. 다 함께 저장되어 있어서 쓰레기 같은 느낌이나 생각, 반응, 기억만 따로 지우기는 어려운 것이다. 많은 사람이 그런 쓰레기 마음의 앙금을 지울 수 있는 지우개가 있다면 참 좋겠다고 말하곤 한다.

그렇다면 뇌세포에 저장된 마음의 잡동사니는 지울 수 없을까? 결론적으로 말하면 지울 수가 없다. 그래서 일찍이 부처님도 사람의 일생을 고통의 연속이라고 했던 것일까? 언뜻 표면적으로만 그 뜻을 받아들인다면 세상 살맛이 없어질 것이다. 어느 누가 고통스러운 마음의 쓰레기를 잔뜩 짊어지고 일생을 살고 싶단 말인가? 하지만 마음의 앙금과도 같은 쓰레기도 있지만 순간순간의 즐거움과 행복도 있기 때문에 인생을 참고 고난을 극복하면서 살아가는 것이 아니겠는가? 몸처럼 쓰레기 마음을 배설해 버릴 수는 없지만 그 앙금을 희석할 수는 있다. 쓰레기 마음이 비록 마음과 뇌 한 편에 존재한다고 하더라도 희석하면 그 농도가 옅어지고 일상생활을 하는 데 지장이 없을 정도로 그 작용이 미미해질 것이다. 이러한 과정을 사람들은 소위 수양修養이라고 한다. 쓰레기 마음 또는 고통의 앙금을 희석하는 방법을 터득하기 위해 애를 많이 쓴다.

그런데 쓰레기 마음과 고통의 앙금을 희석하는 방법은 개인마다 다르다. 사람의 몸은 비슷한 점이 많지만 마음은 열이면 열, 백이면 백, 모두 제각각이니 오죽하면 인간의 마음은 갠지스강의 모래알만큼이나 각양각색이라고 했을까. 그러니 마음을 정화하고 각자의 고통을 희석하는 방법도 일정하지 않을 것이다. 사람의 성격도 다 다르니 몸과는 아예 비교할 바가 못 된다.

인간은 모든 느낌, 사고, 행동을 스스로 선택하고 제어한다. 아무리 책임을 회피하려고 해도 자기가 자신의 인생을 살아가는 것이기 때문에 쓰레기 마음을 버리는 방법도 독자적으로 개발할 수밖에 없다. 어떤 부정적인 느낌이나 경험적 기억 등, 통틀어 쓰레기 마음도 감내하고 다스릴 수 있다고 하니 이를 일괄해서 자기 수양이라고 표현한다. 인격이 발달하고 자기계발을 게을리하지 않은, 한마디로 덕이 높고 자기 수양을 잘한 사람은 쓰레기 마음도 잘 처리할 수 있다. 반면에 자신만의 방법을 찾지 못하고 허우적거리는 사람이 있다면 그는 쓰레기 마음에 갇혀 사람다운 삶을 살아갈 수 없을 것이다.

요즘 사람들의 인생을 들여다보면 마음에 즐거움보다 쓰레기가 더 많아 보인다. 그 고통을 처리하지 못하고 헤매고 방황하는 사람이 너무 많아 보인다. 그런 자신이 쓰레기 마음을 지니고 산다는 사실을 알아차리는 것만 해도 이미 절반은 마음의 짐을 덜어낸 것과 같다. '이게 바로 마음이 만들어낸 쓰레기로구나. 지나간 일을 내가 스스로 붙잡고 있구나.' 이러한 인식 없이는 마음의 청소를 시작하기 힘들기 때문이다.

바쁜 세상이지만 틈틈이 시간을 내어 담담하게 내가 가진 쓰레기 마음은 무엇인지, 이 상처의 앙금을 희석하려면 어떤 방법을 선택해야 할지, 성숙한 인간이라

행복은 큰 것이 아니다

면 한 번쯤은 진지하게 자신을 돌아봐야 한다. 쓰레기 마음은 결코 뇌리에서 없앨 수는 없지만 희석할 수는 있다. 그러한 자기 수양을 더욱 발전시키면, 온갖 것을 다 저장하는 기억 메모리에서 나에게 유용한 잡동사니를 끄집어낼 수도 있다. 그렇다면 우리의 마음결은 한층 더 부드러워질 것이다. 그래서 잡동사니란 귀찮고 보잘것없는 것이 아니다. 우리에게 유용하고 도움 되는 기억도 끄집어낼 수 있는 보물 창고일 수 있다. 이 사실을 잊지 말고 하루하루 연습해 보자.

질투는 시간의 낭비다

〈질투는 나의 힘〉 중에서

아주 오랜 세월이 흐른 뒤에
힘없는 책갈피는 이 종이를 떨어뜨리리
그때 내 마음은 너무나 많은 공장을 세웠으니
어리석게도 그토록 기록할 것이 많았구나
구름 밑을 천천히 쏘다니는 개처럼
지칠 줄 모르고 공중에서 머뭇거렸구나
나 가진 것 탄식밖에 없어
저녁 거리마다 물끄러미 청춘을 세워두고
살아온 날들을 신기하게 세어보았으니

행복은 큰 것이 아니다

그 누구도 나를 두려워하지 않았으니

내 희망의 내용은 질투뿐이었구나

그리하여 나는 우선 여기에 짧은 글을 남겨둔다

나의 생은 미친 듯이 사랑을 찾아 헤매었으나

단 한번도 스스로를 사랑하지 않았노라

— 기형도(시인, 1960~1989)

"사촌이 논을 사면 배가 아프다"라는 속담이 있다. 우리나라에서 언제 이런 속담이 생겨났는지 모르지만 심리학적으로 살펴보면 혜안으로 인간의 심보를 담은 표현이다. 사전을 보면 질투란 '부부 사이나 사랑하는 사이에서 상대되는 이성이 다른 이성을 좋아할 경우에 지나치게 시기함', '다른 사람이 잘되거나 좋은 처지에 있는 것 따위를 공연히 미워하고 깎아내리려 함'이라고 정의되어 있다.

나는 이 글을 쓰면서 잠시 나를 되돌아보았다. 나는 질투란 것을 한 번도 해본 적이 없다. 질투 섞인 행동은 물론이고 질투하는 생각도 해보지 않았다. 이렇게 글을 쓰다 보니 질투라는 단어에 내 품성을 대입해 보았다. 다시 말하지만 나는 질투를 해본 적이 없다. 아니 질투한 경험이 생각나지 않는다. 아니 질투해 놓고도 그게 질투인지 몰랐을 수 있다. 이렇게 자꾸 파고들다 보니 갑자기 큰 웃음이 터졌다.

'뭐? 내가 일생 동안 질투를 안 하고 살았다고?'

줄줄이 질투와 연관된 일들이 떠올랐다. 앞에서 의도적으로 나의 질투를 숨기려고 했던 것은 결코 아니다. 나 혼자서 질투를 질투가 아니라고 생각하고 지냈으니 착각 속에 살았던 셈이다. 나의 작고 큰 질투를 생각하다 보니 얼굴이 붉어졌다. 부끄러움을 이겨 보려고 나만 그런 것이 아니라 모두 다 그렇다고 생각하며 부끄러움을 물리쳐 본다. 고대 그리스 신화에도 질투의 신이 있다. 바로 젤로스라는 남신이다. 로마 신화의 신 중에는 질투의 여신이 있으니 그 이름은 인비디아이다. 신들 가운데도 이렇게 질투가 전문인 신이 있었는데 나 같은 보통 사람이 질투한 적이 없었다고 착각하고 살았으니 그게 스스로 생각해도 너무 우스웠다.

　말이 나온 김에 착각 속에 감추어 두었던, 나의 질투 하나를 소개해 본다. 큰 것은 감추고 작은 것 하나를 고백하면 이런 일이 있었다. 의과대학을 함께 나온 친한 친구가 있었다. 졸업 후 나는 학교에 남아 수련의가 되었고 그 친구는 입대하여 군복무를 마친 후에 바로 개원했다. 그래서 그 친구는 돈을 많이 벌어서 경제적인 안정을 찾았다. 나는 수련의를 하면서 경제적으로 많은 고통을 받고 있던 상황이었기 때문에 그가 부러웠다. 그런데 지금 생각해 보니 그렇게 친하게 지낸 사이였고 졸업하고도 한동네에 살았는데 정서적으로는 거리가 생겨나는 듯한 감정이 생기기 시작했다. 왜 그런지는 몰랐다. 그냥 각자 서로 일이 바쁘니까 그러려니 생각했다. 지금 돌이켜보니 그는 돈이 많고 나는 아직 가난을 벗어나지 못했으니 그게 부러웠던 모양이다. 나는 부러움을 넘어서 가히 질투라 할 만한 행동을 했다. 만나는 횟수도 줄이고 긴요한 일로 그를 꼭 만나야 하는 처지일 때도 우물쭈물하며 만남을 피하려고 했다. 지금 생각하니 그게 바로 질투였다. 그가 돈을 벌었으니 사촌이 논을 산 것과 같았다. 그게 질투인지도 모르고 살았으니 우둔하기 짝이 없다. 사실은 그보다 더 큰 질투도 했는데 그것도 질투라고 생각해 본적이 없다.

　고대 신화에도 질투가 전문인 신이 있었는데 나는 질투가 없다고 생각했다니 얼마나 한심한가. 생각난 김에 우리보다 앞서 사신 지혜로운 성현들은 이 질투를 어떻게 다루었을까? 공자님은 부부가 결혼해서 살다가 아내를 내쳐도 되는 '칠거지악 七去之惡'을 말씀하셨다. 칠거지악 중의 하나가 질투다. 질투하는 아내는 쫓아내도 될 만하다고 했으니 질투가 무섭고 무거운 감정이요, 생각이요, 행동인가 보다.

부처님은 뭐라고 하셨을까? 이것은 속담으로 전해져 내려오는 말인데 '시앗을 보면 돌부처도 돌아앉는다'라는 말이 있다. 시앗이란 남편의 첩을 가리킨다. 그러니 부처님도 질투에 대해서는 비슷한 생각을 하셨나 보다.

성경에는 이런 말씀이 나온다. 출애굽기 34장 14절에 '너는 다른 신에게 절하지 말라. 여호와는 질투라 이름하는 질투의 하나님임이니라'라고 한 것이다. 이런 말씀들을 종합해 보면 질투는 사랑싸움이다. 나를 다른 사람보다 더 많이 알아 달라거나 인정해 달라거나 사랑해 달라는 표현이 질투다.

질투를 심리학적으로 생각해 보면 열등감에서 비롯된다. 열등감은 느껴 보지 못한 사람이 없으니, 그렇다면 질투는 사람들이 가지고 있는 보편적인 생각이란 말인가? 그렇다. 누구나 질투심은 갖지만 그 질투심이 자신의 일상생활을 망칠 정도라면 문제가 되는 것이다. 그런데 부러움 수준의 미세한 질투라면 그것이 동기가 되어 자신을 성장시킬 수도 있을 테니 질투를 싸잡아서 부정적으로만 생각할 필요는 없다. 그러나 질투가 심해지면 질투하는 대상에게 해를 가하는 행동도 할 수 있으니 애초부터 질투는 삼가는 것이 지혜로운 처사다. 질투한다고 자기 원대로 되는 것이 아님을 알아야 한다. 질투의 화살은 결국 자신에게로 향하여 자신을 죽게 만든다는 사실을 알아야 한다. 이러한 통찰력을 지니면 질투하는 것은 참으로 공연한 짓임을 알게 된다.

모두가 질투하지 않는 삶을 산다면 얼마나 좋을까마는 그런 일은 있을 수 없다. 신들도 질투하는데 나 같은 사람이야 오죽하랴. 다만 이런 말로 위로해 본다.

셰익스피어의 4대 비극 중 〈오셀로〉에 이런 대사가 나온다.

"녹이 쇠를 좀먹듯이, 질투는 그것에 사로잡힌 영혼을 병들게 한다."

맞는 말이다. 마음에 깊이 새길 말이다. 질투란 나로 인해 생기는 감정이지만 결국은 그 감정이 나를 갉아먹는다 것을 명심하자.

항상 맑으면 사막이 된다

지지예자 다생물   地之穢者 多生物
수지청자 상무어   水之淸者 常無魚
고군자 동존함구납오지량   故君子 當存含垢納汚之量
불가지호결독행지조   不可持好潔獨行之操

풀이:
더러운 땅에는 풀이 무성하고
물이 맑으면 고기가 살지 않는다.
그러므로 군자는 마땅히 때 묻고 더러운 것을 받아들이는 도량을 지녀야 하며,
깨끗한 것을 좋아하여 홀로 행하는 뜻을 지녀서는 안 된다

— 홍자성(중국 명나라 선비, 1573~1619)

밤새 큰비가 내려 대지를 흠뻑 적셨다. 그 모진 빗줄기가 밤새 마음을 불안하게 하더니 오늘 사무실 앞 개천은 포효 소리를 내며 흐르고 있다. 마치 그동안 답답했던 흐름을 참아 왔다는 듯이 말이다. 어제만 해도 더러운 물이 흐르고 있었는데 오늘은 굵은 포말을 공기 중에 띄우며 포효하고 있다. 나는 이 우렁찬 포효 소리를 들으며 컴퓨터 앞에 앉아서 작업하다가 '맑으면 사막이 된다'는 문장이 문득 떠올랐다.

내가 지금 하는 작업과 이 문장은 아무런 관계가 없다. 아무런 관계도 없는 이 말이 머릿속에서 왜 불쑥 떠오른 것일까? 모르긴 해도 언젠가 이 문장을 들었거나 책에서 읽었을 가능성이 있다. 그렇다면 왜 앞뒤 문장은 다 기억하지 못하면서 이 한 줄만 기억에서 불쑥 튀어나온 것일까? 하던 작업을 멈추고 이 한 문장에 매달려 본다. 맑으면 더 풍성한 꽃밭이 되어야 될 텐데 왜 삭막한 사막으로 변한다고 했을까? 꼬리에 꼬리를 물어본다.

앞서 인용한 시처럼 '맑은 물에는 고기가 살지 못한다'는 말도 있다. 이 말은 중국 명나라 말기 문인 홍자성洪自誠의 어록집인 《채근담菜根譚》에 나온다. 이 책은 유교를 중심으로 불교·도교를 가미하여 처세법을 가르친 경구적인 단문 약 350조로 되어 있다. 일하다가 문득 떠올린 '맑으면 사막이 된다'는 글귀와 상통하는 의미를 지니고 있지 않을까 싶다.

예전에 우리나라 대통령 선거에 출마한 한 후보자가 자신을 표현하는 키워드로 자신은 무균상태의 사람으로 사회를 무균상태로 만들고 무균상태의 정치를 하겠다는 슬로건을 내걸었다. 이분은 당선되지는 못했지만 당시에 무균 정치를 하겠다는 말이 사회적으로 참신한 여론을 불러일으킨 적이 있다. 나는 그때 내 직업상 의학적으로 무균상태의 사회나 정치가 가능할까 하는 의문을 많이 가졌었다. 그 이유는 의학적으로 사람이나 사회에는 무균상태가 불가능하기 때문이다.

한 가지 증거를 말해 본다. 우리가 반가운 친구를 만나면 악수를 한다. 이 악수한 손을 실험도구로 닦아서 세균 배양기에서 세균 배양을 해 보면 여러 가지 세균이 수없이 많이 자라는 것을 나는 의과대학 세균학 실습 때 직접 경험해 보았다. 그러니 무균 정치라는 말은 그 당시 사회적으로 부정부패가 많은 것을 꼬집어서 그런 부정부패를 척결하겠다는 뜻으로 표현하지 않았나 싶다.

사회적 무균상태, 우리가 소망하는 바이다. 하지만 현실적으로는 이룰 수 없는 신기루 같은 일이다. 이런 맥락에서 보면 '맑으면 사막이 된다'는 말을 이해할 수 있다.

내 친지 가운데 브루나이에서 살다 오신 분이 있다. 그분에게 브루나이의 생활을 물어보았다. 왜냐하면 브루나이는 동남아시아 보르네오섬의 서북 연안에 있는 토호국으로 2022년 4월 기준으로 1인당 GDP가 79,816달러(약 1억 412만 원)로 세계 6위인 나라다. 이런 부자 나라에서 생활한 경험이 어떤지 궁금해서 물었더니 답변은 의외였다.

"브루나이? 브루나이 생활은 재미없는 천국입니다."

이 말이 무슨 뜻인지 몰랐으나 2주간의 브루나이 여행 끝에 그 진의를 알 수 있었다. 《채근담》에서 말했듯이 맑은 물은 있어도 더러운 땅이 없으니 재미있을 리가 없다. 더러운 땅이라고 하더라도 무엇인가 영양성분은 있을 테니 잡초가 자라지 않겠는가? 브루나이는 엄격한 이슬람 국가로 원론주의 국가다. 그러니 잡초를 용납하지 않는다. 보통 사람들에게는 잡초가 세속적인 재미인데 이런 세속적인 재미를 누릴 것이 없다 보니 재미없는 천국이라고 말했던 것 같다.

다시 의학적으로 돌아가 부연 설명을 해 본다면 우리 신체는 처음부터 맑음과는 거리가 멀다. 여러 가지 세균을 일정량 지니고 살고 있으니 무균과는 무관한 신체 조건이다. 마음은 어떨까? 내 생각에는 마음도 무균상태가 될 수 없다. 왜냐하면 마음의 씨앗은 본능이기 때문이다. 본능은 타고나는 것이고 그 본능의 원천은 지금까지 인류가 경험한 모든 감정과 정신 등이기 때문에 맑음이란 존재할 수가 없다. 오히려 잡초투성이이다. 우리는 이 사회에 태어나서 살아가는 방법을 익히면서 우리가 속한 사회의 가치를 받아들이고 순화시키기 때문에 생각은 잡초가 있어도 제어하는 힘을 갖게 된다. 그렇다고 해서 잡초를 완벽하게 제거하기는 어렵다. 이렇게 보면 몸도 마음도 맑음과 거리가 있는데도 그 맑음을 지나치게 추구하는 사람들이 있다. 불가능한 것을 추구한다면 이루어질 수도 없다. 이루어지지 못한 것에 매달려서 계속 추구한다면 고통밖에 남는 것이 없다. 우리가 모여 함께 사는 사회적 가치에 순응하여 그에 어긋나지 않게만 산다면 잡초 같은 것이 있다 해도 재미로 느낄 수 있을 것이다.

우리는 살아가면서 이상적인 생각으로는 완전히 맑고 싶고 또 잡초를 완전히 제거하고 싶지만 그것은 앞서 말한 대로 불가능한 일이다. 그렇다면 어떻게 살아볼까? 내 소견으로는 《채근담》에서 말하는 맑은 물은 사양하고 스스로 잡초를 제어하는 능력만 갖춘다면 재미있는 천국이 되지 않을까 싶다. 사실 이런 말을 하는 나도 그것이 얼마나 어려운지를 잘 안다. 하지만 노력은 해보자는 뜻으로 해본 소리다. 잡초 같은 일도 우리가 약속한 사회적 가치를 벗어나는 일이 아니라면 이것저것 찾아 즐기면서 살아가는 것이 보통 사람들의 재미가 아닐까 생각한다. 맑은 물이나 더러운 땅은 극단적이다. 양극이다. 이 양극에만 들어서지 말고 중간 수준의 삶을 살아갈 수 있다면 그게 바로 세상을 사는 재미일 것이다. 한번 재미있게 살아보자. 비가 내리고 바람이 불어야만 비옥한 땅이 된다. 아니다. 비가 안 와도 비옥한 땅이 될 수 있도록 마음 수양을 해 보자. 기쁨도, 행복도, 슬픔도, 미움도 다 섞어서 맑은 물에 가깝도록 살아보면 기쁨이 있을 것이다.

완벽한 사람은 없다

나는 단지 한 사람의 인간에 불과하다
나는 어디까지나 인간이기에 모든 것을 다 할 수는 없다.

그렇더라도 나는 어떤 것은 할 수 있다
그리고 모든 것을 다 할 수 없다고 해서
내가 할 수 있는 어떤 것까지 포기하지는 않을 것이다.

— 에드워드 에버렛 헤일(미국의 작가·역사가, 1822~1909)

　　우리가 일생을 살면서 장단점을 나누어서 자신이나 타인을 평가하는 경우가 많다. 물론 장점과 단점은 다르지만 나는 영원한 장점이 없고 영원한 단점도 없다는 생각을 가지고 살아 왔다.

　내 단점 중 하나는 시간 개념이 없다는 것이다. 시간에 관한 한 느슨하게 생각한다. 그래서 친구들이 나에게 부쳐 준 별명이 '코리안 타임'이다. 나만 유독 그런 것은 아니겠지만 상대적으로 내가 다른 친구들보다 심했다. 나는 이런 생활을 멋이라고 생각하면서 수련의를 마칠 때까지 그 습관대로 살았다. 지금 젊은이들은 코리안 타임이 무엇을 의미하는지 모르는 분도 많을 테니 짧게 설명해 주겠다.

　한마디로 시간 약속을 잘 안 지키는 것을 코리안 타임이라고 했다. 사람에 따라서는 시간 약속을 잘 지키는 사람도 있고 잘 못 지키는 사람도 있을 것이다. 내가 살았던 그때 그 시절에는 시간을 잘 안 지키는 사람이 많았고 오히려 시간을 잘 지키는 사람을 별난 사람으로 취급했다. 나만의 별명이 아니라 외국 사람이 한국 사람을 지칭할 때 코리안 타임을 자주 언급했다. 그 시절 코리안 타임을 많은 사람이 멋이라고 생각했던 이유는 그것을 여유자적한 것으로 오해했기 때문이다.

　나의 첫 직장은 연세대학교의 전임강사직이었다. 세브란스병원의 정신과에 발령받은 나는 나의 단점인 코리안 타임으로는 근무할 수 없다는 것을 알게 됐다. 그 이유는 정신과 과장님은 학회에서도 소문난 '온 타임' 성격의 교수님이었기 때문이다. 내 습관대로 코리안 타임으로 근무한다면 과장님의 성격과 충돌할 게 뻔하니 무사히 내 역할을 해내기 위해서는 코리안 타임을 바꿀 수밖에 없다. 과장님 성격에 시간을 어기는 수련의가 있다면 그냥 꾸중하는 정도가 아니라 파면할 것 같았다. 그러니 나만 코리안 타임을 고집하면서 어떻게 근무할 수 있겠는가? 나는 작심했다. 나에게 오래도록 습관화되어 있던 코리안 타임을, 그것도 멋이라고 착각하면서 살았던 생각을 바꾸자고 결심했다. 하지만 하루아침에 될 일은 아니었다. 그러나 과장님의 성격상 조금 늦었다고 수련의를 파면할 정도라면 나는 더 고민하고 말 것도 없었다.

내가 당시에 살던 집과 세브란스병원은 상당히 거리가 멀었다. 대중교통도 원활하지 못해서 차를 한 번 놓치면 일과가 시작되는 8시에 도착하기가 어려웠다. 그래서 나는 나의 시계를 30분 전으로 돌려놓았다. 병원의 규정은 8시에 시작하는 것이지만 내 머릿속의 기준은 7시 30분에 시작하는 것으로 각인시키고 엄청난 고생을 무릅쓰고 적응하려고 많이 노력했다. 한 번이라도 실수하면 파면에 이를지도 모르는데 어찌 긴장을 놓을 수 있겠는가? 이렇게 상황에 적응하다 보니 세브란스병원에서 3년간 근무하는 동안 나는 과장님처럼 '온 타임'으로 바뀌었다. 그때까지만 해도 한국 사회의 전체적 분위기로 보면, 코리안 타임이 장점이고 과장님처럼 '온 타임'은 단점으로 평가되던 시절이었으나 나는 생존을 위해서 내 습관을 바꾼 것이다. 이렇게 바꾼 내 습관은 이화여자대학으로 옮겨 정년퇴임할 때까지 계속되었다. 습관을 바꾸기까지는 고통스러웠으나 일단 바꾸고 나니 더 편리한 점이 많았다.

서울에서 동기생을 만나는 모임이 있을 때는 내가 언제나 1등으로 도착한다. 바꾼 내 습관 덕분도 있겠지만 나는 자가용이 없기 때문에 전철이나 버스를 이용한다. 대중교통을 이용하면서 30분 전에 와서 앉아 있으니 들어오는 친구들마다 놀란다.

"헉! 이 교수 웬일이야?"

내가 습관을 바꾼 것을 알지 못하기 때문에 그런 소리를 한다. 그 친구들에게 기억된 나의 과거 시간관념은 이렇다. 방과 후 만나서 술 한잔 하자고 할 때가 종종 있었는데 이때의 약속은 시간도 없고 장소도 없었다. 그런데 그걸 서로 약속이라고 한다. 그리고 또 만나게 된다. 그러니 경직된 시간과 고정된 장소로 서로 약속할 필요가 있겠는가. 이 말은 그 당시를 함께 살아본 세대가 아니고는 이해하기가 어려울 것이므로 젊은 분들을 위해 변명으로 몇 줄을 적어 본다.

나는 대구에서 학교를 다녔기 때문에 방과 후 모였던 장소로는 유일하게 향촌동 골목이 떠오른다. 이 향촌동은 서울로 말하면 명동 같은 곳이다. 골목에는 입구와 출구가 양옆으로 난 자그마한 목로주점들이 들어서 있다. 주로 두세 개의 테이블을 놓고 막걸리를 파는 그런 곳인데 가격이 저렴하기 때문에 학생들은 물론이고 예술인들이나 직장인들도 많이 모였던 곳이다. 그러니 장소를 특별히 정할 필요가 없다. 시간도 그렇다. 방과 후부터 통행금지 시간까지는 문을 열고 있으니 골목 입구 쪽 주점부터 기웃거리면서 찾아보면 어딘가에는 약속한 친구들이 있다. 그래서 약속하는 것이다. 서로가 미안한 점도 없고 나를 맞이하는 친구들도 나무라지 않았다. 저들도 나처럼 생활하는 동료들이니 누가 누구를 나무랄 필요가 있겠는가? 이런 내가 서울에 올라와서 동창생을 만나는 모임에 30분 전부터 나와 있으니 신기할 수밖에 없다. 들어오는 친구마다 똑같은 인사다. 놀라움을 표현한다. 나는 이럴 때마다 일부러 이런 농담 섞은 대답을 해준다.

"야! 김 박사, 시간 좀 지켜라."

이런 이야기를 들은 동기생들은 한결같이 억울하다고 한다. 그도 그럴 것이 코리안 타임의 대명사였던 내가 10분, 20분 늦게 도착하는 친구들을 보고 일갈했으니 그들은 억울해할 수밖에 없다. 그리고 변명을 늘어놓으며 대개 교통이 막혔거나 주차할 곳을 찾지 못했다는 핑계를 댄다. 나는 한 번 더 약을 올린다.

"그러니 그런 것을 예상하고 더 일찍 나와야지."

갈수록 점입가경이다. 친구들은 다른 사람도 아닌 나에게서 그런 힐책을 당하는 것이 너무 어처구니없고 억울하단다. 그분들은 내가 '온 타임' 습관으로 바꾸기 위해 얼마나 처절하게 노력했는지를 알지 못하니 그렇게 말할 법도 하다.

시대에 따라서는 장점이라고 생각했던 것이 단점으로 바뀔 수 있고 단점이라고 했던 것이 돋보이는 습관이 되기도 한다. 역사적으로도 그렇다. 나는 학교 다닐 때부터 로마에 가면 로마의 법을 따르라는 말을 듣기도 하고 책에서 많이 읽기도 했다. 그때는 '미련하게 왜 로마에 가면 로마법을 따라야 하나?' 하는 생각으로 오래 살다가 세브란스병원에서의 근무를 통해 정말 로마에 가면 로마의 법을 따르는 것이 맞다는 것을 실감하면서 습관을 고치려고 노력했다. 시대에 따라 어느 것이 장점이고, 어느 것이 단점일지는 모르겠으나 사람들은 이 두 가지를 함께 가지고 있다. 자신이 지닌 장단점의 기준과 그가 속해 있는 사회적 가치가 일치한다면 다행히 별문제가 없겠으나 만일 일치하지 않는다면 충돌이 생길 것이다. 괜스레 이런 충돌로 어려움을 당하지 않으려면 로마에 가면 로마의 법을 따르라는 격언을 교훈으로 삼아야 할 것이다.

습관은 바꾸기가 어렵다. 그러나 그 불편하고 고통스러운 과정을 거쳐 바꾸어 놓는다면 상황 적응에 훨씬 자유로울 것이다. 프랑스의 과학자 파스칼(1623~1662)은 말했다.

"누구나 결점이 그리 많지는 않다. 결점이 여러 가지인 것으로 보이지만 근원은 하나다. 한 가지 나쁜 버릇을 고치면 다른 버릇도 고쳐진다. 한 가지 나쁜 버릇은 열 가지 나쁜 버릇을 만들어 낸다는 것을 잊지 말자."

'세 살 버릇 여든까지 간다'는 우리네 속담도 있다. 이는 어릴 때 한번 굳어버린 습관은 죽을 때까지 고치기가 어렵다는 뜻이다. 우리가 먹고, 자고, 이야기하는 그 삶 자체도 습관의 연속이다. 그 연속되는 삶 속에는 좋은 습관이 있고 나쁜 습관도 있다. 그중에서 좋은 습관만 남겨 두고 나쁜 습관은 없애 보려는 노력은 사실 그리 녹녹지 않다.

바다는 비에 젖지 않는다

〈바다에 오는 이유〉

누구는 만나러 온 것이 아니다
모두 버리러 왔다
몇 점의 가구와
한쪽으로 기울어진 인장과
내 나이와 이름을 버리고
나도 물처럼 떠 있고 싶어서 왔다

— 이생진(시인, 1929~)

행복은 큰 것이 아니다

어제는 장맛비가 쏟아졌다. 폭우다. 갑자기 냇물이 불어나고 물이 잠기는 곳이 많아졌다. 그러더니 오늘은 빗방울은 흔적도 없고 폭염이 내리쬔다. 이런 변덕스러운 날씨는 기상 캐스트의 말을 빌리면 지구온난화로 인한 이상기후라고 한다. 오늘의 폭염을 견디면 어떤 기후가 닥칠까? TV에서는 태풍이 올라온다고 한다. 한여름에 정신이 없다. 폭우가 쏟아지더니 폭염으로 변하고 엎친 데 덮친 격으로 태풍이 올라온다니 가뜩이나 코로나19 대유행으로 골머리를 앓고 있는 우리에게는 하나도 즐거운 소식이 아니다.

사람의 마음을 평가할 때, 일반적으로 그 사람의 마음이 좋다거나 마음이 넓다고 표현하고 반대의 경우에는 마음이 나쁘다거나 마음이 좁다고 표현한다. 상대적이다. 흔히 마음 좋은 사람을 '마음이 하해같이 넓다'고 하거나 '부처님의 가운데 토막 같다'고 말하기도 한다. 이 말은 문자 그대로 이해하기는 어렵다. 하해같이 넓은 마음이란 바다처럼 넓고 깊다는 뜻일 것이다. 또 부처님의 가운데 토막 같다는 뜻은 마음이 지나치게 어질고 순하다는 의미이다. 한편 '가운데 토막'이 성기性器를 비유한 것으로 보고 어떤 미색이나 유혹에도 흔들림 없는 마음 자세, 한없이 넓고 자비로운 마음 자세로 풀이하기도 한다.

헌데 좋은 게 좋다고 마음이 하해같이 넓고 부처님 같은 이가 과연 얼마나 될까? 나는 경험적으로 단언컨대 없다고 생각한다. 내가 철없이 어릴 때는 나한테 잘해 주면 좋은 사람이고, 나한테 무안을 주고 섭섭하게 하는 사람은 모두 나쁜 사람으로 알았다. 이런 인식은 철 들면서 조금 바뀌어 상대방의 말을 분석해서 듣기 시작했다. 상대방이 그렇게 느꼈다면 그에게 비추어진 나의 모습이 그럴 것이다. 설령 내게 섭섭한 말을 하는 사람이라도 그 이유를 타당하게 설명할 수 있다면 나쁜 사람이 아니라고 생각했다. 정신과 의사가 된 후에는 좀 더 사람의 마음을 넓게 보기 시작하면서 마주친 의문은 '이 하해 같은 마음 또는 부처님 가운데 토막 같은 마음이 좋은 사람을 상대적으로 대변하는 단어로 쓰이는데 그런 사람이 과연 있을까?'라는 것이었다.

신체적으로 몸은 눈으로 보이니까 가슴이 넓은지 좁은지는 알 수 있다. 그런데 왜 가슴이 넓어야 마음이 넓은 사람이라고 생각했을까? 그것은 아마도 마음이 심장에 있다고 생각했기 때문인 듯하다. 우리가 마음 상한 일이 있으면 하트에 화살이 꽂힌 그림을 그리는 것을 보면 마음이 심장에 있다고 생각하는 것 같다. 그 뒤에 따라 나온 생각은 사람의 마음은 간에 있다는 것이다. 이와 관련하여 지금까지 남아 있는 말로는 '간이 크다', '간이 배 밖으로 나왔다' 등이 전하는데 이는 '통이 크다', '무모하다'는 의미를 쓰인곤 한다.

지금은 마음이란 심장이나 간처럼 어떤 기관에 있는 것이 아니고 일종의 기능이다. 이 마음이 통합적으로 기능하도록 만드는 집은 뇌에 있다고 연구되고 있다. 그럼에도 불구하고 아직도 가슴의 넓이가 마음의 넓이를 상징한다. 뇌가 '마음의 집'이라면 마땅히 머리가 큰 사람이 마음이 넓은 사람일 텐데 왜 아직도 가슴에 비유하는 것일까? '열 길 물속은 알아도 한 길 사람의 가슴속은 알 수가 없다'는 말도 있다. 여기서 가슴속이란 마음을 뜻한다. 그만큼 마음을 잘 알지 못하는 것을 뜻하는 것이다.

요즘 들어 특히 이 '하해 같은 마음'이라는 단어에 내 마음이 자꾸 걸리는 이유는 그런 사람이 존재할 수도 없을 것이라는 전제도 있지만, 텔레비전을 보면 내 생각을 실감 나게 하는 장면이 너무 많이 나오기 때문이다. 예를 들어 국회에서 청문회를 하면 후보자가 살아온 모든 일생을 더듬어서 꼬투리 잡을 만한 것을 찾아내서 망신을 주거나 낙마시켜 버린다. 그런데 상황이 뒤집혀서 청문회에서 질문하던 사람이 질문을 받는 후보자로 청문회를 열면 자기가 공격했던 그 일들을 자기도 했거나 그보다 더 많은 잘못을 했음이 드러날 때가 있다. 이런 현상을 보면서 타인에게 바라는 도덕적인 수준과 법률적인 기준이 너무 높게 설정된 것이 아닌가 하는 의문을 가진다. 물론 잘못이 있다면 그 잘못의 대가는 치러야 마땅하지만 도덕적인 문제는 법률적인 기준과 달라서 아주 애매하다. 그 애매한 기준의 대표적 표현이 하해 같은 마음이다. 바다같이 넓은 가슴이 있을까? 아니면 바다처럼 깊은 가슴이 있을까? 과장된 말이기는 하지만 이런 설정을 두고 보면 이루기가 어렵다.

마음은 신체처럼 계량하기가 어렵다. 그냥 마음이 넓다, 마음이 좁다는 표현만 가능하지 마음이 몇 제곱미터라거나 마음의 깊이가 몇 천 미터라거나 이렇게 계량하기는 어렵다는 뜻이다. 그러니 말하기 좋아하는 사람들은 자기 처지는 생각하지 않고 남의 마음을 이야기할 때는 가장 높은 수준인 하해 같은 마음이어야 한다고 주장한다. 마음을 계량할 수는 없지만 마음이 넓은 사람은 아마도 이런 사람이지 않을까? 이해력이 많고 타인의 의견을 잘 수용하며 타인을 배려하고 어려운 사람을 보면 측은지심을 갖거나 또 어려운 사람들을 위해서 봉사하는 사람 말이다. 이 또한 계량하기는 어렵지만 이런 마음을 1퍼센트만 더 가질 수 있다면 그게 바로 하해 같은 마음이라고 표현해도 될 것 같다. 1퍼센트는 아주 적은 수치이지만 49대 51로 생각하면 그 1퍼센트가 바로 균형을 깨트리는 큰 수치가 될 수 있다. 하해 같은 마음이라든지 하늘 아래 한 점 부끄럼 없는 마음이라든지 이런 말은 상징적으로 듣기에는 좋은 말이지만 실현이 불가능한 말이다. 그래서 나는 실현이 가능한 1퍼센트에 해당되는 좋은 말이 없을까를 생각해 보았다. '자신에게는 엄격하고 타인에게 관대한 사람이 되라'는 말이 떠오른다. 하지만 사람들은 대개 이 말과는 반대로 사는 경우가 많다. 너무 크고 완벽한 욕심을 내지 말고 내가 상징적으로 계량한 1퍼센트를 실현하면서 살아보면 어떨까? 그렇게 산다면 그

1퍼센트가 하해 같은 마음에 근접하도록 만들어주지 않을까?

 시냇물은 시린 가슴속 사연을 싣고 흘러서 강물에 도달하면 자그마한 하소연을 한다. 강물에 다 풀어놓지 못하면 바다로 흘러가서 바다에게 내 하소연 좀 들어 달라고 한다. 그 긴 길을 달려와서 어린아이처럼 굽이치는 파도의 끝자락을 붙잡고 하소연을 풀어 놓는다.
 《논어》의 위정편에 나오는 '이청득심以聽得心'이란 고사성어가 있다. '들어야 마음을 얻는다'는 뜻이다. 즉 아무리 나한테 좋은 것이라도 상대방의 입장과 상황을 고려하지 않는다면 상대방을 이해하는 데 실패할 것이고 상대의 마음을 얻을 수 없다는 말이다. 나도 시냇물의 하소연을 들어줄 수 있는 넓은 바다가 되어 이청득심을 실천하는 그런 사람이 되면 얼마나 좋을까?

행복은 큰 것이 아니다

인생에서 가장 슬픈 세 가지

〈눈물이, 덧없는 눈물이〉

눈물이, 덧없는 눈물이, 까닭 없이
거룩한 절망의 심연으로부터
가슴으로 올라와 눈에 고이네.
행복한 가을 들판 바라보며
가버린 나날들을 생각하네.

죽은 뒤 생각나는 키스처럼 다정하고
다른 이를 기다리는 입술에 허망하게 해보는
상상 속의 키스처럼 감미로워라. 사람처럼,

첫사랑처럼 깊고 오만 가지 회한으로 소용돌이치는

아, 삶 속의 죽음이여, 가버린 날들이여!

— 앨프레드 테니슨 경(시인, 1809~1892)

    슬픔을 사전에서는 '슬픈 마음이나 느낌'이라고 간략하게 정의하고 있다. 틀린 말은 아니지만 슬픔이란 이렇게 간단히 정의하고 말 일이 아니다. 왜냐하면 이 슬픔을 느끼는 사람의 감정이 제각각이기 때문이다. 마음을 연구하는 사람들의 가장 큰 걸림돌은 이런 일치되지 않는 느낌의 편차가 너무 크기 때문에 일반화하기가 어렵다는 것이다. 한번 생각해 보자. 우리를 슬프게 하는 것은 많이 있겠지만 그 가운데 우리를 가장 슬프게 하는 것은 무엇일까? 사랑하는 사람과의 사별이다. 이것은 내 생각이 아니라 많은 임상 심리학자들이 개발한 설문 조사나 질문지법을 통한 체크리스트로 검사한 결과를 종합한 것이다. 조사 결과마다 각양각색이긴 했지만 공통적으로 가장 선두에 있는 슬픔은 바로 사랑하는 사람과의 사별이었다. 부모, 배우자, 자녀 등 주변 인물과의 사별은 영원한 이별이기 때문에 가장 슬프다고 응답했을 것이다.

    슬픔이란 단어는 우울이라는 단어와는 이웃사촌이다. '의학의 아버지'로 불리는 고대 그리스의 의학자 히포크라테스(B.C.460?~B.C.377?)도 질병을 분류하면서 정신과 질환에서 가장 흔한 것으로 멜랑콜리아란 진단을 적었는데 이것은 지금의 우울증과 같다. 심리학자나 정신의학자들은 개인이 가지고 있는 감정을 알고 싶어서 여러 가지 심리 도구를 만들어 냈다. 증상과 관계되는 검사들은 주로 질문지나 체크리스트로 만들어진 것이 많다. 전체적인 증상을 알기 위한 검사도 있지만 부분적으로 우울이나 슬픔을 알아내기 위한 간이검사도 많이 나와 있다.

이런 검사 가운데 지금도 가장 많이 쓰이는 MMPI Minnesota Multiphasic Personality Inventory가 있다. 이는 미네소타대학병원의 심리학자인 해서웨이와 정신과 의사인 맥킨러에 의해 1930년대 후반부터 제작되기 시작했다. 이 검사가 임상에서 사용하는 가장 오래된 질문지법 검사인데 우울증을 가려낼 수 있는 항목이 들어 있다. 우울증 외에도 사람들이 앓고 있는 감정으로 인한 질병은 여러 가지가 있겠지만 앞에서도 언급한 '사랑하는 사람과의 사별'이 스트레스 지수가 가장 높고 우리를 가장 슬프게 하는 감정이다.

감정에 대해 다른 각도에서 우리를 슬프게 하는 세 가지가 있다고 주장한 작가가 있다. 바로 미국의 저자 루이스(1941~2005)이다. 그는 인생에서 가장 슬픈 세 가지는 '할 수 있었는데', '해야 했는데', '해야만 했는데' 그렇게 하지 못한 것이 우리를 가장 슬프게 한다고 주장했다. 사실 슬픔은 사별뿐 아니라 문화권에 따라 상이하긴 하지만 여러 가지 원인으로 발생을 한다. 이분이 주장한 것을 보면 증상을 분류하기보다 우리 마음의 움직임이 성취 여부를 따지고 슬픔에 이르게 된다고 했다.

'할 수 있었는데'라는 말은 지내놓고 보니 그 상황을 내가 성공적으로 이끌어 갈 수도 있었는데 그때는 미처 모르고 놓쳐 버린 아쉬움을 나타낸다. 이를 첫째 슬픔으로 잡았다. 이런 경험은 평범하게 살아간 사람들의 일상에도 드물지 않다. 지내 놓고 보면 그게 모두 나에게 주어진 행복으로 가는 길이었는데 그것을 보지 못하고 놓쳐버린 것이 후회스러울 것이다. 이 후회가 지나치면 슬픔으로 이어지고 슬픔이 길어지면 우울증으로 변한다.

두 번째 슬픔으로 '해야 했는데' 하지 못한 것을 지적했다. '해야 했는데'라는 말은 그 상황을 인지하고 있었다는 말이다. 인지하고 있었던 상황을 해결하려고 노력하지 않았던 것이다. 그때 인지한 대로 행동했다면 슬픔이 아니라 행복으로

다가 왔을 것이니 이를 생각하면 아쉽고 나아가서는 슬퍼진다. 첫 번째 '할 수 있었는데'보다는 좀 더 무거운 슬픔이다.

 마지막 세 번째 슬픔으로 '해야만 했는데'라는 말은 우리에게 슬픔을 가져다주는 가장 무거운 원인이 된다. '해야만 했는데'라는 말은 상황을 인지하고 또 그 인지한 내용을 행동으로 옮겨야 한다는 것을 알았는데도 불구하고 행동하지 못했으니 가장 무거운 슬픔으로 남을 수밖에 없다. 이렇게 적고 보니 그의 주장이 특이하긴 하지만 너무 공감이 된다. 그가 주장한 이 세 가지 슬픔의 여부는 세월이 가고 자기에게 닥친 상황을 어떻게 해결했는지를 되돌아볼 때에 점검해 볼 수 있다.

 우리가 평소에 이런 마음가짐을 놓치지 않고 붙들고 행동할 수 있다면 슬픔이 아니라 행복에 이르는 길을 걸을 수도 있을 것이다. 지내놓고 보면 쉽게 알게 된다. 그러나 막상 닥쳤을 때는 그것을 인지하기가 어렵고 행동하기는 더욱 어렵다. 그럼에도 불구하고 우리가 루이스 작가의 말을 명심하여 조금이라도 실천한다면 슬픔을 피해 갈 수도 있지 않겠는가.

오늘은 남은 인생의 첫날이다

〈오늘 하루〉

햇볕 한 줌 앞에서도
물 한 방울 앞에서도
솔직하게 살자

꼭 한 번씩 찾아오는
어둠 속에서도 진흙 속에서도
제대로 살자

수 천 번 수 만 번 맹세 따위

다 버리고 단 한 발짝을

사는 것처럼 살자

창호지 흔드는 바람 앞에서

은사시 때리는 눈보라 앞에서

오늘 하루를 사무치게 살자

돌멩이 하나 앞에서도

모래 한 알 앞에서도

― 도종환(시인, 1955~)

　사람의 나이를 어떻게 헤아릴까? 우리나라 사람은 어머니의 배 속에서 지낸 열 달도 나이로 쳐서 계산한다. 외국 사람들은 출생한 날부터 나이를 헤아리니 우리나라 사람과는 한 살 차이가 난다. 어느 것이 옳은 셈법인지는 모르겠으나 어머니 배 속에서의 1년도 생명체로 지낸 것이니 한 살 먹은 게 옳을 것 같다. 그런데 우리나라 나이로는 몇 살이고 만으로는 몇 살이라고 구분해서 헤아리는 사람이 많다. 만으로 나이를 헤아리고 싶어 하는 것은 나이 드는 것이 즐겁지 않기 때문일 것이다.

　나는 샘터사에서 《오늘은 내 인생의 가장 젊은 날입니다》라는 책을 낸 적이 있다. 인생을 백 세 시대라고 생각하면 4등분하여 25세까지, 50세까지, 75세까지, 100세까지를 봄 여름 가을 겨울이라는 계절 개념으로도 나눠 생각해본 적이 있다. 이 나이를 따라 내가 그 나이 또래를 사는 분들에게 해주고 싶은 말을 일방적으로 편지 형식을 빌려 쓴 책이다. 이 책을 다 쓰고 나서 출판사에서는 책 제목을 어떻게 붙일 것인가를 의논했는데 나는 좋은 제목 한번 만들어 보라고 했다. 그랬더니 나온 제목이 《오늘은 내 인생의 가장 젊은 날입니다》였고 모두 괜찮다고 동의했다. 어딘가 들어본 것 같은 제목이긴 하지만 나도 그 제목에 공감했기 때문에 제목이 그렇게 정해졌다.

나는 나이를 책의 내용대로 구분했지만 또 다른 방법으로 이런 생각도 해보았다. 내가 살아온 과거를 기준으로 내 나이를 말한다면 올해는 일생 중에 나이가 가장 많은 해이다. 반대로 미래를 기준으로 내 나이를 계산하면 올해는 내 나이가 가장 어린 해이다. 그러므로 오늘은 내 나이가 가장 많은 날이기도 하고 내가 가장 젊은 날이기도 하다.

나는 기왕이면 젊고 싶어서 이 두 가지 가운데 후자를 즐겨 쓰고, 착각이긴 하지만 그렇게 믿고 산다. 그 이유는 내가 살아온 과거를 기준으로 내 인생을 놓고 본다면, 내가 했던 말에 실수도 있겠고 잘못된 말도 있겠으며 또 타인이 듣고 합당치 않게 여길 말도 많이 있을 테니 그 비난을 어떻게 감당하겠는가. 그러나 오늘이 내가 살아갈 날 중 가장 젊은 날이라고 생각하면 (이는 물론 미래를 기준으로 하지만) 어린 나이에 하는 말이니 좀 실수한들, 아니면 좀 틀린 말을 한들 나무랄 사람이 어디 있겠는가? 그래서 선택한 내 나이는 항상 미래를 기준으로 계산하여 젊은 날이다.

나는 80세 때 그해 한 해를 매일 생일로 생각하면서 즐겁게 보낸 기억이 있다. 내가 60세가 되었을 때 회갑 모임을 가지려고 하니 자녀들이 모두 반대했다. '요즘 60세에 회갑 잔치를 하는 사람이 어디 있느냐, 적어도 80세는 돼야 잔치를 할 수 있지 않겠는가'라는 뜻이었다. 나는 다른 의미로 자녀들을 설득하여 가족과 회갑 모임을 억지로 가졌다. 내가 설득한 억지 주장은 '60세면 인생을 절반 이상 산 나이인데 이 60세를 기준으로 지금까지 살아온 날을 되돌아보면 여생을 어떻게 살아갈까를 기획해 보는 게 좋지 않겠느냐'는 것이었다. 나는 정말 그런 생각을 가진다. 아무리 백 세 시대라고 하더라도 인명은 제천이니 언제 인생을 하직할지 모르지 않는가? 60년을 용하게 살아왔으니 이날을 기점으로 다가올 미래를 계획해 보는 것이 마땅하다고 생각했다.

　세월은 참 빠르다. 80세가 되었다. 자녀들이 내가 60세 때 고집했던 말들을 기억하면서 80회 생일은 어떻게 차렸으면 좋겠는가를 의논하러 왔다. 나는 '80세 생일 잔치는 안 한다'고 선언했다. 자녀들은 깜짝 놀라했다. 60세 때는 그렇게 고집하더니 80세 때는 또 안 한다니 무슨 노여움이라도 생겼단 말인가 하는 표정으로 의아해한다. 나는 내용은 설명하지 않고 '이번 80세 생일은 너희가 걱정할 것도 없고 준비할 것도 없으니 내가 하는 것을 지켜봐라' 하고 말했다. 자녀들은 몹시 궁금해했다. 그래도 나는 내가 어떻게 80세 생일을 지낼 것인지 알려주지 않았다. 일부러 그랬다. 내용을 미리 알면 재미가 없을 테니 80세를 좀 재미있게 보내기 위해서 나 혼자 생각해낸 방법이다. 80세를 맞은 해에 나는 만나는 사람마다 만난 그날이 생일이라고 장난처럼 말했다. 내가 모시고 대접해야 될 손님도 있고 또 나를 찾아와 대접해줄 친지도 있었다. 또 어떤 때는 점심이라도 한 끼 먹고 나면 후식으로 차를 한 잔하면서 느긋한 이야기를 나누면서 즐긴다. 그렇게 즐기다가 말을 끊고 갑자기 내가 좀 근엄한 표정을 지으면서 상대방의 귀에 이런 말로 소근거렸다.

　"사실은 말이야. 오늘이 내 생일이야."

　이 말을 들은 분들은 모두 깜짝 놀란다. 나는 깜짝 놀라는 그 표정이 재미있다. 친지들은 진작 말했으면 선물이라도 사올 건데 죄송하다고 말한다. 죄송할 것 하나도 없다. 오늘이 내 진짜 생일이 아니지 않는가? 단지 나 혼자 생각에 미래를 기준으로 계산한 나이이니 항상 오늘이 내 생일일 수밖에 없다. 그런 장난기 어린 내 생일을 1년 동안 만끽했다. 가족 외에는 내 생일을 정확하게 알고 있는 사람이 드물기 때문에 내가 계획한 80회 생일잔치를 재미있게 치렀다.

　모든 일이 그렇긴 하지만 같은 일이라도 생각하기 나름이다. 나이가 많고 싶은 사람은 과거를 기준으로 계산하시고 나이가 젊고 싶은 사람은 미래를 기준으로 자기 나이를 계산하면 된다. 이런 즐거움도 한순간에 다 지나가고 이제 90세를 바라본다. 90회 생일은 또 어떻게 하얀 거짓말로 꾸며볼까? 생각나는 것이 있는데 이것도 가족에게는 감추어야겠다. 깜짝쇼가 그래서 재미가 있다. 누구든 생일을 그냥 생일이라고 생각하지 말고 그 생일에 자기 나름대로 엉뚱한 의미를 부여하면 그 엉뚱함이 즐거움이 되지 않겠는가?
　영화 〈아메리칸 뷰티〉에 이런 멋진 대사가 나온다.
　"오늘은, 당신의 오늘은 당신의 남은 인생 중 첫 번째 날이다."
　그 첫 번째 날을 놓치지 말자. 그래서 우리 모두 즐거운 생일을 만들어 보자.

실패란 넘어지는 것이 아니라
넘어진 자리에 머무는 것이다

우리가 사회적 동물이고 공동체가 필요하다는 사실을 진지하게 받아들인다면, 실패와 상실을 다루는 방법도 달라질 것이다. 실패는 승자와 패자를 나누는 경험이 아니라, 오히려 어떻게든 함께 공유하는 경험이 될 것이다.

— 베벌리 클락(교수·작가, 1962~)

    세상을 살아가는 사람 중에 작든 크든 실패를 경험해 보지 않은 사람은 거의 없을 것 같다. 실패란 '일을 잘못하여 뜻한 대로 되지 아니하거나 그르침'이라는 의미인데 나는 지금까지 살아오면서 실패해본 적이 없다. 나는 실패라는 단어를 좁게 해석하여 다만 경제적인 것만 실패의 대상인 줄 알고 살아왔다. 사람의 삶이 어찌 경제적인 것뿐이겠는가? 그런데 나는 젊을 때부터 그렇게 좁게 생각하고 살아왔으니 나에게는 실패가 없었다는 뜻이다.

혹자는 내가 삶의 달인이라서 실패 경험을 안 한 것으로 오해할지 모른다. 그러나 나는 실패를 오직 경제적인 것으로 생각했기 때문에 실패를 실패로 생각하지 못하고 살았을 수 있다. 되돌아보니 경제적으로 아주 궁핍하거나 아주 넉넉하게 살아본 경험도 없지만, 무엇인가에 투자해서 실패해본 경험은 없다는 뜻이다.

이제 실패의 대상을 넓혀 내 삶의 구석구석을 뒤져보니 실패라고 할 만한 일이 한둘이 아니다. 그중 하나는 내가 대학교 시험에 떨어진 일이다. 지금은 재수하는 사람도 많고 원하는 대학에 가지 못하는 사람도 많은데 그것을 실패라고 내세우다니 하고 웃을 분도 있을 것이다. 그러나 사람마다 실패의 내용은 다르다고 하더라도 그 실패의 크기와는 관계가 없이 실패한 사람 자신에게는 큰 무게로 느껴질 것이다. 내가 대학교에 떨어졌던 상황도 나에게는 받아들이기 아주 힘들었던 실패였다. '실패는 성공의 어머니'라고 토머스 에디슨(1847~1931)은 말했다. 에디슨 자신은 수없이 실패한 경험한 결과로 많은 것을 발명할 수 있었으니 그의 말은 과연 명언이다. 이런 명언은 실패한 사람 누구에게나 위로와 용기를 준다. 나도 그때 이 명언을 곱씹으면서 내 마음을 달래 보려 했지만 달래지지가 않았다. 지금 생각하면 너무 쉬운 것을 가지고 내가 알지도 못했던 것이 좀 부끄럽기도 하고 미련한 것 같기도 하다. 나는 시험을 잘 못 쳤으니 떨어진 것이다. 그것이 결과적인 해답이다. 그리고 그 말은 틀리지 않는다. 그런데도 이 쉬운 진리를 거부했으니 그게 문제였다. 그때 내 생각은 내가 시험을 잘 못 친 게 아니라 무엇이 잘못되어 그런 결과가 나온 것이라고 핑계 댔다. 그 핑계는 우습지만, 채점을 잘못했다거나 채점자의 오류가 있었다고 생각하고 싶었다. 왜 그런 핑계를 대면서까지 너무 당연한 실패의 원인을 보지 못했을까? 그 당시 생각으로 나는 떨어질 사람이 아니었다. 떨어져서도 안 되는 사람이었다. 이런 허황된 생각에 젖어 있었으니 채점자를 핑계 대는 것도 무리는 아니다.

　말도 안 되는 생각을 하게 된 이유가 있다. 그 학교를 우리 동기 가운데 성적이 좋은 네 사람이 지원했는데 그중에서 내 성적이 제일 좋았다. 그런데 시험의 결과는 네 사람 가운데 나만 떨어지고 나보다 성적이 낮은 세 사람은 붙었던 것이다. 그것이 내 자존심을 엄청나게 상하게 만듦으로써 '시험을 잘 못 쳤으니 떨어졌다'는 진리를 바로 보지 못하게 했다.

　학교 성적은 내가 더 좋았다고 하더라도 입학시험은 그 성적대로 가는 게 아니지 않은가? 그 학교에서 내는 새로운 문제를 가지고 똑같이 풀었는데 내 성적이 미달이니 떨어진 것은 당연한 일이지만 나는 엉뚱한 핑계를 대며 자존심을 지키려고 했던 것이 지금 생각하면 어리석기 짝이 없다.

　나는 낙방 후 당시엔 재수하는 학원이 없었기 때문에 황학산에 있는 직지사에 방을 하나 얻어 재수를 준비했다. 그러나 공부에 집중할 수 없었다. 다 배우고 알고 있는 것인데 책장을 넘기면서 집중하지 못하고 건성건성 넘기고 있었으니 재수 공부라고 하기에는 어려웠다. '무엇이 이렇게 재수 공부도 힘들게 만드는 것일까?' 하고 파고 들었지만, 그 쉬운 진리는 깨닫지 못했다. 계속 내 자존심을 감싸는 허구에 매달려 있었으니 공부가 제대로 될 리가 없었다. 절에서 공부하면서 틈틈이 주워 들은 스님들의 말씀 중에 자업자득이란 말씀이 있었다. 스스로 씨를 뿌린 대로 거둔다는 뜻이고 어떤 결과든 그 결과에는 원인이 있다는 뜻이다. 이것이 씨가 되어 나 자신을 파고들었다. 절의 분위기가 마음을 수양하는 곳이니 나는 틈틈이 들은 스님들의 말씀을 토대로 자기를 찾아가는 여행을 했다.

　가을이 되었다. 봄부터 시작해서 가을까지 씨름했으나 역시 내가 핑계 삼는 일로부터는 헤어나지 못했다. 하루는 극락전 앞에 있는 큰 감나무에 낙엽이 지고 감들만 덩그렇게 달려 있는 게 보였다. 내가 긴 대나무 장대를 가지고 감이 달린 가지를 꺾으면 아래에서 스님들이 감을 주워 담았다. 나는 열심히 감을 땄다. 그런데 감을 따다 보니 장대의 길이가 짧아 높이 달린 감 하나를 딸 수가 없었다. 감나무 가지 위에 올라서 아무리 내가 팔을 뻗고 대나무 장대로 감이 달린 가지에 가까이 가려고 해도 불가능했다. 몇 번 시도하다가 머리에 번개같이 순간적으로 생각이 스쳐갔다. '대나무 장대가 짧아서 감을 딸 수 없듯이 내가 실력이 모자라서 떨어진 것이지!' 나에겐 이것이 깨달음이다. 내가 떨어진 원인은 지금이 아니라 시험 칠 그 당시에 이미 존재했는데 그것을 감추려고 몸부림을 쳤으니 그 쉬운 진리를 알 수 있었겠는가? 감을 따다가 내 머리에 번개가 치듯 깨우친 것이 참 신기했다. 두말할 것 없이 내 마음을 감추지 않고 핑계 대지 않고 바로 보았다. '나 자신이 지금의 감을 따고 있는 대나무 장대와 같았으니 감을 딸 수가 있었겠는가?' 하는 생각이 들었다. 나는 그 길로 내려와서 남은 두 달 동안을 모자란 부분을 집중적으로 공부하여 재수에 성공했다.

'실패란 넘어지는 것이 아니라 넘어진 자리에 머무는 것이다'라는 이 글의 제목은 내가 지은 것이 아니라 어디선가 무심히 읽었던 한 구절이다. 그런데 내 실패를 되돌아보게 만드는 좋은 명언이다. 이 말처럼 내가 자존심을 갖고 실패에 머물렀다면 지금의 나는 없을 것이다. 여기에서 실패한 자리, 넘어진 자리에 머물지 말라는 뜻은 실패의 진정한 원인이 무엇인지를 탐색하라는 경고가 숨어 있다.

토머스 에디슨은 '단지 성공하지 못한 1만 가지 방법을 발견했을 뿐이다'라고 말했다. 내가 실패했을 때는 이 말을 알지 못했지만 지금 생각하니 이 명언은 꼭 나 같은 사람에게 들려주고 싶었던 명언이었을지 모르겠다. 나는 비록 한 번의 대학입시에서 실패했지만, 대나무 장대의 힘으로 그것이 계기가 되어 되살아났으니 그때의 내 실패를 실패라고 말하고 싶지 않다.

통정사통痛定思通이라는 사자성어가 있다. 아픔이 진정되면 아픔을 회상한다는 뜻으로, 종전의 고통이나 실패를 반성함을 비유하여 이르는 말이다. 이 말처럼 실패를 겪어 본 사람은 성공의 성취감도 자신 있게 자기소개서에 쓸 수 있다. 기회는 어디에나 있다. 그 기회는 우연이 아니고 나 자신의 노력으로 얻어진 결과이다. 실패도 나 자신이 얻은 결과라면 당당히 내 이력서에 실패와 성공의 이야기로 한 줄씩 한 줄씩 채워 나갈 것이다. 그 채움이 우리 삶의 바탕이 되어 더 튼튼한 인생에 초석이 될 것이다.

행복은 큰 것이 아니다

치매환자도 행복을 안다

〈치매에 걸린 레이건 대통령〉

미국의 제40대 대통령 레이건은 퇴임 후 5년이 지난 1994년에 알츠하이머병에 걸려 친구들과 자녀들의 얼굴도 알아보지 못했습니다. 하루는 레이건이 콧노래를 흥얼거리면서 몇 시간 동안 갈퀴로 수영장 바닥에 쌓인 나뭇잎을 긁어모으며 깨끗하게 청소했습니다. 그 모습을 본 낸시 여사의 눈가에서 눈물이 떨어졌습니다. 아내를 아주 많이 사랑했던 레이건은 젊은 시절 아내를 도와 집청소를 해주면서 행복해했습니다. 낸시는 그때를 생각하며 젊은 시절에 남편이 집청소를 해주면서 행복해하던 기억을 되살려 주고 싶었습니다. 그날 밤에 낸시 여사는 경호원과 함께 남편이 모아서 버린 낙엽을 가져다가 다시 수영장에 몰래 깔았습니다. 그다음 날 낸시 여사는 남편에게 다가가서 말했습니다.

"여보, 수영장에 낙엽이 가득 쌓였어요. 이걸 어떻게 청소해야 하나요?"

낸시가 걱정을 하자 레이건이 낙엽을 치워 주겠다면서 일어나서 정원으로 나갔습니다. 낮이면 레이건은 콧노래를 흥얼거리며 낙엽을 쓸어 담고, 밤이면 낸시가 다시 낙엽을 깔았습니다. 그렇게 낸시는 남편의 행복했던 기억을 되돌려 놓으려고 애썼습니다. 이런 헌신적인 사랑의 힘 때문이었는지, 레이건은 아무도 알아보지 못할 정도로 기억력을 잃었지만 아내 낸시만은 확실하게 알아보았습니다. 레이건은 가끔 정신이 들 때마다 '내가 살아 있어서 당신이 불행해지는 것이 가장 고통스럽다'고 한탄했습니다. 그러자 낸시는 레이건에게 말했습니다.

"여보, 현실이 아무리 힘들고 고통스러워도 당신이 있다면 좋아요. 당신이 없는 행복보다 당신이 있는 불행을 택하겠어요. 부디 이대로라도 좋으니 10년만 더 내 곁에 있어 주세요."

— 작자 미상

미국의 레이건 대통령의 이야기이다. 이 글은 내 친구가 이메일로 보내준 글이다. 그는 만년에 치매에 걸려 가족도 알아보지 못하는 심각한 상태에 있었다는데 위와 같은 일화가 전해지고 있다.

사람들이 이 세상에 태어나서 병이라는 것을 모르고 일생을 건강하게 살아간다면 얼마나 행복할까? 그러면 의사라는 직업도 없어질 텐데 나도 의사지만 의사라는 직업이 없어지더라도 우리를 괴롭히는 질병이 없었으면 좋겠다.

사람이 앓는 병치고 두렵지 않은 병이 어디 있겠는가? 나보고 그중에 하나를 꼽으라고 한다면 치매를 꼽겠다. 치매는 정신과 의사인 내가 자주 접하는 질환이다. 치매가 제일 두렵다고 한 말은 그 과정과 결과를 보고서 한 이야기이다. 그 과정은 서서히 인격을 망가뜨리고 종국에 가서는 한 인격체라고 말하기 힘든 황폐한 존재로 만드니 과정도 두렵고 결과도 두렵다. 그런데 일반적으로 사람들은 치매를 아무것도 모르는 것, 자신이나 가족까지도 전혀 딴 사람으로 착각하는 것이라 생각한다.

일생 동안 치매 환자를 가까이에서 지켜보다 보니 일반인이 생각하는 것과는 달리 치매 환자에게도 치매 환자 나름의 생각, 감정, 행동이 있다는 것을 알았다. 치매 환자가 사고, 감정, 행동을 모두 잃고 자리에 누워 있으니 일반인은 아무것도 모르는 황폐한 존재로만 생각한다. 하지만 가만히 살펴보면 일반적인 생각, 감정, 행동과는 다르지만 그 환자 나름의 고유한 특성은 갖고 있는 것처럼 생각되었다. 다만 그의 생각이나 감정, 행동 등이 일상에서 많이 벗어나 있기 때문에 일반인이 이해하지 못할 뿐이다. 더 심해져서 자리에 눕게 되면 살아 있는 송장쯤으로 인식하는 것이다. 치매 환자도 그들 나름의 생각이나 감정, 행동 등이 있는데, 우리와 다른 수준이라는 정도로 이해하면 된다. 그 증거로 한두 가지 예를 들어보겠다.

오래전 이야기이다. 노동두 교수님이라는 분이 6·25전쟁이 일어나자 군의관으로 입대하셨다. 최전방에서 전투에 참여하는 동안 정부에서는 정신과 군의관을 모집하여 미국의 월터리드 육군병원에 1년간 연수를 보낸 적이 있다. 노 교수님은 여기에 뽑혀 1년간 연수를 다녀오셨다. 그때는 광복을 맞이한 지 얼마 되지 않아 영어도 서툴고 또 그런 어마어마한 시설에 가본 적도 없는 상황에서 연수를 가신 것이다. 그곳에선 정례적으로 사례연구라는 것을 했다. 한 환자를 맡아서 그 환자의 병력을 조사하고 진단하여 치료 계획까지 발표하는 그런 모임이다. 그런데 교수님에게 배당된 환자는 제2차 세계대전 중에 입원하여 그때까지 10년 가까이 입원하고 있는 환자였다. 중요한 사항은 그 환자분이 입원한 후 그때까지 한 번도 입을 연 적이 없다는 것이다. 조현병의 긴장형처럼 하루 종일 같은 자세로 한자리에 앉아 한곳을 응시한 채로 말도 안 하고 꼼짝도 하지 않는 환자가 배당되었던 것이다. 난감한 일이다. 환자가 말을 해야 병력을 청취하고 그에 합당한 진단과 치료를 할 텐데 하루도 빼지 않고 똑같은 자세로 앉아 말문을 닫고 있으니 어떻게 사례연구를 한단 말인가?

노 교수님은 말을 들을 수 없다면 환자의 움직임을 관찰할 수밖에 없었다고 생각했다. 한두 주를 지켜보니 눈동자가 움직이는 것을 알 수 있었다. 무엇을 따라 움직이는 것일까? 관찰해 보니 탁구 치는 광경을 보면서 공이 왔다 갔다 하는 방향으로 눈동자가 움직일 때가 있었다. '아! 바로 이것이다'라고 생각하고 그 환자를 탁구대 가까이 앉혀 놓고 노 교수님은 매일 탁구를 쳤다. 환자의 눈동자가 계속해서 탁구공을 따라 다니는 것은 아니지만 간혹 탁구공을 따라 눈동자를 움직이는 것을 보니 탁구에 관심이 있나 보다 하는 생각이 들어 매일 다른 환자와 함께 탁구를 쳤다. 몇 주간이 지나자 눈동자가 탁구공을 따라가는 횟수가 늘어났다. 그래서 이런 변화를 기록하여 사례연구로 발표했더니 모두가 놀라워했다고 한다. 말도 못 하고 행동도 고정되어 밀납인형처럼 10년 가까이 입원해 있던 환자의 눈동자를 움직이게 만들었으니 놀라지 않을 수가 없다. 더욱이 놀라운 것은, 그 환자를 맡은 동안 그 환자가 탁구채를 들고 탁구대 앞에 서는 데까지 치료적으로 성공했다.

사례연구를 지도하는 교수님은 이렇게 환자가 좋아진 원인을 두 가지로 꼽았다. 첫째는 노 교수님이 영어가 서툴러서 그렇고, 둘째는 관찰력이 뛰어나서 그런 효과를 거두었다고 칭찬해 주셨다고 한다.

내가 경험한 사례를 소개하겠다. 정년퇴임을 한 교수님인데 살던 집에서 아파트로 이사하게 되었다. 아들 내외가, 단독주택에서 살 때 지녔던 여러 가지 구질구질한 살림을 정리한다면서 오랫동안 모아둔 신문을 고물상에 팔아버렸단다. 이분은 정년퇴임을 하면 그 신문을 한 장 한 장 읽으면서 주제 있는 글도 쓰고 세상의 흐름을 정리해 보려는 꿈을 앉고 신문을 수집했다. 그런데 신문이 오래되다 보니 벌레도 생기고 또 빗물이 새어 낡은 애물단지가 되어 버렸다.

아들 내외는 아파트로 이사하면서 신문을 몽땅 버려 버린 것이다. 그 사실은 안 아버지는 쓰러지셔서 응급실로 모셔 왔는데 말을 하지 못하는 것이다. 말하지 못하는 기질적인 원인을 찾기 위해 온갖 검사를 했으나 전부 정상이었다. 그렇다면 심리적인 큰 스트레스를 받은 게 틀림없다. 환자가 말하지 못하니 가족에게 물을 수밖에 없었다. 가족은 말하길 그 모아둔 신문이 구질구질해서 팔아 버렸는데, 그런 사실을 아신 아버지가 쓰러지셨다는 것이다. 나는 순간 이런 생각이 들었다.

'기가 막혀서 말문이 막혔구나.'

자신에게는 천금같이 귀중한 신문인데 아들 내외는 애물단지로 생각해서 버렸으니 기가 막히지 않겠는가. 그래서 말문이 막혔다고 생각하고 입원을 시켜서 오랫동안 치료했다.

이분도 말을 하지 않으니 내가 정신적으로 접근할 방법이 많지 않았다. 그래서 회진 시, 다른 환자와는 달리 이분은 내 진찰실로 오라고 했다. 나는 옛날 신문 한 뭉치를 구해서 책상 위에 올려놓았다. 무표정하게 앉아 있는 그분을 보고 계속 질문했다.

"오늘 잘 지내셨어요? 밥은 잘 드셨어요?"

쉬운 질문을 했지만 아무런 반응이 없었다. 내가 하는 질문은 들리는데 대답을 안 하시는 건지, 내가 하는 질문조차 듣지 않으려는 건지 도대체가 그분의 상태를 구분할 수가 없었으나 계속 그런 자극을 보냈다. 몇 주가 지나자 그분은 내 책상 위에 놓여 있는 오래된 신문에 관심을 보이기 시작하더니 내가 문진하는 대로 대답하지 않고 신문만 한 장 한 장 넘겼다. 표정을 보니 신문을 읽지는 않는 것 같았다. 오랜 입원 끝에도 결국 말문을 열지 못했지만 신문에 대한 기막힌 기억은 살아났는지 신문만 애지중지 넘기고 하루하루를 보냈다. 이쯤 하면 내가 처음 서술한, 치매 환자에게도 그 나름의 무엇이 남아 있을 것이라는 추측이 틀리지 않을 것 같다.

레이건 대통령부터 내가 접한 수많은 치매환자를 보며, 나는 더욱 나의 생각과 추측을 확신하게 되었다. 요즘 노인 치매 환자를 돌보는 요양원이나 요양보호사 또는 전문 간호사, 정신과 전문의에게 내 확신을 꼭 전하고 싶다. 치매 환자는 그냥 그런 과정을 통해 종국에 가서는 인격의 황폐화로 불행한 생을 마친다는 고정관념에서 벗어나야 한다. 잠깐의 즐거움이라도 줄 수 있는 여지가 충분히 있다는 것을 염두에 두고 잘 관찰해 보는 수련을 많이 했으면 좋겠다. 치매 환자를 돌보는 전문가의 수준이 높아진다면 그만큼 치매 환자도 순간순간 즐거움을 느끼며 살 수 있을 것이 아닌가. 치매환자는 산송장이 아니다. 다만 삶의 즐거움을 서서히 잃어가는 불행한 사람일 뿐이다.

공자(B.C.551~B.C.479)는 다음과 같은 말을 했다.
"사람은 온순하고 약하게 태어나고 죽음에 이를 때는 딱딱하고 뻣뻣해집니다. 녹색 식물은 부드럽고 수액이 가득 차 있고 죽을 때쯤 시들고 마르게 됩니다. 그러므로 뻣뻣하고 고지식한 것은 죽음의 징표이고, 온화하고 양보하는 것은 생명의 상징입니다."
공자의 이 말처럼 치매 환자가 뻣뻣하고 고지식하고 우리가 이해하지 못하는 행동을 한다고 하더라도 그들의 남은 삶에 사랑이 가득한 수액을 공급한다면 죽음의 징표가 아닌 녹색의 삶의 징표를 느끼게 해 줄 수 있지 않을까 생각한다.

장애인 중에 유명인이 많다

〈헬렌 켈러 자서전〉 중에서

바다를 항해할 때 마치 부연 어둠이 당신을 가둬버린 것처럼 짙은 안개에 싸여 본 적이 있는가? 커다란 배는 잔뜩 긴장하고 불안해하며 다림추와 측연을 이용해 해안선을 향해 더듬더듬 길을 찾아갈 것이고, 당신은 두근대는 마음으로 무슨 일이 일어날지 기다릴 것이다. 교육을 받기 전의 내 모습은 꼭 그 배와 같았다. 다만 내게는 나침반이나 측연도 없었고, 항구를 찾아가려면 어떻게 해야 하는지 알 수 있는 방법도 없었다. 빛을! 나에게 빛을 주세요! 이게 내 영혼의 소리 없는 외침이었고 바로 그때 사랑의 빛이 나를 비추었다.

— 헬렌 켈러(미국의 교육자, 1880~1968)

내가 어릴 때는 친구들과 다툼이 있으면 상대방에게 욕을 하는 경우가 많았다. 그때 한 욕 가운데 제일 흔히 사용되었던 것이 '바보 같은 새끼'와 '병신 육갑한다'였다. 이는 장애인을 빗대어 비하하는 욕이다. 욕을 먹는 친구는 장애인이 아닌데도 불구하고 이런 소리를 들으면 큰 욕으로 생각하고 모멸감을 느꼈다. 이런 욕 이외에 또 흔히 쓴 욕 하나는 '개 같은 새끼'이다. 개 같다는 말보다 더한 욕은 '개보다 못한 놈'으로 이 또한 모멸감을 준다. 요즘 애완견을 키우는 사람들이 들으면 화낼 법한 소리이지만 사람을 동물에 빗대어 아무 거리낌 없이 사용하곤 했다.

　내가 어릴 때 본 장애인은 정신장애인이 처음이었다. 내가 자란 대구에서는 '금달래'라는 유명한 정신장애인이 있었는데 남루한 옷을 입고 이상한 말을 지껄이면서, 기괴한 행동을 하고 대구 시내를 휘젓고 다녔으니 그 당시 대구에서 유명했다. 내 나이 또래의 대구 사람이 금달래를 모른다면 간첩이다. 내가 어릴 때는 많이 보지 못했던 장애인을 요즘은 어느 장소에 가든 볼 수 있다. 장애인이란 '지체장애, 시각장애, 청각장애, 언어장애 또는 정신지체 등 신체적·정신적 장애로 장기간에 걸쳐 일상생활 또는 사회생활에 상당한 제약을 받는 자로서 대통령령으로 정하는 기준에 해당하는 자'를 가리킨다. 영어로는 장애자를 'handicapped', 'disability' 아니면 'disorder'라고 하는데 이 단어 모두 비하와는 무관하다. 왜 우리나라에는 장애인을 비하하는 용어나 욕이 많을까? 내가 어릴 때 장애인을 많이 보지 못한 이유는 장애인이 없어서가 아니라 가족이 창피하다고 집 안에 숨겨두고 있었기 때문이다. 그렇다면 요즘은 왜 그렇게 눈에 많이 띌까?

　첫째는 장애인에 대한 의식이 바뀌었기 때문이다. 장애는 부끄러운 것이 아니라 일반인에 비해 좀 불편할 뿐 폄훼할 조건이 아니라는 생각으로 많이 바뀐 것이다. 둘째로 장애인 자신들이 자존감을 잃지 않기 때문이다. 스스로 자기를 인정하고 자기가 가진 능력을 최대한 발휘하면서 사회의 일원으로 살아가고자 하는 것이다. 셋째로 사회적인 인식이 크게 달라졌기 때문이다. 옛날 같지 않게 장애인이 되는 요인도 한두 가지가 아니다. 그러니 자연히 장애인의 수도 많아지고 사회적인 문제로 부각되는 사회적인 편견도 줄어들었다.

나는 일생 동안 장애인을 치료하고 돕는 의사로 봉직했기 때문에 '언젠가는 장애인도 부끄럽지 않은 존재로 사회에 기여할 수 있지 않을까?' 하는 생각으로 그분들을 도왔다. 지금 장애인에 대한 개념이 내가 어렸을 때 가졌던 개념과는 판이하게 다르지만 이렇게 달라지기까지는 수십 년의 세월이 필요했다.

우리가 알고 있는 장애인 올림픽이 있는데 이는 올림픽이 끝나면 열리는 대회이다. 1948년에 하지 마비 장애인 26명을 모아 경기를 한 것이 시초가 되었다. 1952년에는 장애인으로 구성된 네덜란드의 양궁팀이 대회에 참가함으로써 국제 대회로서 패럴림픽이 발전하기 시작했다. 이후 매년 7월 런던에서 대회를 개최했고, 1960년 제17회 로마 하계 올림픽부터 올림픽이 끝난 직후에 패럴림픽이 열리게 되었다.

나는 올림픽 경기도 재미있게 보았지만 이어 열리는 장애인 올림픽을 눈물겹도록 재미있게 보았다. 눈물겹다는 것을 강조한 이유는 장애인이 겪는 심적·신체적 고통을 내가 매일 접하고 살아왔기 때문이다. 그들이 그런 고통을 이겨낸 과정이 눈물겨운 것이며, 즐겁다는 뜻은 그 장애를 딛고 비장애인처럼 경기하는 것이 즐겁다는 뜻이다. 그런 내 정서에도 불구하고 내가 치료하고 접촉한 장애인들만 생각했지 이들 장애인들이 어떻게 사회적으로 기여하면서 살았는지는 미쳐 챙겨보지 못했다.

유명인 가운데 장애인은 없을까? 나는 갑자기 궁금증이 생겨 인터넷 검색을 해보았다. 다음에 적은 많은 이름이 잠시 검색하는 동안 떠올랐다. 내가 아는 이름보다 모르는 이름이 더 많다. 우선 잠시 동안 찾은 이름부터 적어 본다.

스티븐 호킹(루게릭병), 헬렌켈러(청각·시각·언어장애), 피아니스트 니콜라스 콘

스탄티니디스(시각장애), 크레티앙 총리(언어장애), 헤르만 헤세(언어장애), 드러머 릭 앨런(외팔), 사마천(궁형 거세 형벌), 베토벤(청각장애), 바이런(지체장애), 세종대왕(시각장애), 수영선수 티마스 다르니(시각장애), 무하마드 알리(파킨슨 병), 육상선수 루돌프(소아마비), 발명왕 에디슨(청각장애), 미국 제32대 대통령 프랭클린 델러노 루스벨트(소아마비), 바이올리니스트 이자크 펄만(소아마비), 연극배우 파스칼 뒤켄(다운증후군), 중국 최고의 병법가 손자(두 다리가 절단된 중증 장애인), 유럽 최고의 시성 호메로스(시각장애인), 육상선수 루돌프(소아마비), 의지의 구필화가 캘린 오스본(교통사고로 목 아래로 전신마비), 이솝(척추장애), 셰익스피어(안짱다리의 지체장애).

 이렇게 많은 분이 검색되었다. 이제 알았으니 이분들은 물론이고 아직도 검색되지 않는 많은 분을 찾아 소통해 보고 싶다. 잠깐 사이의 검색 결과가 이 정도라면 마음먹고 찾아낸다면 책 한 권으로 엮고도 남을 것 같다.

 내가 뒤늦게 이런 관심을 가진 이유는 내가 장애인을 돌보는 직업에 종사했기 때문이기도 하지만 내 자신이 시력을 잃고 보니 그분들을 치료할 때의 느낌과 내가 장애인으로서 느낀 불편감의 정도가 다르기 때문이다. 그리고 또 지금까지도 남아 있는 장애인에 대한 비하나 편견 같은 것을 고칠 수 있는 데 기여할 수 있지 않을까 하는 생각에서 찾아보았다. 장애인도 그들이 가진 능력에 따라 사회 전면에 나서서 사회에 기여하는 사람들이 되었으면 하는 소망을 가져본다.

 우리가 몰라서 그렇지 이미 장애인 가운데는 사회에 기여하는 삶을 살아가는 사람이 많다. 비장애인도 스스로의 열등감에 사로잡힌 사람이 있다면 나는 이 성공한 장애인을 보라고 말해주고 싶다. 불편감을 안고도 그 고통을 이겨내고 비장애인보다 더 능력을 발휘하는 분이 많으니 온전한 몸을 가지고 열등감에 사로잡혀 살 이유가 없다. 그분들은 비장애인의 삶의 스승이다.

병도 나의 친구다

〈병에게〉 중에서

어딜 가서 까맣게 소식을 끊고 지내다가도
내가 오래 시달리던 일손을 떼고 마악 안도의 숨을 돌리려고 할 때면
그때 자네는 어김없이 나를 찾아오네

자네는 언제나 우울한 방문객
어두운 음계를 밟으며 불길한 그림자를 이끌고 오지만
자네는 나의 오랜 친구이기에 나는 자네를
잊어버리고 있었던 그동안을 뉘우치게 되네.

자네는 나에게 휴식을 권하고 생生의 외경畏敬을 가르치네.
그러나 자네가 내 귀에 속삭이는 것은 마냥 허무
나는 지그시 눈을 감고, 자네의
그 나직하고 무거운 음성을 듣는 것이 더없이 흐뭇하네.

내 뜨거운 이마를 짚어 주는 자네의 손은 내 손보다 뜨겁네.
자네 여윈 이마의 주름살은 내 이마보다도 눈물겨웁네.
나는 자네에게서 젊은 날의 초췌한 내 모습을 보고
좀 더 성실하게, 성실하게 하던
그 날의 메아리를 듣는 것일세.

생에의 집착과 미련은 없어도 이 생은 그지없이 아름답고
지옥의 형벌이야 있다손 치더라도
죽는 것 그다지 두렵지 않노라면
자네는 몹시 화를 내었지.

자네는 나의 정다운 벗, 그리고 내가 공경하는 친구
자네가 무슨 일을 해도 나는 노하지 않네.
그렇지만 자네는 좀 이상한 성밀세.
언짢은 표정이나 서운한 말, 뜻이 서로 맞지 않을 때는
자네는 몇 날 몇 달을 쉬지 않고 나를 설복하려 들다가도
내가 가슴을 헤치고 자네에게 경도傾倒하면
그때사 자네는 나를 뿌리치고 떠나가네

잘 가게 이 친구

생각 내키거든 언제든지 찾아 주게나.

차를 끓여 마시며 우린 다시 인생을 얘기해 보세 그려.

— 조시훈(시인, 1920~1968)

이 세상에 태어나서 한 번도 병을 앓지 않고 하직하는 사람이 있을까? 내가 수련의 때 한 의학 소식지에 당시 일본에서 가장 오래 살다가 돌아가신 분을 의학적으로 부검했더니 탈이 나지 않은 장기가 하나도 없었다는 기사를 읽은 적이 있다. 그런데도 그 노인은 일생 동안 한 번도 병원을 찾은 일이 없었다니 신기할 따름이다.

도대체 사람을 괴롭히는 병의 종류는 얼마나 될까? 궁금증이 생겨서 검색해 보았더니 3만 종류도 넘는다고 한다. 놀랄 만한 숫자다. 이 글을 쓰고 있는데 전화가 왔다.

"너, 친구의 지금 뭐하니? 목소리 들어보니 건강하구나."

전화다. 내가 난청이 있어 자연히 목소리가 좀 커졌는데 그 목소리만 듣고 내가 건강한 것으로 생각했나 보다.

나는 답했다.

"뭐, 늙어 가는 것이 병이지. 병이 뭐 별건가?"

이렇게 답한 이유는 나는 한두 곳이 아픈 게 아니기 때문이다. 많은 병을 짊어지고 사는데 모처럼 걸려온 친구의 전화에 여기도 아프고 저기도 아프다며 주절주절 아픈 곳을 열거할 필요가 무에 있겠는가? 그래서 생각해낸 것이 늙는 게 병이라고 한 것이다. 이 말은 내가 만들어낸 게 아니다. 의학자들 가운데 노화도 병리적인 현상이라고 주장하는 사람이 있기 때문에 인용한 말이다.

2019년 연말에 시작된 코로나19로 3년째 온 세계가 고통 받아 왔는데 점차 진정되어 가는 추세라서 다행스럽다. 내가 겪은 전염병에 대한 기억을 더듬어 본다.

나는 4세 때 장티푸스에 걸렸다. 그 당시는 장티푸스에 걸리면 살아남기 어려웠다. 나는 기억이 없으나 부모님과 고모님들께 들은 이야기를 종합해 보면 당시는 약도 없고 걸리면 죽는 수밖에 없는 장티푸스라 고모님들이 의논해서 굿을 했단다. 어머니는 무당의 굿 같은 것을 믿지 않는 신여성이라 고모님들이 어머니 몰래 굿판을 벌렸다. 나중에 어머님이 아셨지만 이미 벌어진 굿판이고 여섯 시누이가 어울려서 하는 굿판이니 막을 수도 없었을 것이다. 굿을 한 무당은 나의 몇 대 조 할아버지가 노하여 내가 병이 나게 되었다고 했단다. 이 말을 들은 어머니는 무당에게 호통을 치며 쫓아 버리셨다고 한다.

"자기 자손 잘못되라고 병을 주는 조상이 어디 있단 말인가? 그따위 소리하지 말고 썩 물러가라."

그런 어머니의 용감한 호통 덕분이었을까? 나는 목숨을 건지고 지금까지 살아왔다. 그 이후로는 지금까지 전염병에 걸려본 적이 없다.

내가 처음으로 전염병이 유행하는 상황을 경험한 것은 1946년의 호열자虎列刺, 곧 콜레라의 유행이었다. 광복 이듬해이니까 의료 상황이 열악한 때였다. 특효약도 없었으니 걸리면 거의 다 죽음을 맞이했다. 대책이라야 호열자가 발생한 집을 막아놓고 다른 사람과의 접촉을 막는 방법밖에는 없었다. 《동아일보》 1946년 10월 12일자 보도에 따르면 환자가 1만 4,909명 발생했고 그중 9,632명이 목숨을 잃었다고 한다. 《조선왕조실록》에 실린 기록을 보면 1821년 한 해에만 10만여 명이 사망했다고 한다. 그 당시 이 병을 호열자라고 불렀는데 호랑이가 살점을 찢어 내는 듯한 고통을 준다고 해서 붙인 이름이다. 이런 역병은 다행히 피하고 지금까지 살아왔지만 개인적으로 소소한 병을 여러 개 지니고 산다. 흔하게는 성인병을 위

행복은 큰 것이 아니다

주로 많은 병을 달고 산다. 일일이 병명을 나열하지 않는 데는 이유가 있다. 옛날에 한번 글을 쓰면서 내가 가진 병이 7가지나 된다고 했더니 이것이 SNS에 돌고 돌아 지금도 나를 소개하는 인터뷰나 강연에서 이 말을 인용하곤 한다. 지금은 그때보다 나이가 더 들었으니 내가 가진 병의 종류도 더 많아졌다. 그래서 일일이 밝히고 싶지 않다.

엉뚱한 생각을 해보았다. 이 여러 가지 병도 내 몸에 붙어서 진행되고 있으니 따지자면 반갑지 않은 내 식구다. 반갑지 않다고 해서 내 몸에 위탁해 있는 병들을 내 것이 아니라고 쫓아낼 방법도 없고 시비할 기력도 없다. 내가 취한 방법은 이 모든 병을 내 친구라고 억지로 생각하는 것이다. 그렇다면 나는 누구인가? 이런 병 식구들을 거느리고 사는 하숙집 주인 정도가 되지 않을까? 허황된 생각을 정말로 그런 것처럼 생각하면서 하루하루를 보낸다. 내가 우리 집 하숙생을 거느리는 나만의 기준은 이렇다. 첫째, 하숙생의 처분을 전문가에게 맡긴다. 나는 그래서 모범 환자다. 둘째, 치료자 이외에 민간요법이나 몸에 좋다는 건강보조식품, 약품에는 관심을 가지지 않는다. 단, 내 병에 해롭다는 음식이나 행동은 삼가는 것으로 내 하숙집을 경영한다. 다행히 하숙생들이 말썽을 덜 부려 이만큼이라도 건강을 지니고 산다. 이런 의미를 다 담아서 내가 내 친구에게 전화로 해준 말 '늙어 가는 것이 병이지'를 재차 확인한다. 그럼에도 불구하고 소소한 즐거움을 찾아보며 하루하루를 지낸다.

"고혈압 친구야, 오늘은 좀 조용히 있어 주면 어떨까? 내가 오늘 강연해야 하는데 네가 소동을 피우면 강연을 망치지 않겠니?"

혼자말로 고혈압 하숙생에게 간청해 본다. 그도 친구라고 내 말을 들어 줄 때가 많다.

내가 생각하고 사는 이 질병에 대한 개념이 얼마나 효과가 있을지는 모른다. 비과학적이긴 하지만 병도 친구로 대접하고 함께 살아간다. 그들이 나를 더 해치지만 않는다면 짊어지고 살 만한 친구들이다.

애플의 창시자 스티브 잡스(1955~2011)가 한 말이 있다.

"여러분의 차를 운전해줄 사람을 고용하고 돈을 벌어줄 사람을 고용할 수 있지만 여러분 대신 아파줄 사람은 구할 수는 없습니다."

맞다. 나 대신 내 하숙생들을 누가 건사하겠는가?

"아프지 말고 건강하게 지내자."

이 교훈적인 말을 우리 하숙집의 가훈으로 삼아야겠다.

아쉬움 없는 삶이 있을까?

《불교신문》 사설 '소확행' 중에서

이른 봄에 심고 뿌린, 상추를 비롯한 갖가지 채소가 자란다. 시시각각 커가는 채소를 보는 게 즐거움이고, 맑은 물에 씻어 맛있게 먹는 것이 큰 행복이다. …… 길가에 지천으로 피어나는 꽃향기에 취하고 아름다운 그 모습을 휴대폰 카메라에 담아 보는 것도, 사진을 받아본 사람이 기뻐하는 것도 행복이다…… 작고 적게 소박한 살림살이로 살기를 바라는 사람이 많아졌다. 작지만 확실한 행복, 일상에서 맛보는 소소한 즐거움을 추구한다. 일명 '소확행'의 삶이다.

— 현종(강릉 현덕사 회주 스님)

요즘 유행어로 '소소하지만 확실한 행복'을 '소확행'이라고들 한다. 일본의 소설가 무라카미 하루키가 레이먼드 카버의 단편소설 〈A Small, Good Thing〉에서 따와 만든 신조어라고 한다. 작은 데서 기쁨을 누리고 단순하고 소박한 삶에서 느끼는 행복을 말한다.

사람들의 희망 사항 중에는 그 누구도 이룰 수 없을 만큼 과하고 허망한 것이 있는가 하면 이룰 수 있는데도 작은 것이라고 등한시하는 것이 있다. 작고 소박하다는 이유로 이룰 수 있음에도 이루지 못했다면 그야말로 정말 아쉽다는 말을 해도 손색이 없겠다.

시간이 지나고 보니 자기가 한 행동이 아쉽다고 하는 분이 꽤 많다. 그 내용을 들어보면 그리 큰 후회가 생길 일도, 아쉬움이 들 법한 일도 아니다. 그러나 자기 자신에게는 몹시도 안타깝고 아쉬운 일인 모양이다.

아쉬움이란 '어떤 일에 대해 만족하지 못하거나, 필요한 것이 모자라거나 없어서 안타깝고 서운한 마음'인데, 곧 내가 뜻하는 대로 일이 풀리지 않으면 불만이 싹트고 그 지점이 바로 서운함이 생기는 출발점이 된다.

한 번에 원하는 것을 이루는 것도 좋은 일이지만 혹여 실패하더라도 다시 일어나 행복을 위해 도전한다면 성취 후의 기쁨은 배가 될 것이다.

아쉬움이란, 무언가를 성취할 수 있었지만 어떠한 사정으로 이루지 못한 데서 오는 감정으로서 어찌 보면 값진 것이다. 특히 젊은이들은 아쉬움이 남는 일에 젊음과 패기로 재도전할 기회를 갖고 있다. 역설적으로 아쉬움을 많이 경험한 사람이 다시 도전할 확률이 높고, 노력을 거듭한다면 인생의 성공률도 높아질 것이다. 단, 그 아쉬움의 원인을 자신에게 끝없이 따져 물어보며 포기하지 않고 개선하려고 노력해야 삶을 성공적이고 행복하게 이끌 수 있다. 그러나 아쉬움이 크더라도 사람마다 제각각 그 능력과 상황이 달라서 도저히 이룰 수 없는 목표도 분명히 있다.

지금까지 말한 아쉬움은 일반적으로 느끼는 소소한 아쉬움이지만 그보다 더 큰 아쉬움도 있다. 이러한 커다란 아쉬움은 개인적이라기보다 사회나 국가를 위한 이타적인 희망이 성취되지 못했을 때 드는 아쉬움을 말한다. 그런 아쉬움은 특히 마음속 깊은 곳에 오래 남으리라고 생각된다. 누군가는 자연과 인류를 위해 못다 한 일을 돌이켜 보며 아쉬움을 마음에 품고 후회하는 사람도 있을 것이다.

누군가가 이런 말을 한 적이 있다.

"질주하듯 내달리는 시간이 없다면 훗날 아쉬움과 함께할 수밖에."

이런 속담도 전해져 내려온다.

"잃은 도끼는 쇠가 좋거니(새로운 물건이나 사람이 먼저의 물건이나 사람보다 못할 때 생기는 아쉬움을 비유적으로 이르는 말)."

"나간 머슴이 일은 잘했다(있을 때는 귀함을 모르다가 잃은 다음에야 아쉬움을 느끼게 되는 경우를 비유적으로 이르는 말)."

모두 이미 없어졌거나 잃어버린 것에 대한 소중함은 뒤늦게 깨닫는다는 내용이다.

전前 세기에 활약했던 프랑스의 철학가이자 소설가, 극작가이자 평론가인 장 폴 사르트르(1905~1980)는 한평생 자유를 부르짖고 개인의 실존을 강조하였다. 그러나 그는 1980년 3월 파리의 부르세 병원에서 죽음에 대한 불안과 공포로 병명도 묻지 않고 한 달 동안 찾아온 사람들에게 소리 지르며 발악하다가 죽었다고 한다. 그가 일평생 부르짖은 자유와 실존을 생각해 보면 믿기지 않는 이야기지만 만일 실제로 그가 죽음의 공포에 시달리며 괴롭게 생을 마감했다면 만족스럽지 못했던 인생에 대한 아쉬움의 절규는 아니었을까?

또 다른 예로 프랑스의 황제이자 군인이었던 나폴레옹(1769~1821)을 들 수 있다.

나는 유럽 여행 중 나폴레옹이 연합군에 패전했던 장소인 워털루를 찾은 적이 있다. 워털루 평원의 한편에는 자그마한 나폴레옹 기념관도 있었는데 당시 치열했던 전투 상황을 미니어처로 만들어 전시해 놓았다. 그리고 실제 크기와 비슷하게 만든 모형 사령관실에는 의자에 비스듬히 기대어 한 손으로 머리를 감싸고 있는 나폴레옹 모형도 놓여 있었다. 마치 그 모양새가 잘 나갔던 옛날처럼 호기를 부리며 '내 사전에는 불가능이란 없다'라는 말을 되새기고 있는 듯했다. 위세가 등등했던 그가 임종이 가까워지자 이런 유언을 남겼다고 전해진다.

"나는 불행했다. 프랑스, 군대, 조제핀……."

이 말을 하고 나폴레옹은 초라하게 숨을 거두었다고 한다. 자신의 사전에는 불가능이란 없다고 했던 그가 죽음에 이르렀으니 그 죽음은 또 얼마나 아쉬웠겠는지 감히 짐작만 해볼 따름이다.

크든 작든 아쉬움이라는 점에서는 다르지 않다. 작지만 이루고 싶었던 일을 이루지 못한 아쉬움이나 나폴레옹처럼 불가능이 없는 삶을 꿈꾸며 유럽을 정복하던 이가 느낀 아쉬움도 굳이 비교해 본다면 그 모양새가 다를 뿐이지 그 메커니즘은 동일하다.

반대로 만약 아쉬움이 없는 삶이 있다면 그 삶은 꿈결처럼 달콤하기만 할까? 하는 일마다 곧바로 성취로 이어지니 만족감이 대단할 것도 같으나, 실제로는 실패의 좌절과 아쉬움을 경험하지 못했으니 성취에서 오는 만족감을 오롯이 느끼지 못할 수도 있다. 그뿐만 아니라 실패의 경험이 부족한 경우에는 경험의 부재에서 오는 실패의 충격이 너무 커서 다시 일어서지 못할 만큼 취약하게 될 수도 있다.

그러나 크든 작든 아쉬움이 있는 실패를 직시하며 '왜?'라는 질문을 스스로 던져 본다면 곧 그에 대한 답을 찾을 수 있을 것이다. 해답을 찾았다면 재도전해 보는 것이다. 실패했던 원인을 찾아 보완하여 재도전한다면 웬만한 소소한 아쉬움은 극복하고도 남을 것이다.

    그러나 문제는 행동으로 옮겨 재도전하지 않는다는 점이다. 실패가 두려워서 움츠러들고 재도전하지 않는다면 그 또한 다른 형태의 아쉬움을 남기고 말 것이다. 다시 한번의 도전을 통하여 마음먹은 것을 이룰 수 있다면 그 만족감은 곧 행복으로 이어질 것이다.

    주어진 삶이 다하여 임종에 가까워진 순간 아무리 아쉬워한들 무슨 소용이 있겠는가? 남은 시간이 별로 없기 때문이다. 그러니 젊었을 때 아쉬움도 경험해 보고 또 그 아쉬움을 발판 삼아 극복하기를 도전해 보기를 적극 권장한다.

철 들자 남은 시간이 없다

《발타자르 그라시안의 인생수업》 중에서

성숙함은 그 사람의 외모도 빛나게 하지만
인격을 더욱 빛나게 한다.
또한 어떤 다른 능력보다
인간에게 위엄을 부여하고 존경심을 불러일으킨다.
한 인간의 평온함은 그의 영혼이
어떤 얼굴을 하고 있는지를 보여주는데,
이는 무감각한 바보가 아닌
정숙하고 위엄 있는 사람에게만 드러난다.
성숙함은 이처럼 완성된 인간을 만들어내며,

그렇게 한 사람의 어른으로 성장하면서
인간은 비로소 진지함과 위엄을 갖추기 시작한다.

— 발타자르 그라시안(스페인 작가, 1601~1658)

　내가 정신의학을 공부하면서 처음으로 접한 정신치료 원서가 에는 50대가 넘은 환자는 치료에 부적합하다고 적혀 있었다. 그때는 평균 수명이 지금처럼 길지 않았으므로 환갑이면 뒷방 늙은이로 물러나 앉아 있던 시절이다. 50대 이상의 환자에게 정신치료를 하지 말라고 하는 것은 쉰 살이 넘어가면 습관을 바꾸기도 어렵고 바꾼다고 하더라도 시간과 비용이 많이 들기 때문이다. 또 그렇게 애써서 습관을 바꾸어 놓는다고 하더라도 바꾼 습관으로 살아갈 시간이 얼마 남지 않았으니 치료가 힘들다고 보는 것이다.
　그러나 이런 말이 교과서에서 사라진 지는 오래됐다. 100세 시대라는 말이 나올 정도로 기대수명이 길어지고 내가 정신치료를 공부할 당시의 상황과는 너무도 달라졌기 때문이다. 과학이라면 맹신하여 진리처럼 여겨지고 변하지 않을 것 같은데도 이토록 시대에 따라 달라진다.
　그렇다면 정신치료란 무엇일까? 생활 습관이 잘못되어 주어진 상황에 잘 적응하지 못하여 생기는 정신장애를 바로잡는 것을 말한다. 습관이 잘못되었다면 습관을 바꾸면 될 일이다. 이론적으로는 아주 간단한 논리이지만 작은 습관이라도 바꾸는 것은 무척 어렵다. 잘못된 습관이라고 하더라도 그 습관을 지닌 사람에게는 그것이 익숙해서 주어진 상황과 환경에서 그 습관대로 행동하려고 한다. 그러나 여건에 따라서는 자기 습관으로는 해결되지 않는 상황도 많이 있다. 이로 인해 발생하는 갈등과 증상은 생활 습관을 바꾸는 정신치료로 해결할 수 있다.
　습관이 오래되지 않아 고착되지 않았다면 바꾸기 쉽지만 오래되고 단단하게 응축된 습관이라면 바꾸기가 여간 힘들지 않을 것이다. 나는 내 나름대로 이 '습관 바꾸기'를 '철 들도록 이끌어 준다'는 의미로 풀이해서 치료 과정에 많이 활용하였다.

잘못된 습관을 가지고 있다는 것은 철이 덜 들었다는 뜻과도 상통한다. 철든 사람이라면 주어진 상황에 이리저리 맞추어 적응하는 길을 찾지만 철이 덜 든 사람은 상대적으로 상황에 적응하는 힘이 약하기 때문에 장애가 발생한다. 빌리 그레이엄 목사는 다음과 같이 말했다.

"사람은 부족함을 깊이 깨달으면 깨달을수록 좋다. 그것이야말로 행복의 출발이다."

공자(B.C.551~B.C.479)도 일찍이 이렇게 말했다.

"가고 또 가는 가운데 깨달음이 있고, 행하고 행하는 가운데 얻음이 있다."

이런 말씀들을 토대로 생각해 보면 내가 치료 현장에서 적용했던 '철 들도록 이끌어 준다'는 말은 곧 '인격이 성장하도록 돕는다'는 말과도 같은 의미이다. 인격이 성장하면 성숙했다는 말을 쓴다. 성숙이란 높은 차원의 어느 한 지점에 인격이 도달한 것이 아니라 인격의 성장이 진행되고 있다는 뜻이다. 즉 철 들어 간다는 말과도 바꿔 쓸 수 있겠다.

철드는 것은 나이와 상관있다. 어린아이가 철 들어 보았자 얼마나 들겠는가? 그래서 심리학에서는 이 어린아이 때를 두고 자기중심적 시기라고 한다. 자기밖에 모른다는 뜻이다. 하지만 이 어린아이도 성장하여 나이가 들수록 자기중심에서 차차 벗어나게 되고, 타인과 소통하기 위해 양보하고 타협을 배우며 소통의 습관을 배운다. 이것이 곧 '철든다'는 말인데 나이가 들어서도 나이답지 않게 자기만 아는 자기중심적 이기주의에 빠져 있다면 그를 가리켜 철없다고 할 것이다. 나이가 들면 그 나이에 걸맞게 철 들어야 하는데 만약 여전히 철없다면 그는 미성숙한 인격의 소유자이다.

철은 그냥 드는 것이 아니다. 세월이 흘러 경험이 쌓이고 아픔을 경험한 만큼 성숙해지고, 나눔을 익혀 이타적인 습관이 형성된 사람을 두고 우리는 '성숙하다', '철 들었다'는 말을 쓴다. 이타적인 행동과 습관도 인격 성장의 한 부분이다. 예외는 있겠지만 대개 나이가 든다고 저절로 철 들지는 않는다. 참고 인내하고 부딪히며 깨지는 성숙의 자기 경험이 동반되지 않고서는 성장하지 못하는 것이 바로 인격이다. 우리는 흔히 '진작 알았다면 좋았을 텐데……' 하며 아쉬움을 많이 표현하는데, 그렇게 진작 알 수 있으려면 삶의 경륜이라는 것이 쌓여야 한다. 이 경륜은 나이가 든다고 저절로 생기는 것은 아니지만 어느 정도는 세월이 필요해서 그만큼의 세월이 흘러야 얻어진다.

'철 들자 이별'이라는 말이 있다. 나이가 들어 철 들면 이제는 남은 인생이 얼마 남지 않았다는 뜻이다. 그러나 지금은 100세 시대로 뒷방 늙은이로 안주하는 노년을 거부하고 나이가 들어도 인생을 가꾸려고 노력하는 변화된 사회 속에 살고 있다. 내가 학생 때 배운 대로라면 50대는 철 들어도 남은 시간이 적기 때문에 치료가 부적합하다고 했지만, 지금의 50대에게는 지금까지 살아온 만큼의 시간이 남아 있는 셈이다. 50년의 세월이라면 아무리 단단하게 고착된 습관이라도 바꾸기에 충분하다. 옛날과는 비교할 수 없는 넉넉한 시간이 남아 있고, 바뀐 습관으로 살아갈 세월도 많이 남아 있다. 따라서 주어진 상황에 잘 적응하지 못하는 습관이 있다면 포기하지 말고 제2의 습관으로 바꾸는 노력을 멈추지 말았으면 한다.

제2의 인생을 계획해야 할 50대는 지금까지 살아온 자기 습관을 되돌아보면서 얼마나 철없게 살아왔는가 반성해 볼 필요가 있다. 반성은 습관을 바꿀 수 있는 계기를 마련해 주고 새롭고 건전한 습관을 만들고자 하는 동기를 부여해 준다. 그러니 세월이 가면 그냥 인격이 성숙하고 철 들 것이라고 함부로 믿지 말고 아무리 어려운 일이라도 끈기 있게 노력해야 이룰 수 있다는 마음가짐이 필요하다.

흔히 늦었다고 생각하는 때가 가장 빠른 때라고 하지 않는가? 우리의 나이가 적든 많든 바람직하지 못한 습관을 알아차렸다면 바로 그때가 출발점이다. 그러므로 나이가 비록 많더라도 철드는 데 게으름을 피우지 말았으면 한다.

나이가 들어도 철없는 사람의 대표적인 특징은 어린아이처럼 자기중심적이고 배려할 줄 모른다는 것이다. 이타심이 없고 다른 사람을 이용하며 비난하기 급급한 사람을 두고 인격 수준이 낮다고 한다. 나이는 세월이 흐르면 자연스럽게 먹지만 철은 그냥 드는 것이 아니다. '철 들기' 다시 말해서 인격의 성장은 나이도 먹어야 하지만 경험과 노력을 통해 이루어진다.

인격이 지속적으로 성숙하고 있는 사람이라면 제 나잇값을 하며 산다고 스스로 격려해 주고 칭찬해 주어도 모자람이 없을 것이다. 여생상락餘生常樂이라는 말이 있다. '나머지 인생을 항상 즐겁게 살라'는 뜻이다. 남녀노소 누구나 인생을 즐기며 살고 싶을 것이다. 인생을 즐기려면 그 나이에 걸맞게 철 들어 있어야 한다. 흥청망청 인생을 허비해서는 안 된다.

    노인두상설   老人頭上雪
    춘풍취불소   春風吹不消

이 작자 미상의 시구는 우리말로 '늙은이의 머리 위에 내린 흰 눈은 봄바람이 불어와도 녹지 않는다'로 풀 수 있다. 여기서 흰 눈은 노인의 흰머리를 비유한 듯하다. 흰머리는 나이 들어 철든 노인의 성숙함을 상징하는 것 같다. 또한 춘풍, 곧 봄바람은 아직 철 들지 못한 젊은이의 패기를 상징하는 것으로 보인다. 따라서 이 시구는 철 든 노인의 성숙함은 혈기왕성한 젊은이의 패기에도 지지 않는다는 의미로 해석할 수 있겠다. 이런 나의 해석이 젊은이가 보기에는 늙은이의 주책으로 들릴 수도 있고, 조금은 억지스러울 수도 있다. 하지만 우리가 남은 생을 살아가는 동안에도 철없는 자신을 더 성숙시켜 나간다면 여생은 더 즐거울 것이리라 믿는다.

고통은 지혜를 만든다

〈황학루〉

석인이승황학거	昔人已乘黃鶴去
차지공여황학루	此地空餘黃鶴樓
황학일거불부반	黃鶴一去不復返
백운천재공유유	白雲千載空悠悠
청천력력한양수	晴川歷歷漢陽樹
방초처처앵무주	芳草萋萋鸚鵡洲
일모향관하처시	日暮鄉關何處是
연파강상사인수	煙波江上使人愁

풀이:

옛 사람은 이미 황학 타고 떠났고

이곳엔 덩그러니 황학루만 남아 있네

황학은 한 번 가면 다시 돌아오지 아니하고

흰 구름만 천 년 동안 하릴없이 떠돈다

맑은 날 강 건너 한양나무들 또렷한데

푸른 풀은 앵주 땅에 무성하게 우거졌네

해지는데 내 고향은 어디쯤에 있는 건지

강가에 핀 물안개가 수심에 젖게 하네

— 최호(중국 당나라 시인, ?~754)

사람들은 고통으로 괴롭고 불편함을 느끼기 때문에 고통을 싫어하고 피한다. 그렇지만 인생을 살다 보면 고통은 싫다고 피할 수만 있는 것이 아니다. 일생을 살다 보면 즐거운 일도 고통스러운 일도 서로 뒤엉켜서 벌어지게 마련이니, 딱히 인생이 고통 아니면 즐거움이라고 규정하기는 어렵다. 그런데 우리 속담에는 '젊을 때 고생은 사서라도 하라'라는 말이 있다. 다들 싫어하고 피하고 싶어 하는 고통을 왜 일부러 하라고 권장했을까? 아마도 인생을 먼저 살다 간 우리네 조상들은 후손에게 고통을 극복하는 힘을 길러야 한다고 경고한 것이 아니었을까 생각된다.

영국의 작가 서머싯 몸(1874~1965)은 말했다.

"고통은 사람을 고상하게 만드는 것이 아니라 비열하게 만든다."

한편 미국의 극작가 존 패트릭(1950~)은 다음과 같이 말했다.

"고통은 사람을 생각하게 만들고 생각은 지혜롭게 만들며 지혜는 인생을 견딜

만 한 것으로 만든다."

또 그리스의 3대 비극 시인 가운데 한 명인 아이스킬로스(B.C.525~B.C.456)는 고통을 두고 이런 말을 남겼다.

"지혜는 고통에서 나온다."

한편 세네카는 이렇게 표현했다.

"고통이란 계속되면 극심한 상태를 유지할 수 없고 극심한 고통이라면 계속될 수 없는 것이다."

이 명언들을 종합해 보면 고통을 이기지 못하면 비열해질 수도 있고 고통을 잘 극복하면 지혜를 얻을 수 있다는 뜻이니 우리나라 속담에서도 고생은 일부러라도 한번 해보라고 권한 듯하다.

역사적으로 살펴보아도 극심한 고통을 이기고 사회에 기여한 장애인이 많다. 장애인 중에서 여러 종류의 신체적·정신적 장애를 갖고 있으면서도 역사에 남을 만한 업적을 남긴 분이 많다는 사실에 나는 놀라움을 금치 못했다. 사지가 멀쩡한 비장애인도 이루지 못할 공로를 세웠으니 존경받아 마땅하다. 존경이라는 말로도 부족하여 더 극진한 표현이 있다면 그런 말을 붙이고 싶을 만큼 존경스럽다.

그 많은 장애인 가운데 한 분을 예로 들어보겠다. 우리가 잘 알고 있는 천재 물리학자 스티븐 호킹(1942~2018)이다. 스티븐 호킹 하면 떠오르는 것은 휠체어와 금속성 목소리다. '빅뱅이론'이니 '아기우주'니 하는 학문적 업적보다 루게릭병으로 고개조차 스스로 가눌 수 없는 그의 모습이 먼저 연상된다. 루게릭병을 앓고 있으면 어떤 기분인가 하는 질문을 받을 때마다 스티븐 호킹은 별다른 기분을 느끼지 않는다고 다음과 같이 대답했다.

"가능한 한 정상적으로 살려 하고 내 상태에 대해 생각하지 않으려 한다. 내가 할 수 없는 일에는 신경 쓰지 않는다. 실제로는 못하는 일도 별로 없다."

그는 육체적으로는 최악의 상황이지만 유머감각과 여유를 잃지 않고 살았다. 더욱이 그는 20세까지는 비장애인으로 박사과정을 밝으며 공부하다가 돌연 루게릭병으로 진단받았고 점점 병세가 악화되어 우리가 흔히 보아왔던 휠체어를 탄 모습으로 변해 갔다. 그럼에도 불구하고 비장애인일 때보다 더 많은 업적을 남기고 물리학자들로부터 제2의 아인슈타인이라는 별명을 얻게 되었으니 참으로 경이로운 일이다. 물론 호킹 박사는 누구나 알아볼 정도로 잘 알려진 분이지만, 알려지지 않았지만 그와 유사한 삶을 산 장애인이 많다.

나는 언젠가부터 올림픽이 끝난 후에 이어서 열리는 패럴림픽(장애인 올림픽)에 관심을 가지게 되었다. 두 팔이 없는 양궁 선수가 두 발의 발가락을 이용하여 과녁에 활을 명중시키는 장면을 보고 감탄을 금할 수가 없었다. 그저 놀랍기만 했다. 그 장면뿐만 아니라 장면마다 입이 벌어지게 했다. 사지가 없는 장애인이 수영을 한다거나 시각장애인이 정상인의 도움을 받아 육상 경기에 참가한다. 휠체어를 타고 농구나 아이스하키도 한다. 겨울철에는 끝없이 펼쳐진 설원에서 바이에슬론 경기에 참가하여 자신의 역량을 최대한 끌어올리는 선수들을 보고 있노라면 정말 감탄스럽다. 나이가 들면서는 똑같은 장면을 보면서 나도 모르게 가슴에 뜨거운 것이 올라와 눈시울을 적실 때가 있다.

나는 마음의 상처를 입은 장애인을 일생 동안 치료해 온 정신과 의사로서 장애인에 대한 애착을 남다르게 가지고 있었다. 하지만 정작 내가 시력을 잃고 보니 내가 그분들에게 가졌던 그 애착이란 것은 건강한 사람으로서 장애인에게 보내는 연민의 정이나 측은지심에 불과했다는 것을 알게 됐다. 마음 한구석에 죄송스러움이 느껴졌다. 내가 장애인이 되고 나서 장애인을 보는 시각은 당연히 달라졌다. 전에는 건강한 사람으로서 장애인을 바라보았지만 지금은 장애인이 된 내 자신이 장애인인 내 자신을 바라보아야 하니 같을 수가 없다. 그 많은 장애인이 장애를 안고 얼마나 고통스러웠을까를 생각하니 내 생각이 달라지지 않을 수가 없다. 첫째는 장애 받는 부분 하나로 인해 연쇄적으로 다른 고통도 함께 감수해야 하니 그 고통이 이만저만이 아니다. 이런 것을 생각하면 그 장애를 극복하고 각자의 능력에 따라 사회에 기여하는 업적을 남겼다는 그 자체가 존경 이상의 존경을 하게 되는 요인이다.

내가 의과대학을 다니던 1950년대에 신문에 대서특필된 사건 하나가 기억난다. 자그마한 시골 동네인데 한 할머니가 지적장애를 지닌 아들과 함께 살고 있었다. 그 아들의 지능 수준은 자기의 앞가림을 할 수 없을 정도이니 사회적으로 어떠한 역할을 한다는 것은 더욱 불가능했다. 이런 모자를 두고 그 마을 사람들은 동네 창피하다고 다른 곳으로 이사 가라고 압력을 가했다. 그런 장애인과 함께 사는 것이 마을의 수치라고 생각했던지 마을 사람들이 합세하여 할머니를 윽박질렀다. 이사할 처지가 못 된 이 할머니는 마을 뒷산에 있는 묘지 사이에 가묘를 하나 만들고 그 안에 자기 아들을 숨겨 놓았다. 그러고 남의 눈에 띄지 않게 아침저녁으로 밥을 해다 나르고 옷도 갈아입혔다. 그러던 어느 날 한 행인에게 발각되어, 당시로서는 큰 사회적인 이슈로 보도된 적이 있다. 그러나 다시 흐지부지되고 말았다. 오늘날은 사회복지시설이나 복지시설의 혜택이 늘었다고는 하지만 그것은 외형일 뿐 사람들의 마음은 옛날의 그 사건당시와 달라진 게 별로 없다. 최근 우리 사회를 장애인의 부모와 비장애인의 부모로 양분되게 한 웃지 못할 행태를 텔레비전에서 보았다. 서울의 어느 한곳에서 장애인 학교를 짓는다는 발표가 나자 그곳에 거주하는 비장애인 부모들이 똘똘 뭉쳐서 반대한 것이다. 기가 막힌 것은 반대 이유 중 한 가지가 동네에 혐오시설이 들어서면 집값이 떨어진다는 것이었다. 과연 이게 배움을 통해 소중함을 배워가는 우리 아이들의 부모들이 할 소리인가? 물론 그들 나름의 이유가 있겠지만 장애인이나 비장애인이나 아이들은 모두 우리 사회의 미래 인재이다. 그런 뉴스를 보고 있자니 창피하다 못해 분노가 일어났다. 내 분노를 더욱 부추긴 장면은 장애인의 어머니들이 주민들 앞에 무릎을 꿇고 눈물로 호소하는 모습이었다. 그 광경을 보고 가만히 있자니 더욱더 참을 수가 없었다. 이제 우리도 사회경제적으로 선진국 대열에 들어섰지만 장애인을 바라보는 의식 수준은 내가 의과대학에서 공부할 때나 별 차이가 없다.

지금과 같은 사회경제적인 성공을 이룬 국가의 국민이 장애인에 대한 편견과 멸시를 바꾸지 않는다면 희망이 없다고 본다. 박완서(1931~2011) 작가의 소설 중에 이런 글이 있다.

"아무렇지도 않지 않은 사람이 아무렇지도 않아 보였다면 그게 얼마나 눈물겨운 노력의 결과였는지는 한번도 생각해본 적 없으시죠?"

이 글은 장애인의 부모들이 많은 어려움과 고뇌 그리고 고통 속에서도 그들의 자녀를 비장애인처럼 사회의 일원이 되도록 키우기 위해 얼마나 혼신의 노력을 하는지를 조금이나마 알 수 있게 해 준다. 장애인에 대한 편견과 따돌릴 생각을 가지고 있는 한 스티븐 호킹 같은 분이 우리 사회에서 나오는 것은 꿈도 꿀 수 없을 것이다. 시설 마련이나 복지 정책에 앞서 장애인을 보는 비장애인의 편견부터 사라져야만 명실상부한 복지국가로 발전할 수 있을 것이다.

미국의 극작가 존 패트릭은 말했다.

"고통은 사람을 생각하게 만들고 생각은 지혜롭게 만들며 지혜는 인생을 견딜 만한 것으로 만든다."

자신은 장애인이 아니라도 장애인의 고통에 공감하며 장애인과 소통할 수 있는 사람이 많아질수록 사회복지국가로 발전할 수 있는 기초가 탄탄하게 다져질 것이라고 생각한다.

메타박스

〈증강현실에 들다〉 중에서

이제 스마트폰을 꺼내 나의 앱을 다운받으세요

색칠한 그림을 촬영하면 3분 만에 당신 마음을 인식하고
나와 즐거운 게임을 할 수 있어요

게임 모드 버튼을 동시에 천천히 꾹 누르면
공중에 떠 있는 별자리 보여요

다산의 유물도 하늘에 띄우며 우주여행을 할 수 있어요
박물관은 이제 영원히 살아 있는 당신과 셀카 놀이에 흠뻑 빠졌어요

— 이승하(시인, 1952~)

요즘 들어 사회가 급격히 변해서 그런지 듣기에 생소한 용어가 많다. '메타박스'란 말도 그중에 하나다. 메타박스는 메타유니버스에서 독자적으로 개발한 3차원의 가상현실 전시 플랫폼이다. 안경만 끼면 누구나 가상 영상을 볼 수 있게 고안된 첨단 전시공간이다. 여기서 '메타'의 어원을 알아보면 그리스어로 '넘어서, 위에 있는, 초월하는' 등의 의미를 가진 접두사라고 한다. 내가 알고 있는 그리스어의 범위가 좁으니 독자에게 더 상세한 설명은 하기가 어렵다.

하지만 나 같은 아날로그 시대를 산 올드 보이에게도 '판도라의 상자Pandora's Box'라는 용어는 익숙하다. 이 판도라의 상자를 인터넷에서 읽은 설명을 참고하여 풀이해 보자면 다음과 같다. 판도라는 그리스 신화에 나오는 최초의 여인이다. 제우스가 불의 신이자 장인들의 수호신인 헤파이스토스에게 부탁해 흙으로 이 여인 판도라를 빚게 했다. 신들은 이 여인에게 많은 선물을 주었다. 그중에는 온갖 고통과 악이 들어 있는 상자도 있었다. 나중에 판도라가 그 상자를 열자, 그 안에서 악이 쏟아져 나와서 땅 위에 퍼졌다고 한다. 하지만 판도라가 '희망'만은 빠져나가기 전에 뚜껑을 닫았기 때문에 상자 안에 고이 남게 되었다고 한다. 또 다른 버전의 이야기에 따르면, 그 상자에는 악이 아니라 복이 들어 있었다고 한다. 인간이 호기심을 이기지 못해 상자를 열어 버리는 바람에 인류를 위해 보존될 수도 있었던 복을 잃게 되었다고 한다.

'판도라의 상자'는 21세기의 첨단과학 시대를 살고 있는 인류에게는 허황되고 재미있는 이야깃거리일 뿐이지 현실적으로 받아들여지지는 못한다. 이러한 판도라의 상자에 비해 메타박스는 첨단과학 시대를 살면서 인간이 만들어낸 희망이 가득한 박스다.

나의 세대는 만화에서나 볼 법했던 가상현실을 메타박스 안에서는 실제로 보는 것처럼 느끼고 즐길 수가 있다. 그러니 판도라의 상자와 같은 허황된 전설 속 상자가 아니라 현 시대에 실제로 성행하고 있는 공간이다.

메타박스와 판도라의 상자를 생각하다 보니 연상되는 한 가지 이야기가 있다. 우리나라의 전래동화에 〈흥부와 놀부전〉이 있다. 요즘 젊은 사람에게는 흥미 없는 이야기일 수도 있지만 내가 어릴 때만 해도 모르는 사람이 없을 정도로 모두 다가 읽는 전래동화계의 베스트셀러였다. 선한 일을 권하고 나쁜 일을 응징하는 교훈적인 내용을 담고 있는 이 동화의 내용을 간단히 요약하면, 동생인 흥부는 선한 성격을 가진 캐릭터요, 놀부는 고약한 심사를 가진 나쁜 형으로 묘사된다. 중요 사건은 착한 흥부가 다리에 상처를 입은 제비 한 마리를 잘 돌봐서 강남으로 보냈는데 다음 해 봄에 그 제비가 다시 흥부의 집을 찾아와 선물로 박씨 하나를 주었다. 흥부가 그 박씨를 심자 잘 자라나 박이 열렸다. 박을 따서 하나씩 열어 보았더니 아름다운 여자도 나오고, 많은 재물도 나오고, 큰 집도 나와서 흥부는 호강할 수 있게 되었다.

놀부는 흥부의 소식을 듣고 샘이 나서 동생을 따라했다. 그런데 놀부는 제비를 잡아서 다리를 일부러 부러트린 다음에 치료해서 날려 보내 주었다. 이듬해 봄에 제비가 다시 찾아왔고 놀부에게도 박씨 하나를 물어다 주었다. 놀부도 그 박씨를 심고 길러서 가을에 박을 딸 수 있었다. 그런데 박을 열었더니 초나니탈을 쓴 이들이 나와서 놀부의 목숨을 위협하였고 놀부는 간신히 돈 5천 냥을 주어 목숨을 구했다고 한다. 흥부와 놀부가 열어본 두 박을 비유하자면, 흥부는 지금의 메타박스를 열어 온갖 선물을 받은 것이고 놀부는 판도라의 상자를 열어 온갖 고통과 화를 입은 셈이다.

지금의 메타박스를 보면서 또 연상해낸 이야기가 있다. 발명왕 에디슨이 제1차 세계대전이 끝났을 때 죽은 병사들의 영혼과 통화할 수 있는 전화를 만들어 팔았다는 기록이 남아 있어 오늘날까지 신비한 이야기로 전해져 내려온다. 그러나 그 전화를 산 부모들이 전쟁에 나가 죽은 자식과 통화했다는 기록은 어디에도 없다. 갑자기 에디슨이 만들었다는 영혼 전화기를 떠올리게 된 것은, 내가 어릴 적 꿈속에서나 볼 법한 메타박스가 나타난 작금의 현실이 하도 신비스러워 여기서 한 걸음 더 나아가 환상적인 기대를 품어본 것이다. 그러다가 다소 허황된 상상을 해본 것인데 메타박스가 더욱 발전한다면 영혼과 대화할 수 있는 가상공간도 생겨날 수 있지 않을까? 만일 에디슨의 간절한 소망이 여기에 담긴다면 메타박스에서 영혼과 소통하는 것도 가능하지 않을까?

허무맹랑하다는 것은 알지만 나이가 들면서 지인들을 하나둘 떠나보내다 보니 그런 공상도 해보았다. 만일 이 공상이 현실로 바뀔 수 있다면 과학은 두 가지의 획기적인 결과물을 얻을 것이다. 하나는 이미 하늘나라로 떠난 망자와 메타박스 안에서 함께 살아 있는 듯이 소통할 수 있다면 이는 얼마나 획기적인 발명이겠는가? 다른 하나는 지금까지도 결론이 나지 않아 논의의 주제가 되고 있는 영혼의 존재 여부에 종지부를 찍을 수 있지 않을까 싶다.

먼 훗날에는 메타박스와 같은 획기적인 발명을 통해 영혼이 있느냐, 없느냐 하는 논쟁에 종지부를 찍고 지금으로서는 과학적으로 증명한다는 게 상상하기 힘든 사건도 일어날 수 있을 것이다. 지금은 나만의 공상이지만 첨단과학이 좀 더 발전하여 영혼을 증명해낼 수 있기를 마음속으로 기원해 본다. 만약 그런 발명품이 나온다면, 그때는 그것의 이름을 무엇이라고 지어야 할까? 슈퍼 메타박스? 먼 훗날엔 아마도 그런 용어가 탄생할지 누가 알겠는가?

이미 심리학에서는 영혼에 대한 많은 연구가 이뤄져 왔는데 그중 하나로 '자아초월 심리학 Transpersonal Psychology'이라는 분야가 있다. 자아초월 심리학은 현대 심리학의 틀을 가지고 인간의 영적·종교적 측면을 통합시킨 심리학의 하위 분야 혹은 학파이다. 이를 또 다른 말로 '영적 심리학 Spiritual Psychology'이라고도 부른다. 자아초월이란, 정체성 혹은 자기감이 인류·생명·심혼 혹은 우주 전체를 포괄하여, 개체적·개인적 수준의 너머로 확장되는 경험이라고 정의된다. 이는 또한 인습적·개인적 혹은 개체적 수준을 넘어서는 인격의 발달로 정의되기도 한다. 영혼의 초월적 상태를 놓고 보면, 언젠가는 IT 과학도 지금의 상상을 뛰어넘어 슈퍼 메타박스처럼 영혼을 증명할 수 있는 발명품도 만들어낼 수 있지 않을까 하는 생각도 들게 한다. 이 '메타'라는 말이 앞으로는 약방의 감초처럼 안 쓰이는 곳이 없을 듯싶다.

지금 우리나라에서도 메타박스가 실용화되어 도처에서 볼 수 있으니, 우리의 삶도 점차 메타라이프로 변화할 듯하다. 지금 유행하고 있는 코로나19는 인류에게 재앙 수준의 어려움을 초래하기도 했지만, 오래 지속되어 온 우리의 습관이나 생각이 최근 2~3년 만에 바뀌는 계기가 되기도 했다. 이 코로나19로 인한 습관의 변화는 전 세계 도처에서 일어나고 있을 것이다. 코로나19와 같은 질병에 비할 바는 아니지만, 과학 문명의 발달이라는 측면에서 인간의 습관과 적응을 변화시키는 데 가장 많은 영향을 줄 수 있는 것은 단연 메타박스가 아닐까 싶다.

비몽사몽이란 말이 있다. '완전히 잠이 들지도 잠에서 깨어나지도 않아 정신이 어렴풋한 상태'를 의미한다. 메타박스도 이 비몽사몽 상태와 유사한 점이 많다. '비몽'이 현실이라면 '사몽'은 가상현실인데, 메타박스에는 현실과 가상현실이 동시에 존재하니 꿈과 꿈 아닌 상태가 교차한다. 비몽사몽이라는 말은 진짜인지 아닌지 헷갈리는 현상을 바라볼 때 흔히 쓰기도 하는 용어이다. 지금 걱정할 일은 아니나 메타박스의 발달로 인공지능도 엄청 발달할 텐데 인공지능이 지나치게 발달하여 사람의 두뇌와 구분할 수 없을 정도로 진화한다면 어느 것이 과연 진짜 인간인지 비몽사몽이 될 수도 있는 노릇이다. 판도라의 상자를 열었던 신화 속 인물인 판도라는 상자에서 희망이 빠져 나올까봐 화들짝 놀라서 급하게 다시 상자를 닮았다고 했다.

　메타박스를 구현한 이에게 한마디 하자면 이 가상현실이 우리에게 편리함과 가상적인 행복을 선사하긴 하겠지만, 판도라가 상자를 닫듯 안경을 벗어 버리면 무엇이 남겠는가? 가상현실이 꺼져 버리면 과연 희망이 남겠는가? 내가 벌써부터 단언할 수는 없지만, 희망은커녕 이용자에게 남는 것은 인공지능의 지배를 받는 비극이 아닐까 하고 괜스레 우려해 보았다.

　어떤 일이든 우리에게 덕이 되고 행복을 안겨주는가 하면, 그 이면에는 반대로 해가 되고 큰 틀에서 위험이 도사리는 경우도 있다. 이를 염두에 둔다면 나의 공상과 우려도 허황된 것만은 아닐 듯하다.

Chapter 3

인생을 마음껏 누려라

살아서 돌아오라

《안나푸르나에서 밀크티를 마시다》 중에서

한계에 도전하여 성공한 사람이라 해서 두려움을 모르지 않는다. 그들은 단지 용기와 마찬가지로 두려움도 가치 있는 감정이라는 사실을 인정하고 균형을 유지하려는 사람들이다. 두려움을 오명이라고 생각하고 용기를 이상적이라고 생각하는 사람은 그리 오래 버티지 못한다.

— 라인홀트 메스너(이탈리아 등반가, 1932~2010)

이 세상에 태어나 한 세상을 살아가면서 자신의 타고난 명을 다 살고 저세상으로 가는 사람이 있는가 하면 그것을 기다리지 못하고 중간에 자신의 목숨을 스스로 끊어 버리는 사람도 있다.

자살이란 '자기의 목숨을 스스로 끊는 것'이다. 자살을 연구한 정신의학적인 논문은 많지만 정작 자살의 진실한 원인은 밝혀내지 못하고 있다. 밝혀내지 못하는 제일 큰 원인은 죽은 자는 말이 없기 때문에 왜 자신의 목숨을 극단적인 행위로 마감했는지 그 이유를 들어볼 수가 없다. 다만 심리학을 공부한 많은 분이 심리적 부검을 통해 여러 요인을 분석하고 아마도 이것이 원인이 되어 극단적인 선택을 하지 않았을까 하는 합리적인 추리를 할 뿐이다. 나는 일생 동안 극단적인 선택을 하는 사람을 많이 접했다. 내가 치료하던 환자분 가운데도 많이 있었다. 내가 직접 치료한 환자분의 심정을 어느 정도 이해하고 치료했다고 생각했으나 막상 그런 선택을 하는 환자도 있다. 그가 그런 선택을 한 이유는 그에 대한 자료로 추리할 뿐 그의 마음과는 꼭 일치한다고 볼 수 없다. 환자든 일반인이든 극단적인 선택을 하려는 분들에게 나는 간곡히 해드리고 싶은 말이 있다. 이왕에 이 세상에 태어났으면 명이 다해서 저세상으로 갈 때까지 쓴맛, 단맛 다 경험하고 난 다음에 떠나기를 주문해 본다.

요즘은 100세 시대라 우리의 삶도 이모작을 할 수 있다. 일모작만 살고 저세상으로 떠난다면 아쉽지 않겠는가. 내가 그런 분들을 치료하면서 항상 해주고 싶었던 말인데 이 말은 설득할 수 있는 근거가 있어야 한다. 나는 두 사람의 예를 근거로 제시하며 성의껏 설득해 보고자 한다. 세계적인 등반가인 라인홀트 메스너(1944~)와 독일 작곡가 베토벤(1770년~1827)의 일화를 들려주고 싶다. 나는 등반을 좋아하기 때문에 등반가의 삶을 익히 바라보면서 어떤 점을 배울까를 많이 생각했다. 라인홀트 메스너는 네팔의 히말라야산맥에 있는 8천 미터 이상인 산봉우리 14좌를 10년에 걸쳐 완등한 세계 최초의 등반가이다. 그가 14개의 봉우리를 오르는 동안 동생을 잃었고 자기 자신이 죽음에 직면 한 적도 있었다. 생을 포기해야 하나 하고 막다른 생각에 다다른 적도 있었다. 10년에 걸쳐 완등한 후, 그는 자전적인 경험을 담아 등반기를 출간했다. 등반가들에게 교과서처럼 읽히는 이 책에 여러 선후배 등반가들이 전한 짤막한 축하의 글도 함께 실려 있다. 그 가운데서 내 눈에 가장 띄는 것은 동료 산악인인 크리스 보닝턴이 라인홀트 메스너에 대해 한 말이다.

"그는 등산이 보여줄 수 있는 극한의 도전을 현실로 만들어 주었다. 지상 최고봉을 오르는 단독 등반에서 보여준 속도, 안전성, 결단력이 그가 돌파한 거대한 장벽을 압도했으며 살아서 돌아온다는 것을 예술로 승화시킬 수 있었다."

이 말은 비단 보닝턴만이 아니라 많은 등반가가 동감하는 것이다. 메스너의 등반사적인 여러 업적 가운데 가장 돋보이는 업적은 바로 '살아서 돌아왔다'는 것이다. 메스너는 이 책에서 직면한 죽음의 공포와 죽음의 유혹을 어떻게 극복하고 살아서 돌아왔는지를 생생하게 기록했다.

이번엔 베토벤의 일화를 들려주고 싶다. 음악가에게 청력은 생명과도 같다. 청력을 잃은 베토벤은 자살을 결심하고 유서를 쓴 적이 있다. 그런데 그가 목숨을 끊으려는 순간 평생 병으로 고생하신 어머님을 떠올리고선 유서를 찢어 버렸다. 그리고 그야말로 죽을 각오로 다시 한 번 새로운 인생을 살겠다고 굳게 다짐하며 음악적 열정을 불태웠던 것이다. 그렇게 탄생한 곡이 바로 그 유명한 제9번 〈합창〉이다. 이 곡의 초연이 끝났을 때 청중은 베토벤에게 우레와 같은 박수를 보냈다. 그러나 듣지 못하는 베토벤이 이를 알아차리지 못하자 단원 중 한 사람이 베토벤의 몸을 청중에게로 향하게 하였다. 베토벤은 비로소 성공한 것을 알고 눈시울을 붉혔다고 한다.

베토벤이 청중의 반응을 보면서 자신이 자살하지 않은 것을 얼마나 다행스럽고 자랑스럽게 생각했을지는 짐작할 수 있다. 지금 극단적인 행동을 머릿속에 그리고 있는 분을 위하여 감히 이런 사례를 들어서라도 설득해 보고 싶다. 내 설득에 얼마나 찬동하여 행동을 바꿀지는 모르겠다. 그러나 내 설득에 공감해서가 아니라도 이 글을 통해 자신의 극단적인 결정을 다시 한 번 생각해 보는 계기가 되었으면 하는 바람이다.

"나는 주어진 내 명대로 즐겁게 살다가 죽음을 맞았다."

이런 마지막 말을 남길 수 있으면 얼마나 좋겠는가.

이 세상에서 가장 향기로운 향기는 과연 어디에서 얻을 수 있을까? 우리가 일반적으로 알고 있듯이 그 향기는 꽃이 아닌 늙은 향유고래의 기름에서 뽑아낸다고 한다. 바로 그 향기를 담은 향수가 프랑스의 샤넬 넘버5다. 그것도 건강한 고래가 아닌 늙고 병든 고래에서 뽑아낸 기름이 우리의 코를 매혹시키고도 남을 만큼 좋은 향을 낸다고 한다. 그렇다면 우리 삶의 일부인 죽음에는 향기가 있을까? 여러분이 삶을 어떻게 살아 왔는지, 천천히 살아 왔는지, 빠르게 쫓기면서 살아 왔는지, 꾸준히 묵묵히 자기 앞가림을 하면서 살아 왔는지는 모른다. 그저 삶의 순간순간을 스쳐 지나가는 경치를 감상하면서 향기 없는 죽음을 위해 살지는 말자.

프랑스의 작가 알베르 카뮈(1913~1960)는 '눈물 나도록 살라'고 했다. 이 말은 곧 우리 삶의 하루하루를 최선을 다해 살라는 뜻일 것이다. 그렇게 삶에 최선을 다하다 보면 자신도 모르게 생의 정상에 오르고 있단 사실을 알아차리게 될 것이다. 그때야 비로소 향기로 가득 찬 삶을 뒤돌아볼 수 있지 않을까? 희망을 갖자. 그리고 용기를 배우자. 자살은 나만 괴로운 것이 아니다. 나를 아는 모든 이에게 아무런 향도 발할 수 없는 것이다. 아니 맡기조차 힘든 냄새를 피우는 일이다.

오늘을 즐겨라

《카르페 디엠》 중에서

생의 마지막이 언제일지
바빌론의 점성술에 묻지 말라
……
현명한 생각을 하라. 술을 내려라. 짧은 우리네 인생에
긴 욕심일랑 잘라내라
말하는 사이에도 우리를 시샘한 세월은 흘러갔다
내일은 믿지마라
오늘을 즐겨라

— 호라티우스(고대 로마 시인, B.C. 65~B.C. 8)

인생을 마음껏 누려라

우리의 인생은 한 번뿐일까? 아니면 여러 번 반복해서 살 수 있는 것일까? 어리석은 질문이지만 한번 던져 본다. 이 세상에 태어나서 죽음에 이르기까지 한 세상을 살고 나면 그뿐이다. 똑같은 인생을 새롭게 반복해서 살지는 못한다. 이 사실을 모르는 사람은 아무도 없을 것이다. 그럼에도 불구하고 '인생은 과연 정말 일회성일까? 아니면 여러 번 반복해서 살 수 있는 다회성일까?' 하는 바보 같은 의문이 생기는 이유는 무엇일까? 내 마음속에도 '단 한 번의 인생으로는 아쉬우니 여러 번 살아볼 수 있다면 얼마나 좋을까' 하는 비논리적이지만 은근한 소망이 자리 잡고 있어서인지도 모르겠다.

많은 과학자가 인생의 일회성을 주장한다. 그들은 전생이나 내생을 과학적으로 증명할 수 없기 때문에 현재의 삶 그 자체를 전부라 생각하여 전생이나 내생을 믿지 않는다. 나도 의학을 공부한 사람이라서 이론적으로는 인생이란 단 한 번뿐이고 돌이킬 수 없다고 믿는다. 그런데 인생이 다회성이라는 주장을 많이 접하다 보면 나도 조금 혼돈된다. 주로 종교인들이 그런 주장을 많이 하는데 나는 종교를 따로 믿지 않기 때문에 그런 주장에 휩쓸리지는 않지만 그래도 은근한 바라는 바가 있긴 한가 보다.

종교인은 모두 내세가 있다고 생각한다. 내세에는 천당 혹은 극락과 지옥이 있다고 말한다. 천당이든 극락이든 지옥이든 모두 현재 이생을 살고 내세로 갔을 때 새로이 부여받는 계층이다. 현재의 삶에서 선한 행동으로 선업을 쌓는다면 천당을 갈 것이고 인간답지 못한 악행을 일삼는다면 지옥으로 떨어질 것이다. 그러니 누가 지옥에 떨어지고 싶겠는가. 만일 내세가 있다면 모두 천당이나 극락에 가고 싶지 지옥에는 떨어지고 싶지 않을 것이다. 나도 지옥은 가기 싫다. 내세를 안 믿는 많은 사람의 마음에도 이런 심리가 깔려 있는 것을 보면 죽어서 좋은 곳에 나고자 하는 인간적 소망은 한두 해 만에 생겨난 것은 결코 아닌 듯하다.

우스갯소리 하나를 전한다. 교회에서 목사님이 천당에 대한 설교를 마치고 말씀하셨다.

"지금 문 밖에 천당으로 가는 버스가 와 있으니 타실 분은 지금 타세요."

그런데 한 사람도 그 버스를 타지 않았다고 한다. 그러니 하나님을 믿는 사람에게도 저승보단 이승이 낫고 내세에 대한 확고한 신념이 자리 잡은 것은 아닌 듯하다.

힌두교나 불교에서는 윤회설을 말한다. 인생은 한 번 마치더라도 연이어 또 다른 삶을 살 수 있는 생명체로 태어나게 된다는 것이다. 전생에 선행을 많이 했다면 현생에는 사람으로 태어난다고 한다. 반면 전생에 사람답지 못한 악행을 일삼고 악연을 많이 쌓았다면 현생에는 사람이 아닌 축생으로 태어난다고 한다. 또 비록 축생으로 태어났다고 하더라도 선업을 쌓는다면, 축생의 선업이 과연 어떤 것인지는 모르겠지만 내생에는 다시 사람으로 태어날 수 있다고 한다.

나는 1982년에 처음으로 히말라야를 방문한 적이 있다. 그때 여러 가지로 문화 충격을 크게 받았다. 난생처음 힌두교 문화를 접했으니 굉장히 놀랍게 느껴졌다. 한 예로 티베트에서 히말라야를 넘어 장사하러 온 대상을 만난 적이 있다. 그 대상들은 야크나 조랑말에 짐을 싣고 그 먼 길을 보름이나 한 달씩 걸려서 포카라로 넘어온다. 그리고 지고 온 물건을 팔고, 자기들에게 필요한 물건을 사서 왔던 길을 다시 걸어서 돌아간다. 야크나 조랑말을 한두 마리 데리고 와서는 수지가 맞지 않을 것이다. 그래서 50마리나 100마리를 떼를 지을 정도로 짐을 싣고 몰고 온다. 나는 트레킹 중에 그 대상들과 마주쳤다. 선두에 선 야크와 조랑말을 보니 귀에 천을 꿰매어 장식한 것이 보였다. 처음엔 치장한 것인 줄 알았으나 그게 아니었다. 그 천에는 부처님의 말씀이 인쇄되어 있었다. 우리나라 속담 '소 귀에 경 읽기'라는 말이 딱 들어맞는 상황인 듯했다. 그런데 그들이 그렇게 가축에게 부처님 말씀을 장식한 것은 우리 속담의 뜻과는 많이 달랐다. 그들의 설명을 들어 보니 그 가축들이 비록 현생에는 축생으로 태어나 짐을 나르는 이 고생을 하고 일생을 마치겠지만 부처님 말씀을 새긴 천을 귀에 꿰매어 주면 나름 선업을 쌓게 되니 내생에는 사람으로 태어날 수 있도록 해주는 것이라고 했다. 생각해 보면 이러한 행위도 부리는 짐승을 위해 사람이 쌓을 수 있는 선업이다.

나는 내게 주어진 일회성 인생이라도 그 안에서 여러 번 습관과 행태를 바꾸어서 살아본다면 현생에서 다회성 삶을 누리는 것이 아닐까 하는 생각을 해본다. 주어진 일회성 인생의 길이를 4등분 해보자. 처음은 부모의 보호 아래서 세상 사는 법을 배우고, 그다음은 독립하여 자기가 생각한 대로 삶을 이어간다면 적어도 두 번의 전혀 다른 삶을 경험하는 것이다. 그 두 번뿐이랴. 청년기의 삶을 마치고 장년기의 삶을 살 때는 살아온 삶을 되돌아보기도 하고 반성도 하며 여생은 어떻게 살아갈까를 생각할 수 있다. 또 마지막에는 이런 모든 삶의 경험으로부터 벗어나 자유롭게 살 수 있는 시기도 맞는다. 이렇게 나누어 보면, 우리 인생은 일회성이지만 적어도 네 번의 색다른 삶을 살 수 있다. 이런 관점에서 보자면, 우리네 인생은 일회성이라도 그 삶을 어떻게 사느냐에 따라서 다회적인 삶이 될 수도 있다.

이 글을 쓰고 있는 중에 친구로부터 이메일이 한 통 도착했다. 한번 웃어 보라고 보낸 내용이었다. 내용인즉슨 오늘날 3대 성자는 '공자, 맹자, 장자'가 아니라 '보자, 놀자, 쉬자'라고 한단다. 여기에서 보자는 말은 친구들과 자주 보자는 뜻이고, 놀자는 즐겁게 살자는 뜻이며, 쉬자는 모든 것을 놓고 비우고서 쉬자는 뜻일 테니 이 글의 결론으로 삼아도 좋을 법한 내용이다.

"시간은 인간이 쓸 수 있는 가장 값진 것이다."
고대 그리스의 철학자 테오프라스토스(B.C.372~B.C.287)의 말이다. 불확실한 내세를 기다릴 것이 무엇이 있겠는가. 지금 현재의 삶을 '보자, 놀자, 쉬자'로 살 수 있다면 테오프라스토의 말대로 시간을 가장 값지게 쓰는 것이 아닐까.

우리는 늘 인생은 한 번뿐이라고 말한다. 그런데 한 번뿐인 인생을 어떻게 살 것이냐고 물으면 고민하고 고뇌한다. 아니다. 인생은 굳이 고민하고 고뇌할 필요가 없다. 왜냐하면 인생은 네 시기, 곧 아동기, 청소년기, 장년기, 노년기를 거치고 이 과정은 모든 사람이 동일하게 겪기 때문이다. 단 모두에게 주어진 인생의 네 시기를 얼마나 알차고 보람되게 살아가느냐는 각 사람에게 달려 있다. 그래서 우리는 주어진 단 한 번의 인생이 후회가 없고 아쉬움이 없도록 알차게 꾸려 나가려고 노력하고 있는 것이다.

견문발검見蚊拔劍이라는 사자성어가 있다. 모기를 보고 칼을 뺀다는 뜻이다. 하찮은 일에 지나치게 성내어 덤빈다는 의미로 해석된다. 이 사자성어처럼 인생을 너무 성급하게 생각하지 말자. 성내봐야 나만 손해다. 그저 느긋하게 가끔씩 뒤돌아보며 가는 인생이야말로 한 번뿐인 인생, 아니 다채롭게 주어진 인생의 네 시기를 알차게 보내는 방법일 것이다.

오늘도 해가 기운다.
"보람찬 하루 일을 끝마치고서 두 다리 쭉 펴면……."
소싯적에 불렀던 군가를 흥얼거리면서 '오늘도 주어진 생의 한 부분을 잘 살았구나'라고 자화자찬하며 지는 해를 동무 삼아 집으로 간다.

인생을 마음껏 누려라

학생으로 살아라

〈논어 백 가락〉 중에서

나는 현재 공자보다도 더 오래 살고 있지만, 인생 칠십에 배우는 것보다 더 기쁜 일이 없음을 깨닫고 있다. 지금 이 나이에 배워서 뭐하냐는 말들을 하지만 사람은 죽을 때까지 배워야 하고, 배우지 않을 수 없는 존재이다. 어디에 써먹으려고 배우는 것보다도 배우는 것 자체가 기쁘고 행복하기 때문이다.

— 황병기(가야금 연주자, 국악 작곡가 1936~2018)

내게는 사회에서 사귄 친구가 여럿 있다. 그중 70대 중반인 한 분이 나에게 이메일을 보내 왔다. 한국방송통신대학의 일어일문학과에 입학했다는 내용이었다.

'축하, 축하드린다'고 회신하였다. 또 한 분은 60대 중반인데 중어중문과에 진학하기로 결정했는데 새 학기를 기다리고 있다는 전언이다. 그분에게도 '축하, 축하드린다'는 인사를 보냈다.

    일반적으로 배움에는 때가 있다고 생각한다. 그때를 놓치면 포기하는 경우가 많은데 이 두 분은 각자 자기 전공을 공부하여 사회생활을 했으므로 때를 놓친 공부는 아니다.

    미국의 정치인 윌리엄 크로포드(1946~1950)는 '학생이 되는 것은 아주 쉽지만, 실제로 배우는 것은 정말 어려운 것이다'라고 했다. 이 말은 학생이 되는 것은 너무 쉽지만 공부하는 것은 쉽지 않다는 뜻이다. 이 말이 내 가슴을 콕콕 찌른다. 내 학창 시절을 되돌아보면 학생은 학생이었지만 공부는 제대로 하지 못했다. 공부를 제대로 하지 못했다는 뜻은 공부의 진미를 알고 파고들지 못했다는 뜻이다. 초등학교 때는 부모님이 좋아하시니 공부했고 중고등학교 때는 전쟁 중이라 공부다운 공부를 하지 못했다. 의과대학에 다닐 때는 시험에 쫓겨 낙제 점수를 면하기에 급급했지 공부다운 공부를 하지 못했다. 의과대학에 다니면서 나는 마음속으로 맹세했다. 교수가 되고 싶었다. 단, '내가 학생들 앞에 서서 부끄럽지 않을 정도의 지식을 쌓는다면'이라는 전제하에 교수가 되고 싶었다. 그런데 그것은 내 마음일 뿐 지나온 과정을 되돌아보니 학생은 학생이었지만 공부가 미진한 학생이었다는 것을 깨닫고 희망을 포기했다. 엎친 데 덮친 격으로 4·19혁명과 5·16군사정변을 거치면서 근 10년간 나는 말할 수 없는 고통 속에 살았다. 5·16군사정변이 일어나자 4·19혁명 때 과격한 데모를 했다는 이유로 수련의 자격이 박탈되었다. 공부할 길이 막혔고 다른 직업도 가질 수가 없었으니 경제적으로도 아주 궁핍한 생활을 했다.

나는 수련받은 정신과 의사가 꼭 되어야겠다는 생각으로 학회의 임원들을 찾아갔다. (그때는 우리나라에 정신과 의사의 수가 총 50명 정도였다.) 비록 수련의 자격은 박탈당했지만 혼자서라도 선생님들을 찾아가 수련의처럼 다시 공부할 테니 인정해 달라고 떼를 썼다. 그 당시는 수련의 제도가 도입된 지 몇 년 되지 않아 확실한 규정이 확립되지 않았던 때라 승낙을 얻을 수 있었다. 나는 정신과가 설립되어 있는 대학 이곳저곳을 찾아다니면서 동량 공부를 했다. 말하자면 정식 수련의는 아니지만 수련의들 사이에 끼어서 동량 공부를 했던 것이다. 이렇게 해서 전문의가 되자 당시 박정희 대통령이 사면령을 내렸다. 그런데 늦었지만 군대에 다녀와야 했다. 군의관으로 3년 복무한 후 제대하고 보니 갈 곳이 없었다. 모교에서는 수련의를 취소당했고 다른 대학에 가보니 그 대학 출신들이 자리 잡고 있었다. 그렇다고 개업을 하자니 돈이 없었다. 궁리 끝에 원래 동량 공부를 했던 국립정신병원에 취직해 볼까 하는 생각으로 제대 인사도 드릴 겸 해서 교수님들을 찾아뵈었다. 그런데 생각지도 않았는데 연고가 전혀 없던 연세대학교 세브란스병원에서 전임강사로 일해 보지 않겠느냐는 권유를 받았다. 요즘에는 생각할 수조차 없는 일이고, 당시에도 상상조차 못할 일이어서 그저 인사만 하러 다녔는데 나에게 행운이 온 것이다. 행운은 행운이지만 내가 학생 때 맹세했던 것처럼 훌륭한 교수가 되기에는 부족하다는 생각이 들었다. 전임강사로서 수련의나 학생을 가르칠 만한 체계적인 공부를 하지 못했기 때문이다. 그러나 염치 불구하고 세브란스병원 정신과에서 전임강사로 봉직하기로 했다. 나는 그때부터 체계적인 공부를 해야만 했고 또 치열하게 공부했다. 지난날의 경험을 모두 지우고 교수로서 부끄럽지 않으려고 밤낮없이 노력했다. 세브란스병원에서 3년간 근무하고 이화여자대학으로 전근하여 정년퇴임을 맞았으니 교수로 봉직하면서도 수련의들과 함께 열심히 공부했다고 표현하는 것이 옳겠다. 나는 퇴임하면서 제자들에게 퇴임 인사를 이렇게 했다.

"지금까지는 내가 여러분의 스승이었지만 오늘부터는 여러분이 내 스승입니다."

진심이었다. 정년퇴임을 하고 나면 현역 시절보다는 책을 가까이 할 기회도 적고 환자도 가까이서 볼 기회가 적으니 그 분야의 흐름을 알기가 쉽지 않다. 그러니 새로운 지식을 공부하고 새로운 경험을 쌓아가는 제자들에게 내 스승이 되어 나를 잘 가르쳐 달라고 한 말이다.

나는 정년퇴임 후, 72세에 고려사이버대학 문학예술학과에 입학하여 학생으로서 4년간 공부하고 76세에 최고령으로 졸업했다. 같은 기간 상담학과에 교수로 발령받아 학생과 교수의 역할을 동시에 수행했다. 사이버대학은 영상으로 공부하는 비대면 교육 현장이다. 나는 현역에 있을 때부터 영상 교육을 즐겼다. 직접 만들어서 교육에 활용하기도 했으니 사이버대학이 내 적성에 딱 맞는다고 생각하여 입학하여 공부한 것이다. 그때만 해도 70대 노인이 공부한다고 학교에 입학하는 것은 드문 일이라 신문에도 실렸다. 이런 내 과거를 되돌아보면서 두 친구에게 '축하 축하'라며 메시지를 보낸 것이니 그냥 형식적인 축하가 아니었다. 내 일생 동안 가장 재미있고 즐겁게 보낸 학창 생활이 언제냐고 묻는다면 나는 사이버대학에 다닐 때라고 답할 것이다. 누가 나보고 공부하라고 압박하는 사람도 없고 성적이 좋으니 나쁘니 말 붙이는 사람도 없었으며 등수가 올라야 한다고 경계할 필요도 없었다. 모든 에너지를 모아 내가 궁금한 것을 즐겁게 파고드는 것이 그렇게 만족스러울 수가 없었다.

고대 그리스의 시인 에우리피데스(B.C.480?~B.C.406)는 '젊었을 때 배움을 게을리한 사람은 과거를 상실하며 미래도 없다'고 했다. 나는 이 말에는 동의할 수 없다. 내 경험에 비춰 보면 내가 공부다운 공부를 시작하는 바로 그 나이가 그가 말한 '젊었을 때'이다. 나의 두 친구의 연세는 60대, 70대이지만 바로 그 나이가 공부를 시작하는 나이니 그분들에게는 젊은 나이다.

《논어》에 나오는 말이 생각난다. 호지불여락好之不如樂之. '몰입하는 사람은 아름답다'는 말이다. 좋아하고 즐기며 하는 공부이니 나이가 많다 해도 학구열을 불태우는 사람이 많은가 보다. 몰입하다 보니 나만의 서재를 만들게 되고, 간섭하는 사람이 없으니 오롯이 나만의 공부를 할 수 있으니 말이다.

어머니의 마음으로

〈고려가요 사모곡〉

호미도 날이지마는
낫 같이 잘 들 리도 없습니다.
아버님도 어버이시지마는
위 덩더둥셩
어머님 같이 (나를) 사랑하신 분이 없어라
아! 임이여
어머님 같이 (나를) 사랑하실 분이 없어라

— 작자 미상

옛날 고려가요인 〈사모곡〉을 통해 우리나라 사람들이 어머니를 어떻게 생각하는가를 유추해 보자. 현대에 와서는 양주동 선생이 시를 짓고 이흥렬 선생이 작곡한 〈어머님 마음〉이라는 노래가 있다. 두 노래를 살펴보면 천 년 전이나 지금이나 변한 것이 하나도 없다.

양주동 선생 작사한 〈어머님 마음〉의 가사는 이렇다.

나실 제 괴로움 다 잊으시고
기르실 제 밤낮으로 애쓰는 마음
진자리 마른자리 갈아뉘시며
손발이 다 닳도록 고생하시네
하늘 아래 그 무엇이 넓다 하리오
어머님의 희생은 가이없어라

우리나라에는 '장한어머니상'이라는 귀한 상이 있다. 이 상은 1991년에 문화체육관광부에서 수여하기 시작하여 지금까지 이어지고 있다. 자녀를 훌륭하게 키워 사회에 이바지하게 한 어머니와 장애가 있는 자녀를 헌신적으로 돌본 어머니에게 주는 상이다. 나는 장한 어머니는 따로 없다고 생각한다. 모든 어머니가 장한 어머니다. 나는 현명하며 헌신적이라는 데 전적으로 동의한다. 전적으로 동의하면서 늘 이런 궁금증 하나를 지니고 살아왔다.

'어머니가 자녀의 사회적 성공을 위해 올인한다면 어머니 자신의 자아실현은 어떻게 할까? 어머니도 한 인간으로 태어나 자기가 성취하고자 하는 욕구도 있을 텐데 그 모든 것을 버리고 오로지 자녀의 성공을 위해 헌신한다는 것이 과연 공평한 일인가?'

'사모곡'의 내용은 예나 지금이나 다를 바가 없지만 오늘날에는 옛날 같지 않은 면이 많다. 어머니가 자녀를 구박하거나 심지어 살해했다는 뉴스를 자주 듣다 보니 옛날 같지 않음을 실감한다. 심리학을 전공한 김재은 선배 교수님은 일찍부터 어머니 될 사람에게 교육하여 어머니로서의 자격을 갖추도록 자격증 제도를 도입해야 한다고 주장하셨다. 그때는 자격증이 난무하던 시대라 그냥 농담으로 들었다.

　내가 친하게 알고 지내는 지인 한 분이 계시는데 그분을 보면서 내 의문에 대한 해답을 얻지 못하여 더 혼동스러웠던 경험이 있다. 이분은 교수 발령을 앞두고 출산한 자녀가 다운증후군이었다. 이런 장애아를 낳고 보니 실망도 컸고 앞으로 이 아이를 키울 일도 막막하며, 다른 사람 보기에도 창피스러워했다. 이제 막 교수로 출발하는 터에 이런 일이 있었으니 그는 자기 신세를 여간 한탄하지 않았다. 아기는 친정어머니가 키우고 본인은 자기실현을 위해 줄곧 학교에 나갔다. 학교에 나가면서도 자기 딸에 대한 좋지 않은 생각은 항상 그의 마음을 억누르고 있었다.

　그러나 친정어머니는 이 장애인 아기를 업고 마을 경로당이나 이웃집을 자주 나들이하며 외손녀 자랑을 했다. 다운증후군은 아주 어릴 때에는 표가 덜 난다. 그러니 보는 사람마다 귀엽다고 사랑해 주었다. 그런데 아기 엄마는 집에 돌아오면 짜증부터 냈다. 이 광경을 보고 친정어머니는 이런 말씀을 하셨단다. 그 집안은 독실한 기독교 가정이었다. 신자들만의 위로의 말로 '하나님은 너에게 이 귀여운 아기를 선물로 주셨는데 네가 그렇게 짜증을 내면 어떡하니? 엄마가 자기 딸을 사랑하지 않는다면 다른 누가 이 아이를 사랑해 주겠니?' 하셨단다. 앞에 한 말은 기독교인이면 흔히 하는 말이니까 건성으로 들었지만 뒤에 붙여서 말한 어머니의 말씀은 가슴에 와 닿았다.

　'그래, 어머니 말씀처럼 내가 내 딸을 보고 짜증을 내는데 어느 누가 내 딸을 사랑해 주겠는가?'

이런 깨달음 끝에 그날로 학교를 사직하고 딸을 돌보기 시작했다.

딸은 자라면서 다운증후군으로 심한 고비를 겪었는데 합병증으로 뇌전증까지 앓고 있었다. 아무리 현모라 해도 감당하기는 어려운 일이다. 나는 그분에게 전문시설에 맡길 것을 권했다. 어머니의 헌신적인 사랑은 이해하지만 아이는 시설에서 전문적인 돌봄을 받는 것이 나을 것이라고 생각했기 때문이다. 하지만 그분은 아무리 괴로워도 자기 자신이 해보겠다고 했다. 그래서 나와 자주 만나 딸의 경과에 대해서 의논하고 약 처방도 해준 인연이 있다. 그런데 그 딸은 대소변을 가리지 못할 정도가 되었고 뇌전증까지 겹쳐서 고통스러운 세월을 보내다가 얼마 전에 작고했다. 그 사이 남편도 돌아가시고 혼자 남았는데 그도 80대에 이르렀다. 내가 평소에 가지고 있던 의문인 '어머니가 자녀를 위해 올인하는 것이 옳은가, 자기실현을 위해 자기도 사회적인 역할을 하는 게 옳은가'를 실감하게 해준 사례이다. 이런 분은 장한어머니상을 받을 자격이 충분하다. 이런 맥락에서 장한어머니상에 대한 이견을 갖고 있다.

한번은 장애인 심사에 참여했는데, 소아마비 자녀가 중학교를 졸업할 때까지 업어서 등하교시킨 어머니에게 장한어머니상을 주기로 결정하여 내가 이의를 제기한 적이 있다. 어머니가 언제까지 살 것인가. 연령상 자녀보다는 먼저 타계할 텐데 어머니가 타계하고 나면 누가 이 아이를 업어서 등하교시킬 것인가? 헌신적인 모정은 이해하고도 남지만 어머니가 없더라도 혼자 움직일 수 있는 방법을 가르친 어머니가 있다면 그런 분에게 시상하는 것이 더 좋지 않겠느냐는 의견을 냈지만 동의를 얻지는 못했다. 옛날의 궁금증에 비하여 내 생각은 지금은 좀 더 확실해졌나.

'마음은 아프지만은 혼자 할 수 있는 데까지 할 수 있도록 가르치면서 자기실현도 소홀하지 않을 그런 여성이 있다면 그런 분이 정말 장한 어머니가 아닐까?'라는 생각을 해 본다. 그리고 어머니는 헌신적인 사랑은 넘치지만 장애인을 직접 교육하는 전문성은 떨어진다. 그러니 어머니가 도울 수 있는 만큼 돕되, 돕지 못하는 부분은 정성으로만 해결되는 것이 아니니 전문시설을 찾아 전문가와 상의하는 것이 더 현명한 처사일 것이다.

모원단장母猿斷腸이라는 사자성어가 있다. 이는 어미 원숭이의 창자가 끊어졌다는 뜻으로, 몹시 큰 슬픔을 나타낼 때 쓰는 말이다. 옛날 중국의 진나라 환온이 촉나라를 정벌하기 위해 여러 척의 배에 군사를 싣고 양쯔강 중류를 지날 때 한 병사가 원숭이 새끼 한 마리를 잡아 왔다. 그런데 어미 원숭이가 새끼가 있는 배를 쫓아 백여 리를 따라 오다가 강어귀가 좁아지는 곳에서 몸을 날려 배 위로 뛰어 들었다. 그러나 이 어미 원숭이는 안타깝게도 배에 오르자마자 죽고 말았다. 병사들이 죽은 어미 원숭이의 배를 갈라 보니 창자가 토막토막 끊어져 있었다는 것이다. 동물도 새끼가 위험한 상황에 처하면 그처럼 애통해한다는 것을 시사하는 예화이다.

하물며 사람 부모는 아픈 자식을 볼 때 어찌 애타하지 않겠는가? 그 애통함과 깊은 슬픔을 억누르고 오로지 자식의 안위만을 위해 애쓰는 부모야말로 모두 장한어머니상을 받아 마땅하다. 하지만 하염없이 희생하는 어머니만 장하다고 할 것이 아니다. 장애인 자녀가 홀로서기를 할 수 있도록 사랑으로 버팀목이 되어 주며 자기의 뼈와 살을 깎아 희생하는 부모도 장하다고 칭찬해 줘야 한다. 이제는 이런 어머니에게도 장한어머니상을 주었으면 좋겠다.

아름다움을 발견하고 즐기라

〈주운 물건은 내 것이 아니잖아요!〉

미국의 사업가 케네스 벨링은 샌프란시스코 베이의 빈민가를 지나던 중, 지갑을 잊어버린 것을 알았습니다. 벨링의 비서는 빈민가 사람들이 주운 지갑을 돌려줄 리 없다며 포기하자고 했지만, 벨링은 지갑을 주운 사람의 연락을 전화기 앞에서 기다리기로 했습니다. 하지만 몇 시간이 지나도 전화 연락은 없었습니다. 비서는 지갑에 명함이 있으니, 돌려줄 마음이 있으면 벌써 연락이 왔을 거라며, 퇴근을 종용했지만 벨링은 침착한 모습으로 전화를 기다리기로 했습니다. 그리고 날이 어두워질 무렵 드디어 비서가 왔습니다. 지갑을 주운 사람은 어린 소년이었고, 돌려준 지갑에 돈은 그대로 있었습니다. 지갑을 돌려준 소년이 주저하며 말했습니다.

"혹시 돈 좀 주실 수 있나요?"

비서는 내 그럴 줄 알았다며 소년을 비웃었지만, 벨링은 웃으며 얼마가 필요한지 물었습니다.

"감사합니다. 저에게 1달러만 주시면 돼요. 지갑을 주운 후에 연락을 하기 위해 공중전화가 있는 곳을 찾았는데 전화 걸 돈이 없어, 주변 가게에서 빌렸는데 그 돈을 갚으려고요."

소년의 말에 벨링은 속으로 감탄하면서 물었습니다.

"내 지갑에 돈이 있었는데. 왜 쓰지 않았니?"

소년은 환하게 웃으며 답했습니다.

"그 돈은 제 것이 아니잖아요? 남의 지갑을 허락도 없이 열면 안 되잖아요"

소년의 얘기를 들은 비서는 자신의 생각이 부끄러워 고개를 숙였습니다. 감동한 벨링은 이후 돈을 돌려준 아이는 물론이고, 빈민가에서 학교에 가기에는 형편이 어려운 아이들이 공부할 수 있도록 학교를 세워주고 공부할 수 있도록 지원해 주었답니다.

— 작자 미상

미국에 사는 친구가 무척 감동받았다면서 위 글을 보내 왔는데 내용이 무척이나 아름다워 그대로 옮겨 보았다. 이 글을 읽으면서 두 사람의 마음을 함께 읽었다. 나는 그 소년이 정직하다거나 올곧게 자랐다는 생각도 했지만 그보다 '아름답다'는 생각이 먼저 떠올랐다. 나는 다른 모든 좋은 표현을 제치고 아름답다는 표현을 꼭 쓰고 싶다.

이유를 설명해 보자. 소년이 지갑을 주워 주인에게 돌려주려고 한 그 행동이 아름답다. 더욱이 빈민가에 사는 소년이라 그 지갑을 보고 견물생심으로 갖고 싶기도 했을 텐데 주인을 찾아 돌려준 행동에서 아름다운 향기가 난다.

"저에게 1달러만 주시면 돼요."

이 한마디는 향기를 뿜어내고 잔잔한 울림을 준다. 아름다운 울림의 향기가 난다. '아름답다'에 '향기가 난다'를 덧붙인 것은 나는 비록 과학을 공부한 사람이지만 그의 마음을 최대한 시적으로 표현해 보려고 한 것이다. 난 모든 감각기관을 통해 소년의 고운 마음을 느낄 수 있었다. 눈으로는 보이지 않는 그의 행동의 아름다움을 보았고, 귀로는 아름다운 소리를 들었다. 후각으로는 그 소년의 모든 행동이 통합되어 풍기는 아름다운 향기를 맡을 수 있었으니 내가 굳이 아름답다는 표현을 쓰고자 한 이유를 독자는 이해하리라 생각한다.

'아름답다'는 말 자체가 참 아름답다. 사전에는 '보이는 대상이나 음향, 목소리 따위가 균형과 조화를 이루어 눈과 귀에 즐거움과 만족을 줄 만하다', '하는 일이나 마음씨 따위가 훌륭하고 갸륵한 데가 있다'라고 나와 있으나 아름다움이 어찌 이 말만으로 설명이 되겠는가. 사전에서도 하는 일이나 마음씨가 훌륭하고 갸륵한 데가 있으면 아름답다고 한다. 무형의 마음도 유형의 실체 못지않게 아름다움을 지니고 있음을 인정하는 것이다. 위의 소년만 칭찬할 것이 아니다. 사업가인 케네스 벨링의 마음도 그 소년 못지않게 감동스럽고 아름답다. 소년에게 감동받은 케네스 벨링은 빈민가에 학교를 세우는 등 자선사업으로 보답했으니 이 또한 감동과 아름다움을 주는 일이 아닌가?

아름다움을 아름답게 표현한 명언도 많다. 그리스 시인 사포(B.C.612?~?)는 말했다.

"아름다운 것은 아름다운 것을 부른다. 아름다운 것은 선하고, 선한 자는 곧 아름다워진다.

내 경험을 하나 소개하겠다. 나는 회원들과 함께 보육원 봉사를 오랫동안 했다. 우리 회원 가운데 한 분은 비디오 가게의 사장님이신데 청소년에게 유익한 영화 비디오 500개를 기증하셨다. 그래서 매주 수요일을 영화 보는 시간으로 만들어 보육원생들과 직원들이 함께 감상하기로 하고 그 첫날은 간단한 다과회를 열었다. 사장님에 대한 감사의 표시로 마련한 자리다. 나는 사장님에게 원생들을 위해 짤막한 덕담 하나를 들려 달라고 청했다. 그 사장님이 조용히 자리에 일어서서 하시는 말씀의 첫마디에 나는 놀라고 감동했다. 아름다움이 느껴지고 전해졌다.

"보육원생 여러분, 나도 한때 여러분처럼 보육원에서 자랐습니다."

미국에 사는 친구가 보내준 그 아름다운 이야기와 사장님의 이야기가 오버랩되었다. 나는 이 비디오 가게 사장님이 미국의 빈민가 소년처럼 보육원에서 자랐지만 올곧게 자랐으며 어른이 되어 성공해서 케네스 벨링처럼 원생들이 문화적 소양을 가지도록 해주었으니 이분이야말로 미국의 사업가와 빈민가의 소년을 합쳐 놓은 것 같다는 생각이 들었다.

친구의 이메일을 받고 나니 오래된 일이지만 그 소년은 자라서 어떻게 되었을지 궁금해졌다. 모르긴 해도 보육원생들에게 아름다운 나눔을 실천한 우리 회원처럼 성장하지 않았을까 싶다. 모든 것은 제각기 아름다움을 지니고 있으나 모든 이가 그것을 볼 수는 없다. 비록 마음의 아름다움은 눈으로 볼 수 있는 것은 아니지만 마음으로는 느낄 수는 있다. 느낄 수 있는 아름다움이 볼 수 있는 아름다움보다 더 향기로운 아름다움일 것 같다.

초여름의 햇살이 나뭇가지 사이사이로 반짝반짝 영롱한 빛을 발하며 5월의 신호탄을 쏘아 올리고 있다. 저 따스한 5월의 햇살처럼 우리 마음에도 늘 아름다운 마음이 뭉실뭉실 피어오르도록 마음속에 뭉게구름을 한가득 만들어 보자. 내 마음, 우리 마음에!

책을 즐기라

〈책〉

가장 고요할 때
가장 외로울 때
내 영혼이 누군가의 사랑을 기다리고 있을 때,
나는 책을 연다.

밤 하늘에서 별을 찾듯
책을 연다.
보석상자의 뚜껑을 열 듯
조심스러이 책을 편다

가장 기쁠 때
내 영혼이 누군가의 선물을 기다리고 있을 때,
나는 책을 연다.

나와 같이 그 기쁨을 노래할
영혼의 친구들을,
나의 행복을 미리 노래하고 간
나의 친구들을 거기서 만난다.

아― 가장 아름다운 영혼의 주택들
아― 가장 높은 정신의 성(城)들
그리고 가장 거룩한 영혼의 무덤들……
그들의 일생은 거기에 묻혀 있다.

나의 슬픔과 나의 괴롬과
나의 희망을 노래하여 주는
내 친구들의 썩지 않는 영혼을
나는 거기서 만난다― 그리고 힘주어 손을 잡는다.

― 김현승(시인, 1913~1975)

　여러 책에 실려 우리에게도 잘 알려진 안중근 의사의 서예 작품이 남아 있는데 그 내용은 이렇다.

'일일부독서 구중생형극 −日不讀書 口中生荊棘'

이 글귀는 《논어》의 〈추구집〉에 나오는데 '하루라도 글을 읽지 않으면 입안에 가시가 돋친다'는 뜻이다. 그만큼 독서가 우리에게는 중요하다는 것을 일깨워 주는 글이다.

독서 이야기를 하자니 우리나라에서 지금 책이 어느 정도 나오고 독서 인구는 얼마나 되는지가 궁금하다. 통계청의 '2021년 사회조사' 자료를 살펴보면 성인의 연독서량은 4.5권, 학생은 34.4권이라고 한다. 이 통계는 종이책, 전자책, 오디오북 중 어느 것이라도 한 번 이상 읽은 수치를 뜻한다. 미국, 일본은 우리나라의 10배이다. 우리나라의 독서인구 비율은 2019년 55.7퍼센트에서 2021년에는 47.5퍼센트로 감소했다고 한다.

나는 독서를 하긴 해도 많이 하지는 못했다. 초등학교 4학년 때 광복을 맞이하여 당시엔 우리나라에 책이 그리 많이 발간되지 않았기 때문이기도 하지만 그 당시 나온 책 중에는 만화책이 제일 많았다. 그때 부모님들의 고민은 자녀들이 만화책을 많이 읽는 것이었다. 요즘은 상대적으로 책은 많지만 독서량이 줄어든다는 의미는 아마도 스마트폰의 영향이 클 것 같다. 요즘 부모님들은 자녀가 스마트폰을 너무 많이 보는 것을 걱정한다.

사회가 여러 번 바뀌는 동안 자녀들에게 교육적으로 금기시되는 사항이 많았는데 내가 자녀를 키울 때에는 텔레비전이 금기 사항이었다. 그때 처음으로 우리나라에 텔레비전 방송국이 개국하였다. 텔레비전을 일본에서 수입하여 첫 방송이 시작되었다. 그때 우리 집은 요행히 텔레비전을 구해서 신기하게 볼 수 있었다. 그런데 텔레비전을 보는 것까지는 좋았는데 자녀들이 텔레비전 앞에 매달려 있으니, 내가 만화책을 본다고 혼냈던 부모님처럼 나는 자녀들에게 텔레비전 앞에 너무 오래 붙어 있다며 나무랐다. 텔레비전을 처음 들이고서 재미있는 점도 있었지만 자녀들을 통제하기가 어려웠으니 나에겐 계륵과 같았다. 이러지도 못하고 저러지도 못하고 그냥 텔레비전을 보고 있는데 어느 날 우리 집에 도둑이 들었다. 우리 동네는 당시 택지가 새로 조성되어 마을이 형성되면서 다소 어수선한 터라 도둑이 많았다. 내가 자다가 눈을 떠 보니 집에 도둑이 들어 마루에서 텔레비전을 어깨에 메고 막 나가려던 참이었다.

나는 '도둑이야!' 하고 소리를 지를까 하다가 순간적으로 '저렇게 고마운 도둑도 있구나' 하는 엉뚱한 생각을 했다. 그 도둑은 나의 고민을 한순간에 떨쳐 버릴 수 있게 해주었고 내 걱정거리를 짊어지고 나갔으니 고마울 수밖에 없었다.

그날 밤 도둑이 다른 집에도 들렸나 보다. 동네 사람 한둘이 나오기 시작하더니 모두가 도둑 이야기를 했다. 그때 나는 군의관으로 복무하던 시절이라 동네 사람들은 나를 이 소령이라고 불렀다. 경찰이 정복을 하고 곁에 있으면 왠지 안도감을 느끼듯이 내가 군인이니까 이 동네쯤은 지켜줄 용감한 소령쯤으로 생각했나 보다. 모두 나를 쳐다보면서 도둑을 잡자고 했다. 나는 그 고마운 도둑이 잡힐까 걱정되어 도둑이 도망친 방향을 바로 가르쳐 주지 않고 반대 방향으로 갔다고 거짓말을 하면서 함께 뛰어갔다. 도둑은 내 바람대로 이미 사라지고 없었다. 나는 텔레비전을 도둑맞고 나서 자녀들에게 책을 많이 사주었다. 처음에는 텔레비전 금단 증상으로 불안해하더니 이내 책 읽는 습관이 생기면서 안정되기 시작했다. 다행이고 다행인 일이었다. 그 안정된 모습을 보고 아이들이 너무 기특해서 앞으로 컬러텔레비전이 나올 때 사주겠다고 약속하고 자녀들이 읽을 만한 책을 많이 사다 주었다. 그 덕분인지 자녀들은 어른이 되어서도 책 읽기를 좋아하고 실제로 책을 많이 읽는다. 같이 대화해 보면 내가 미처 알지 못하는 이야기도 한다. 어디서 그런 이야기를 들었냐고 물어보면 책에서 읽었다고 답하곤 했다. 독서는 두말할 나위 없이 우리의 생각을 넓혀 주는 보석처럼 가치 있는 일이다.

프랑스의 철학자 데카르트(1596~1650)도 '좋은 책을 읽는다는 것은 과거의 가장 훌륭한 사람들과 대화하는 것이다'라고 했다. 그의 말이 옳다면 책을 즐겨 읽는 독자는 현 시대의 사람과만 소통하는 것이 아니라 과거의 위대한 분들과도 소통할 수 있다. 그 중요한 매개가 되는 것이 바로 책이니 독서를 많이 하는 사람을 칭찬하지 않을 수가 없다. 요즘 아날로그 시대를 벗어나 디지털시대로 접어들면서 종이책은 점점 줄어들고 종국에는 없어질 것이라고 우려하는 학자들도 있다. 그러나 아직은 종이책이 계속 출판되고 있으니 우리같이 나이 든 사람에게는 고마운 일이다.

요즘 부모님들의 걱정 중 하나가 자녀들의 스마트폰 과용인데 내 생각은 사회가 이렇게 변동하는 한 그리 걱정할 일은 아닌 것 같다. 어차피 우리의 자녀들은 우리와는 다른 디지털시대를 살 테니 꼭 종이책만을 고집할 필요는 없다. 스마트폰 안에도 전자책이 많이 있고 심지어는 책을 읽어 주는 프로그램도 있다. 도서관이나 서점에 가지 않고도 손 안에 있는 스마트폰으로 책을 금방 읽을 수 있으니 더 편리하고 좋은 점도 많다. 스마트폰으로 독서량이 늘어난다면 그 또한 환영할 일이 아닌가. 독서의 중요성에 대해 언급한 말은 많다.

미국의 작가 제임스 클리어(1986~)는 말했다.
"책은 젊은이에게는 안내자요, 노인에게는 오락물이다."

한편 러시아의 대문호 도스토예프스키(1821~1881)는 말했다.
"한 인간의 존재를 결정짓는 것은 그가 읽은 책과 그가 쓴 책이다."

종이책이든 전자책이든 그 책이 전달하고자 하는 근본은 다르지 않다. 매체야 무엇이든 일단 책을 많이 읽자. 책을 많이 읽는 만큼 생각의 영역이 넓어지므로 정신적 양식을 풍부히 가진 부자가 될 수 있다. 책을 많이 읽고 모두 정신적인 재벌이 되었으면 좋겠다.

　　형설지공螢雪之功이라는 사자성어가 있다. 옛날 중국의 동진에 차윤이라는 선비는 집안이 가난하여 등불을 켤 기름이 없었다. 그래서 여름이면 깨끗한 비단 주머니를 만들어 그 속에 수십 마리의 반딧불을 잡아넣고 그 빛 아래서 책을 읽었다고 한다. 그때부터 책 읽는 방의 창문을 반딧불의 '형'에 창문 '창'을 붙여 형창螢窓이라 부르게 되었다.

　　같은 시대에 산 손강이라는 사람도 가난하여 등불을 밝힐 기름을 살 수가 없었다. 그는 겨울에는 눈雪에 반사되는 달빛으로 책을 열심히 읽었다고 한다. 그때부터 책상을 눈 '설'에 책상 '안'을 붙여 설안雪案이라고 부르게 되었다.

　　지금은 책 읽는 환경이 얼마나 좋아졌는가? 반딧불을 잡을 필요도 없고 동짓달 눈에 반사된 달빛을 이용해 책을 읽을 필요도 없으니 말이다. 그저 아무 곳에서나 내가 읽고자 하는 책을 읽으면 되니 이 얼마나 좋은 환경인가. 오늘도 나는 코끝을 간지럽히는 커피의 향을 맡으면서 창가에 앉아, 전자책이 읽어 주는 책 내용을 들으면서 나름의 토론 주제를 떠올리며 독서 삼매경에 빠져 본다.

인생을 마음껏 누려라

여한 없이 살아보자

⟨후회⟩

능금이
그 스스로의 무게로 떨어지는
가을은 황홀하다.
매달리지 않고
왜 미련 없이 떠나가는가

태양이
그 스스로의 무게로 떨어지는
황혼은 아름답다.

식지 않고

왜 바다 속으로 짐가는가.

지상에 떨어져

꺼지지 안혹 잠드는

불꽃이여

우리도 능금처럼 태양처럼

스스로 떠날 수는 없는 것인가

가장 찬란하게 잠드는 별빛처럼

잊을 수는 없는 것인가

버릴 수는 없는 것인가

— 오세영(시인 1942~)

　　여한이라는 말은 '풀지 못하고 남은 원한'이라는 뜻인데 과연 일생을 살면서 여한 없이 살아볼 수 있을까? 모르긴 해도 원 없이 살아본 사람은 없을 것 같다. 순간순간 작은 원을 풀어가면서 살아온 경험은 있을지 몰라도 일생을 마무리하면서 '나는 정말 원 없이 살았다'고 말할 수 있는 이는 몇이나 될까 싶다.

　　원怨이란, '못마땅하게 여기어 탓하거나 불평을 품고 미워함', '억울하고 원통한 일을 당하여 응어리진 마음'을 뜻한다. 그런데 한글로는 같아도 한자로는 다른 원願이 있다. 이 원願은 '무엇을 바라거나 하고자 함. 또는 그런 일'이라는 뜻이다. '이 원願 자를 넣어 일생을 원 없이 살아갈 수 있을까?' 뚱딴지같은 상상을 해보았다. 《아라비안나이트》에서처럼 원하는 것은 무엇이든지 이뤄진다면 그 또한 재미있

인생을 마음껏 누려라

지 않을까? 하지만 그것은 설화 속 이야기일 뿐이다.

1982년에 국무총리에 임명된 김상협(1920~1995)이라는 분이 이런 말씀으로 국민에게 약속했다.
"굽은 것은 펴고, 막힌 것은 뚫겠습니다."
다른 많은 취임사에도 불구하고 나에게는 이 말이 신선하게 들렸다. 굽은 것은 펴고 막힌 것을 뚫는다는 것은 여한이 없도록 만들겠다는 포부를 말씀하신 것이니 이 말은 어디에 써도 될 듯싶다. 작건 크건 한이 맺힌 이유는 원래 곧았던 것이 구부러지거나 원래 뚫려 있던 관이 막혔기 때문이다. 그러니 한을 치유하는 방법으로 아주 신선하고 적절한 말씀이다.

우리나라 학자는 물론이고 외국 학자들도 한국인의 특성을 연구한 논문이 있는데, 이를 두루 살펴보면 한 가지 공통된 결론이 눈에 띈다. 한국 사람은 정서적이라는 내용이 첫째를 차지한다. 정서적이란 말은 정이 많다는 뜻도 된다. 감정이 예민하니까 정이 많고 살가운 면도 있지만 쉽게 가시에 찔리는 것처럼 상처도 잘 받는다. 이와 연결해서 보면 우리나라 사람의 속성은 정이 많기 때문에 정이 깊은 반면 원망으로 바뀌어 한이 맺히는 경우도 많다. 소소한 한은 정을 나누다 보면 풀어지는 경우가 많지만 가슴에 오래 품고 뭉쳐진 한은 얼음덩이처럼 쉽게 녹지 않는다. '여자가 한을 품으면 오뉴월에도 서리가 내린다'는 속담이 있다. 이를 보면 한이라는 것은 무서운 심리적인 암이라고 할 수 있다. 이 한이 풀리지 않고 지속되면 흔히 '내 눈에 흙이 들어가기 전까지는 용서할 수 없다'고 한다.

임종 때 후손을 불러 앉혀 놓고 자기의 한을 풀어 달라는 유언을 하는 분도 있다. 내가 수련의 시절에 가정주부가 진찰받으러 오면 속으로 '한 맺힌 사연이 있겠구나' 하는 생각부터 가졌던 때가 있었다. 당시는 가부장적인 시대라서 여성들에게 작고 큰 한이 맺힐 수밖에 없었다. 한방에서는 이를 두고 화병이라고 말한다. 내가 그런 환자에게 우울증이라는 둥, 불안증이라는 둥, 서양의학에서 진단하는 신경증 개념으로 설명하면 모두 고개를 갸우뚱했다. 그런데 화병이 생긴 거라고 하면 내 진단을 반기면서 나를 용한 의사라고 했다. 이런 화병이라는 용어는 한의학의 진단에서 출발하여 일반에도 널리 퍼져서 한이 맺히면 화병이 된다는 것은 사람들이 쉽게 이해하게 되었다. 미국 정신의학회에서 펴낸 정신의학진단통계편람에도 '화병'이 진단명으로 올라 있다. 화병은 서양의학에서 분류한 신경증 수준의 증상만으로는 설명하기 어렵기 때문에 연구 끝에 한국어인 화병을 그대로 진단명으로 쓰기로 한 것이다.

덧붙은 설명에는 화병은 서양의학적인 진단으로는 설명할 수 없지만 한국의 특이한 문화를 이해한다면 쉽게 이해할 수 있을 것이란 전제하에 화병이라는 진단명을 우리 발음 그대로 로마자로 표기하여 싣기로 했다고 한다. 한국 문화를 알지 못하면 이 병을 이해할 수 없기 때문에 문화 증후군이란 틀 속에 넣어 설명한 것이다. 세계 각국의 특이한 문화 증후군은 10여 가지가 있다.

지구상에는 여러 종족이 있지만 왜 학자들은 유독 우리나라 사람만이 지닌 감정적인 정서에 방점을 두고 연구했을까? 지금 생각하면 우리나라도 많이 변했다. 하지만 이런 정서성이 강한 점은 변하지 않은 것 같다. 그러니 언제까지 진단명으로 남아 있을지 모르지만 화병이라는 말은 포괄적이긴 하지만 우리 민족성과 함께 오래 전해질 그런 병이다.

내가 수련의 때는 화병이 주로 여성에게 많고 가정주부에게 많았다. 아마도 그때 그 당시를 기준으로 한다면 화병을 앓지 않는 여성이 없었으리라고 생각한다. 이후 사회가 급격히 변하고 사회적인 가치 기준도 많이 변했다. 그때 그 당시의 화병으로만 설명하기에는 무리인 점이 있다. 사회 변동을 거듭한 지금의 사회에서는 화병이 여성에게서만 나타나는 병이 아니고 사람이면 누구나 겪을 수 있다고 보는 것이 맞다.

서양의 정신의학에는 '히스테리'라는 진단명이 있다. 서양의 화병이다. 그러나 이 히스테리 개념도 여성의 전용물이 아니고 사람이면 누구나 상황적 스트레스를 받을 때 앓을 수 있는 것으로 바뀌었다. 이런 지식을 바탕에 두고 김상협 총리의 '굽은 것은 펴고 막힌 것을 뚫는다'는 말은 화병이나 히스테리가 어떤 형태로 바뀌더라도 적용될 교과서 같은 처방이다. 김상협 총리는 이 말씀을 짧은 기간에 이루고자 했지만 이는 짧은 시일에 이룰 수 있는 일이 아니다.

지금 우리 사회에는 예전과는 다른 의미의 한이 많다. 한을 제때 풀지 못하고 화병으로 가는 사람이 많으니 김상협 총리의 처방을 잊지 말았으면 좋겠다. 단시일에 풀리는 것은 아니지만 풀기로 작정하고 시작한다면 풀리지 않는 화는 없을 것이다. 그렇게 맺고 푸는 삶이 우리 인생이 아닐까? 푸는 방법을 한 가지 생각해 보았다. 이 화가 서로 간의 정서적 거리가 너무 가깝기 때문에 생긴다면 정서적 거리를 적절히 둘 필요가 있다. 적정한 거리는 얼마일까? 고슴도치 두 마리가 서로 껴안는 상상을 해 본다. 정서적 거리가 너무 가까워 꽉 껴안으면 상대에게 아픔을 줌으로써 원한이 생길 수 있다. 또 멀리 두고 쳐다보고만 있으면 정이 생기지 않는다. 그렇다면 끌어안기는 하되 자신의 가시가 상대를 찌를 수 있는 거리를 두고 안는다면 한이 쌓일 걱정은 안 해도 될 것이다.

김열규(1932~2013) 선생님은 우리나라의 한恨을 연구하신 분인데 그분은 한을 다음과 같이 묘사했다.

"외로움 같은 한, 서러움 같은 한, 괴로움 같고 슬픔과도 같은 한, 서정인가 하면 비창이기도 한 한恨, 아쉬움이면서도 그보다 더 처절한 아픔인 한, 뉘우침에 엉겼는가 하면 원망에 서린 한恨 등이 있다."

어떻게 하면 여한餘恨 없이 살 수 있을까?

　탈무드에서는 '이미 끝나버린 일을 후회하기보다는 하고 싶었던 일들을 하지 못한 것을 후회하라'고 했다. 실망과 후회 없는 삶은 여한 없이 꿈꾸고 여한 없이 잘 살아보는 것이 아닐까? 우리 속담에 '날은 저물어 가고 갈 길은 멀다'는 말이 있다. 즉 아직도 해야 할 일은 많은데 자꾸만 늙어 가는 한스러움을 비유적으로 이르는 말이다. 더 늙기 전에 여한 없이 여생을 잘 살아 보자. 후회하지 말고.

인생을 마음껏 누려라

정직한 자서전을 쓰자

〈고요히 머물며 사랑하기〉

누구나 잘못할 수 있지만
누구나 솔직할 수 있는 것은 아닙니다.
그러나 진실한 사람의 아름다움은
무엇과도 비할 수 없습니다.
솔직함은 겸손이고,
두려움 없는 용기입니다.
잘못으로 부서진 것을 솔직함으로 건설한다면
어떤 폭풍우에도 견뎌낼 수 있을 것입니다.
가장 연약한 사람이 솔직할 수 있으며,

가장 여유로운 사람이 자신의 모습을 볼 수 있고,
자신을 아는 사람만이 자신을 드러낼 수 있습니다.

— 테클라 매를로(성바오로딸수도회 창립자, 1894~1964)

출판사 갤리온에서 어느 날 나를 찾아와 회고록을 써 보라고 권했다. 나는 깜짝 놀랐다. 2013년도의 일인데 내가 벌써 회고록을 쓸 나이가 되었는지 또 회고록을 쓸 정도로 가치 있는 인생을 살아왔는지 이 모두가 의심스러워서 당황했다. 더 생각할 여지도 없이 거절했다. 갤리온 편집실에서 오신 두 분이 회고록을 쓰셔도 될 텐데 왜 거절하시냐고 물었다. 회고록은 연세가 지긋하거나 역사적으로 자신의 생을 가치 있게 살아 타인의 모범이 될 만한 사람들이나 쓰는 책이지 나 같은 사람에게는 해당되는 게 없어서 거절한다고 답했다.

회고록 하면 떠오르는 몇 가지가 있다. 비슷한 용어가 참 많다. 회고록, 참회록, 고백록, 자서전 또 나의 이력서 등 용어는 다르나 공통점이 있다면 모두 자기 자신에 관한 이야기를 담는다는 것이다. 이 가운데 회고록은 가장 무게 있게 자신을 소개하는 글이라고 생각했다. 그 무게를 감당할 수 없는 나로서는 거절할 수밖에 없었다. 편집실에서는 포기하지 않고 그러면 어떤 글을 쓸 수 있냐고 되물었다. 나는 수필 같은 신변잡기는 쓸 수 있지만 그런 거창한 회고록은 내게 당치 않다고 답했다. 이에 편집실에서는 신변잡기라도 좋으니 수필을 써 달라고 했다. 그래서 나오게 된 책이 《나는 죽을 때까지 재미있게 살고 싶다》이다.

내가 회고록에 대해서 감당할 수 없는 무게를 느낀 데는 두 가지 이유가 있다. 하나는 처칠의 회고록을 읽어본 적이 있기 때문이고 또 다른 이유는 이화여대의 김옥길 총창님이 하신 말씀 때문이다. 총장님도 회고록을 써 보라는 권유를 여러 번 받았으나 그때마다 거절했다고 한다. 그 이유는 회고록을 쓰려고 하니 잘한 것만 생각나고 잘못한 것은 하나도 생각나지 않았는데, 그런 상태로 회고록을 쓴다면 결국은 거짓말밖에는 안 될 것 같았기 때문이란다. 결국 그분은 돌아가실 때까지 회고록을 쓰지 않으셨다. 이 두 이유만으로 나는 회고록과는 거리가 먼 사람이라는 것을 일찍이 통찰했다.

처칠의 회고록은 우리나라에서 전집으로 번역된 적도 있고 단행본으로도 있다. 1979년 한림출판사에서 출간한 《세계의 대회고록 전집》 24권이 있는데 루스벨트, 간디, 막사이사이, 처칠, 토인비, 러셀 등의 회고록을 묶은 것이다. 그중에서 처칠의 회고록은 두 권으로 되어 있다. 또 다른 회고록으로 1982년에 중앙도서에서 14권으로 출간한 《윈스턴 S. 처칠 제2차 세계대전 대회고록 전집》이 있다. 이런 회고록 덕분에 처칠은 1953년에 《제2차 세계대전》이라는 책으로 노벨문학상을 받았다. 나는 한림출판사에서 발간한 처칠의 회고록 1, 2권을 읽었다. 전집의 요약본인지 그 자체로 또 다른 회고록인지는 모르겠으나 감명 깊게 읽었다. 내가 감명받은 부분은 첫째로 사실의 정확성이고 둘째로 그의 유연한 문학적인 필력이다. 회고록을 많이 읽어 본 것은 아니지만 '이런 책이 회고록이구나.'라는 느낌을 받았다.

요즘 우리나라에서는 많은 사람이 회고록을 출간하고 있다. 저자 대부분은 사회적으로 알려진 정치인이나 고위직에 종사한 사람이다. 나는 그런 분들의 회고록을 간혹 읽어 보면서 실망을 금치 못할 때가 많다. 그 이유는 내가 읽은 처칠의 회고록을 기준으로 잡으니 그에 못 미치는 듯하여 그런 생각을 한 것 같다. 국회의원 중에는 회고록을 안 쓴 사람이 별로 없다. 회고록을 쓸 만한 삶을 산 연령도 아니고, 내용도 읽어 보면 김옥길 총장님 말씀대로 자기가 잘한 것만 적어놓고 잘못한 것은 거의 찾아볼 수 없다. 회고록이 지녀야 할 기록의 정확성과 내용의 투

명성과는 거리가 멀기 때문에 실망이 클 수밖에 없다.

    정치인의 회고록을 많이 출판해준 지인으로부터 들은 이야기가 있다. 정치인 대부분은 대필 작가에게 의뢰하여 자신을 미화하는 글을 쓰고 자비 출판을 한단다. 그렇게라도 회고록을 내려고 하는 이유는 출판 기념회를 하면 상당한 액수의 정치 자금을 모을 수 있기 때문이다. 듣고 보니 모두가 그렇지는 않겠지만 내 생각과도 일치하는 부분이 많았다. 회고록은 자신의 역사이다. 자기가 일생 동안 살아오면서 한 말과 행동을 적어야 할 텐데, 많은 회고록이 내가 생각하는 기록의 정확성과 사실의 정직성과는 거리가 먼 듯하다. 출판사 사장인 지인의 말씀대로라면 그런 회고록은 진정한 회고록이 아니다. 오히려 우리의 생각을 혼돈스럽게 하는 책이다. 그래서 회고록은 자신의 목적을 위해서만 이용할 것이 아니라 그 책을 읽는 많은 사람에게 공감을 줄 수 있고 교훈도 줄 수 있는 그런 책이 되었으면 좋겠다. 사실과 목적이 왜곡된 회고록은 그것을 읽는 사람의 생각까지 오염시킬 수 있는 위험한 책이다. 기록이 정확하고 내용이 정직하면 혹 저자에게 과실이 있다 해도 신뢰를 얻을 수 있는 회고록이 될 것이다. 이렇게 신뢰가 가는 회고록은 읽는 모든 사람에게 감동과 자기반성의 기회도 줄 수 있다. 그렇기 때문에 회고록은 꼭 기록이 정확하고 내용은 정직했으면 좋겠다.

    흔히 말하는 명품이란 무엇일까? 내 짧은 소견으로는 거짓이 없는 순수한 표현이라고 생각한다.
    공자(B.C.551~B.C.479)는 '문질빈빈 연후군자 文質彬彬 然後君子'라는 말을 남겼다. 뜻을 풀이한 내용을 인용해 보면 다음과 같다.
    "내면의 바탕이 외면의 바탕을 이기면 촌스럽고, 외면의 바탕이 내면의 바탕을 이기면 번지레하다."

이 풀이대로 나를 쓰는 글에 촌스럽지도 말고, 번지르르하게 기름칠을 하지도 말자. 그저 있는 그대로 본연의 꾸밈없는 내면을 말하고 글로 표현하자.

장 자크 루소(1712~1778)는 그의 회고록 《고백록》에 이렇게 적어 놓았다.
"나는 한 인간을 사실 그대로 털어놓고 세상 사람들 앞에 내보일 작정이다. 이 인간은 나 자신이다."
이 말처럼 사람들이 진솔한 자신을 보여주는 회고록을 쓰면 좋겠다. 자서전이 뭐 별건가? 그저 있는 모습을 글로 표현하면 될 것이다.

적선하세요

〈적선〉

마음이 가난한 나는

빗방울에도 텅텅 속을 들키고 마는 나는

뭐라도 하나 얻어 보려고

계절이 자주 오가는 길목에 앉아

기워 만든 넝마를 뒤집어쓰고 앉아

부끄러운 손 벌리고 있던 것인데

인생을 마음껏 누려라

깜박 잠이 든 사이
아무 기척도 없이 다가와 너는
깡통 가득 동그란 꽃잎을 던져 넣고 갔더라

보지도 못한 얼굴이 자꾸 떠올라
심장이 탕탕탕 망치질하는 봄
깡통처럼 찌그러든 얼굴을 펼 수 없는 봄

— 길상호(시인, 1973~)

자업자득自業自得이라는 말이 있다. 이 말은 '자기가 저지른 일의 결과를 자기가 받음'이라는 뜻이다. 나는 '자업자득' 하면 은행에 돈을 저축하는 것이 연상된다. 열심히 일해서 번 돈을 은행에 맡기면 돈도 쌓이지만 이자도 조금 붙는다. 필요할 때 찾으면 맡긴 돈과 함께 약간의 이자도 붙어 나오니 현대판 자업자득이란 생각이 든다. 맡긴 돈을 되돌려 받는 것이니 자업자득이기는 하지만 약간의 이자가 붙어 나오니 그것은 자업자득으로 얻는 기쁨의 선물이 아닐까?

내가 어릴 때는 걸인이 많았다. 내 또래의 어린 소년이나 아니면 나이가 더 어린 소년이 밥 때가 되면 깡통 하나를 손에 들고 문전걸식을 한다. 입은 옷은 남루하고 집이 없어 남의 집 처마 밑에서 자거나 다리 밑에서 웅크리고 자는 처지니 위생 상태도 엉망이다. 이 어린 거지는 깡통을 들고 밥을 청하면서 한결같이 '적선積善하세요' 했다. 밥 한 술만 주세요'라고 할 수도 있을 텐데 '적선'이라는 고급 단어를 사용하는 것을 보고 신기하게 생각했다.

적선이란 옛날 도교에서 나온 말로, 도교를 수행하는 한 방법으로 그런 말을 했다고 들었다. 불교에는 '보시報施'라는 비슷한 말이 있다. 이 말은 '자비심으로 남에게 재물이나 불법을 베풂'이란 뜻을 지니고 있어서 적선과 그 내용이 다르지 않다.

    내가 처음 히말라야 등반을 위해 네팔에 갔을 때 문화 충격을 받은 몇 가지 사례가 있다. 그 가운데 한 가지를 적어 본다. 네팔은 국교가 힌두교라서 우리와는 전혀 다른 생활 습관을 갖고 있다. 그중에서 내가 느낀 문화 충격은 다음과 같다. 힌두교는 다신교이기 때문에 신이 많다. 보통 많은 것이 아니다. 네팔 지인에게 물어보니 우스갯소리로 살아 있는 네팔 인구수보다 더 많다고 했다. 그중에서 3대 신이 있는데 가장 신도가 많은 신은 시바신이다. 양력 2월이 되면 시바의 날이라고 해서 시바신을 참배하는 축제가 열린다. 이 축제에 참여하기 위해 멀리 인도에서부터 몇 개월간 걸어서 참배하러 오는 순례자도 많다. 그 정도이니 그날의 축제는 축제 중 가장 큰 축제로 인산인해를 이룬다. 시바신을 모신 힌두교 최대의 성지인 파슈파티나트 사원은 네팔국제공항 인근에 있다. 이곳은 순례자들이 순례의 종지부를 찍는 곳이다. 갠지스강의 상류로서 히말라야에서 내려오는 물줄기를 따라 세워둔 시바신의 성지이기 때문이다. 나는 여기에서 사원까지 걸어가는 사이에 길 양편에 앉아 있는 많은 사람을 보았다. 그중에는 의학 교과서에서만 보았지 실제로 보지는 못했던 기형아나 불구자가 많았다. 그들은 길 양옆에 그냥 앉아 있었다. 지나가는 신도들이 동전이나 쌀이나 과일 같은 걸 적선하였다. 동전이나 과일 같은 것을 던져 주는 것이 아니라 정중하게 두 손으로 바치고 두 손으로 합장하며 절도 하고 갔다. 보시하는 사람이 보시를 받는 사람에게 정중하게 하는 것도 신기하지만 합장하고서 몇 번이고 절을 하며 가는 것이 더욱 놀라웠다. 이것도 궁금하여 친구에게 물어보았다. 보시를 받는 사람은 '내가 있기 때문에 저 사람은 적선을 할 수 있다'고 생각하고, 보시하는 사람은 그 덕분에 적선할 기회를 얻었으니 절을 하고 간다는 것이다. 꾸며낸 말인지는 모르지만 그럴 듯한 설명이었다.

적선이나 보시나 나눔이나 모두 비슷한 말인데, 요즘 사회가 바뀌면서 이런 말은 점차 사라지고 봉사라는 말이 많이 쓰인다. 봉사는 '국가나 사회 또는 나보다 남을 위하여 애씀'이란 뜻을 담고 있다. 적선이나 보시나 사회봉사나 그 근본은 다르지 않지만 내포된 뜻은 조금 다른 느낌을 준다. 적선이나 보시가 개인 차원에서 이루어진다면 사회봉사는 조직된 시스템을 통해 행해지는 것이 조금 다른 듯하다. 용어야 어떻든 그 뜻이 같다면 어떻게 해야 적선이 되고 보시도 되며 사회봉사도 될까? 봉사는 측은지심과 이타심으로 남을 돌보는 것이다.

공수래공수거 空手來空手去라는 말이 있다. 빈손으로 왔다가 빈손으로 간다는 뜻으로, 재물에 욕심을 부릴 필요가 없음을 이르는 말이다. 맞는 말이다. 그러나 나는 조그만 이견을 달고 싶다. 우리는 빈손으로 돌아가지 않는다. 비록 물질을 손에 쥐고 저승으로 갈 수는 없지만 그가 삶을 살면서 일상생활에서 남긴 적선이나 보시나 사회봉사 등은 그가 남긴 훌륭한 족적이다. 그러니 비록 빈손으로 떠나긴 하지만 그가 적선으로 족적을 남긴다면 빈손이 아닌 셈이다.

사회봉사도 살아생전 조금씩 조금씩 이타적인 마음으로 행한다면 그 티끌이 모여 태산이 되지 않겠는가? 그런 적선은 하지 않고 재물에 집착하여 모으는 데만 급급하다가 생을 마감한다면 그게 바로 빈손으로 가는 것과 같다. 힌두교도들이 적선을 하면서 경건한 마음으로 상대방의 복을 빌어 주는 그런 마음씨로 이웃과 함께 봉사하고 소통한다면 그는 아주 큰 족적을 남기고 떠나는 망자가 되지 않을까 하는 생각을 해본다.

지금 하는 작은 봉사가 나중에 큰 봉사를 하는 것보다 더 소중하지 않을까? 실천하고 행동하자. 마음만으로 하는 봉사가 아니고 작고 사소한 일이라도 지금부터 내 손으로 해 나가자. 미루지 말자. 나중에 하겠다는 말은 하지 말자. 그러면 우리는 저세상으로 갈 때 빈손이 아닌 마음 한가득 그윽한 족적을 남기고 가는 것이다.

내 고집만 부리지 마라

《너무 사랑하는 여자들》 중에서

아집이란 자신만이 모든 문제의 해답을 가지고 있다고 믿는 것이다. 아집을 버리는 것은 기꺼이 자신의 마음을 열 준비가 되어 있음을 의미하는 것이다. 그것은 두려움과 절망을 뿌리치는 법을 배우는 것이며, 그 두려움과 절망을 삶에 대한 적극적인 생각으로 바꾸는 것을 의미한다.

— 로빈 노우드(미국의 작가, 1945~)

이 세상에 고집 없는 사람이 있을까? 그렇다는 사람이 많이 있다. 고집이 없다기보다 자신은 고집이 없다고 주장하는 사람이 많다. 고집이 센 사람은 옹고집壅

固執, 벽창호, 꼰대로 불리며 따돌림을 당한다. 그들은 억지가 매우 심하여 자기 의견만 내세워 우기는 성미를 지녔다.

　나는 고집 없는 사람은 없다고 생각한다. 그 근거는 사람마다 성격의 특성이 다르니, 그 다른 성격의 특성 자체가 넓은 의미에서는 고집일 수 있다고 생각한다. 저마다 서로 다른 자연환경과 사회환경 속에서 성장했으니 성격이 다를 수밖에 없다면, 그 각각의 변하지 않는 성격을 나름대로의 고집이라고 해도 틀리지 않을 것이다. 그런데 이런 성격을 놓고 전부 고집이 세다고는 말하지 않는다. 우리가 함께 살아가는 사회에서 많은 사람이 고집이라고 생각하는 기준이 있을 터이다. 그런 기준보다 심한 성격을 지녔다면 그는 바로 옹고집이라는 말을 들을 것이다. 나는 이 기준이 사회적인 잣대라고 말해 본다.

　어떤 사람은 자기 말이나 행동에 동의하지 않거나 자신과 다른 말과 의견을 계속 주장하면 '저 사람, 참 고집이 세다'고 말한다. 이때의 잣대는 본인 자신의 생활 경험에서 나온 기준이다. 다행히 그 기준이 사회적인 기준과 일치한다면 크게 문제가 되지 않는다. 그러나 사회적인 기준과 다르다면 한 번쯤은 스스로 자신이 고집이 센 사람이 아닐까 하고 되돌아봐야 할 것이다.

　정신 치료 과정 중 내담자에게 들은 많은 일상생활의 정보를 취합하여 그가 지금 고통 받는 이유를 의학적으로 추론하여 되돌려 주는 것을 해석이라고 한다. 이 해석으로 내담자인 환자는 통찰의 기회를 얻을 수도 있지만 저항할 수도 있다. 치료자의 눈에는 보이는데 정작 내담자는 그것을 알지 못한다. 그러니 치료자가 제공하는 해석에 동의하지 못하는 것이다.

　치료자의 해석이란, 내담자가 제공하는 일상생활 정보를 토대로 치료자가 의학적으로 추론한 것이다. 그러므로 치료자는 어느 정도 확신한다고 해도 고집해서는 안 된다. 이런 내용은 교과서에도 나와 있고 내 체험으로도 깊이 동의한다.

인생을 마음껏 누려라

그러면 어떻게 하란 말인가?

치료자는 해석을 잠시 물리고 고집을 피우지 말아야 한다. 내담자가 통찰에 이를 때까지 좀 더 기다리면서 해석하는 것을 유예해야 한다. 나는 이런 직업적인 경험 때문에 내 스스로 고집이 있다고 생각하지 않고 살아왔다. 그런데 요즘 들어 가족과 대화하는 시간이 늘어나면서 깜짝 놀랐다. 자녀들이나 아내, 가족 모두가 나를 고집쟁이라고 한다. 일생 동안 자기 고집을 갖고 살아왔다고 몰아세운다. 억울하다. 나를 멀리서 바라보는 사람들 가운데는 나처럼 고집 없이 살 수 있다면 좋겠다고 부러워하는 사람도 있는데 말이다. 왜 가까이 있는 가족에게는 내가 고집이 센 사람으로 인식된 것일까?

문득 어릴 때 생각이 난다. 정신 치료에서 어릴 때의 경험은 일생을 살아가는 데 중요한 영향을 준다는 가설이 있기 때문에 상담이나 정신 치료에서 어릴 때 기억을 면담에서 대단히 중요하게 생각한다. 어릴 때 내가 벌선 일이 떠올랐다. 무엇을 잘못해서 벌섰는지는 모르겠다. 부모님이 나를 벌세우는 방법은 마루에 서 있게 하거나 꿇어앉히거나 아니면 다락에 가두는 방법이었다. 나는 다락에 갇히는 벌을 받으면 하나도 두렵지 않았다. 오히려 마음이 편했다. 왜 그런지는 모르겠는데 다락에는 볼거리가 많다. 그리고 아무도 없었다. 나 혼자 이것저것 뒤지면서 즐길 수 있으니 그 방법은 나에게 벌이 아니었다. 나에게 가장 고통스러운 벌은 마루에 꿇어앉기였다. 꿇어앉아 있으면 발도 저리고 몸도 아프고 지나가는 다른 식구와 눈도 마주치니 자존심도 상했다. 그래서 나는 항상 이런 생각을 했다. 지금 딱 용서해 주신다면 앞으로는 절대로 벌 받을 일은 하지 않겠다고 마음으로 다짐을 했다. 하지만 부모님은 그 시기를 맞추지 못했고 한참 지나서야 용서해 주셨다. 부모님 말씀은 항상 똑같았다. 앞으로는 절대로 그러지 말라고 하시면서 세수하고 나가 놀라고 하셨다.

용서해 주는 것은 반가운 일이지만 나는 고집을 부렸다. 용서해 주셔도 그 용서를 받지 않았다. 왜냐하면 내가 꿇어앉아서 지금 용서해 주시면 다시는 안 그러겠다고 몇 번이나 용서를 구했는데도 그때는 용서해 주지 않고 뒤늦게야 세수하고 나가서 놀라고 하시니 나는 말을 듣지 않았다. 부모님이 용서해 주시는데도 그냥 꿇어앉아 있었다. 용서해 달라고 할 때 용서해 주지 않고 뒤늦게 용서해 주시니 그 용서는 내가 받을 필요가 없다고 생각했다. 쓸데없는 고집이었다. 반항이었다. 계속 꿇어앉아 있는 나를 여러 말로 달래셔도 나는 꿈쩍도 하지 않았다. 일은 점점 커져서 이웃에 사는 고모님들이 오셔서 나를 달래셨다. 달래는 방법으로 가장 연상인 고모님이 우리 부모님을 나무라셨다. 왜 이 귀여운 자식에게 이렇게 벌을 줬냐고 나무라셨다. 나는 그게 통쾌했다. 이런 기억을 살아가면서 항상 하는 것은 아니다. 자유연상기법으로 환자를 보듯 내가 스스로 돌이켜보고 떠올린 어릴 때의 기억이다. 이런 이야기를 들으면 누구나 나를 고집이 세다고 할 것이다. 그런데 어른이 되어 환자를 치료하는 정신 치료자가 되면서 그런 고집은 스스로 버렸다. 그랬으니 멀리서 나를 바라보는 사람들은 나를 고집이 없는 사람으로 생각했을 것이다.

그러나 가족은 가까이서 나를 보니 나의 언행의 한 구석에 있는 고집의 잔재를 볼 수 있었던 게 아닌가 싶다. 고집은 누구나 지닌 성격 중 하나이지만 자기 생각과 경험만 옳다고 하며 한 치의 양보도 않고 자기주장만 한다면 옹고집이란 말을 들어도 불평할 일이 아니다. 그러나 나처럼 일정 부분 통찰을 갖고서 다른 사람의 성격도 나와 다름을 인정해 주는 습관이 생긴다면 옹고집이라는 별명에서는 적어도 피해갈 수가 있다. 내가 가진 고집처럼 타인도 타인 나름의 고집이 있다는 것을 통찰할 수 있다면 그는 이미 고집쟁이가 아니다. 글을 쓰다 보니 너무 고마운 사람이 한 명 떠오른다. 바로 소크라테스이다. 그의 제자가 물었다.

"선생님은 선생님 자신을 얼마나 알고 계십니까?"

그러자 소크라테스는 답했다.

"나는 내가 누구인지를 모른다는 것을 안다."

참으로 명답이다. 이 말을 빌미 삼아 내가 고집쟁이가 아니라는 것을 가족에게 주장해 보지만 가족에게는 잘 통하지 않는다. 가족이 나에 대해 그렇게 고집스러운(?) 주장을 하니 나는 엄청 억울할 따름이다.

러시아의 작가 톨스토이(1828~1910)는 말했다.

"자신을 고집하지 않으면 않을수록 그만큼 자유를 가지게 된다."

고집은 때에 따라서는 유용하기도 하지만 자신을 절망하게 하고 좌절하게도 한다. 톨스토이 말처럼 고집을 피우지 말고 우리의 영혼이 자유로운 생각을 하게 하자.

팔만대장경에는 이런 말이 나온다.

"치우친 고집은 영원한 병이다."

어느 한쪽으로 치우친 고집은 내 생각과 마음을 망친다. 그러니 내 마음 밭에서 고집이 자라는 것이 아니라 희망과 자유로운 영혼이 싹틀 수 있게 해보자.

끽차끽반喫茶喫飯이란 말이 있다. 차를 마실 때는 오로지 차만 마시고, 밥을 먹을 때는 오로지 밥만 먹는다는 뜻이다. 이 말처럼 고집도 피울 때가 있고 피워서는 안 될 때가 있다. 억지 고집을 피우지 말자. 마음이 황폐해질 뿐이다.

자유를 책임지라

사랑은 하늘을 날고 있는 새가 되어야 한다. 그대는 새를 새장 속에 가둘 수 없다. 비록 그대가 황금으로 된 새장을 만들지라도 그대는 새를 죽이게 될 것이다…… 사랑은 자유를 원하는 한 마리 새다. 성장하기 위해서는 하늘 전체가 필요하다. 그러므로 기억하라. 결코 그것을 새장 속에 가두지 말라. 결코 사랑에 어떤 한계를 부여하지 말라.

— 오쇼 라즈니쉬(영적 지도자·작가, 1931~1990)

사람들은 하늘을 나는 새를 보면 자유롭다고 표현한다. 헌데 새 중에는 철 따라 옮겨 다니는 철새도 있지만 아예 터를 잡아 한곳에 머무는 텃새도 있다. 한곳에 머무는 새라면 그게 비록 철창으로 만든 새장은 아니겠지만 그 또한 한군데

묶여 있다는 의미에서 새장에 갇혀 사는 새다.

요즘은 옛날보다 애완동물의 종류가 훨씬 많아졌다. 그러다 보니 여러 형태로 동물을 가두어 놓고 보고 즐긴다. 내가 대학교에 다닐 때만 해도 애완동물의 종류가 그렇게 많지 않았다. 당시에는 십자매를 기르는 게 유행이었다. 자그마한 새장을 만들어 그 속에 십자매 한 쌍을 넣어 두고 보고 즐기는 취미가 생겨났다. 십자매는 새장에 오래 있다 보면 새장 속에 익숙해져서 새장 문을 열어 두어도 나갔다가는 다시 돌아온다. 반면에 야생 조류는 잡아서 새장 속에 가둬 둔다고 해도 틈만 있으면 탈출해서 돌아오지 않는다. 왜 그럴까? 전자는 새장 속에 오래 갇혀서 애완동물로 성장하다 보니 본래 지니고 태어난 야성이 없어지고 새장 속에 안주한다.

이 글 첫머리에 인용한 오쇼 라즈니쉬의 말처럼, 새는 성장하기 위해 하늘 전체가 필요하고 새는 하늘을 날아야 비로소 제대로 된 새라 할 수 있다. 라즈니쉬는 비단 새를 위해 이런 말을 남긴 게 아니라 새의 속성을 사람에 빗대어 표현했을 것이다. 그 말은 곧 사람에 대한 사랑은 상대를 자유롭게 하는 것이고, 자유를 인정하지 않는 사람은 불행하다는 뜻이 된다.

그런데 큰 틀에서 바라보면 새장 속의 새처럼 사람들도 자유롭지 못한 것이 많다. 크게는 우주 속의 지구라는 작은 공간에 갇혀 살고 있으니 새장 속의 새와 다를 바가 무엇이 있겠는가? 그렇게 거창한 비유를 들지 않더라도 사람은 혼자 독립적으로 살아갈 수 있는 동물이 아니다. 그러니 둘만 모여도 함께 살아가기 위해 협력이 필요하고 약속이 필요하다.

약속에는 크게 두 가지가 있다. 첫째, 사람이라면 절대로 어겨서는 안 되는 약속이 있다. 이는 약속의 하한선이라고 할 수 있다. 이를 어기면 고통스러운 벌을 준다. 그게 바로 법이다. 둘째, 사람을 사람답게 살게 하는 약속이 있다. 즉 문명권의 사람은 도덕적으로 문화적으로 여타의 동물보다 높은 수준에서 살 것을 요구한다. 두 번째 약속은 사람의 분수와 처지에 따라 제각각 다르기 때문에 법률처럼 기준을 정하고 일괄해서 처벌할 문제는 아니다. 사회적인 지탄은 받을지언정 법률로 제약할 수는 없는 다른 차원의 문제다. 이렇게 놓고 보면 인간이 살아가는 최하 수준의 약속이나 선망하는 최고 수준의 약속이나 모두 새장과 같은 것이다. 그것을 벗어나서는 세상을 살아가기가 힘든 법이다. 그러니 새장 속의 새와 다를 바가 무엇이 있겠는가.

사람들은 주말이나 공휴일에는 집을 떠나 며칠간 휴가를 떠나기도 한다. 새장 밖이 그리워서 그런 것이다. 휴가를 마치고 돌아오는 사람들은 휴가 중에 즐거움을 누렸음에도 새장 속인 집으로 돌아와서는 흔히들 이렇게 말한다.

"뭐니 뭐니 해도 집만큼 좋은 데가 없어. 집 나가면 고생이야."

이 말은 새장 속의 새처럼 누군가에 의해 갇혀 지낸다는 것이 아니라 자신이 스스로 지역이나 관습, 법이나 도덕이라는 틀 속에 갇혀 사는 것을 도리어 편하게 여긴다는 의미이다. 모두들 자유롭게 살고 싶다고 말은 하지만 사회생활을 하자면 서로 약속한 속박이 있기 때문에 이 속박 속에 살아야 한다. 이 속박이 바로 새장이다.

그런데 이 새장을 항상 마땅치 않게 여겨 일탈하고 싶어 하는 사람들도 있다. 1960~70년대에 세계적으로 히피족이 유행했다. 이 무리의 독특한 생활 방식을 덩달아 따라 즐긴 사람이 꽤 있었다. 베트남 전쟁 이후 미국의 샌프란시스코와 대도시를 중심으로 히피족이 발원해 전 세계 청년층으로 확산되었고, 이는 하나의 문화 양식으로 자리 잡았다. 히피의 어원을 생각해 보면 여러 가지 설이 있으나 '행복한happy'이라는 단어에서 유래했다는 설도 있다. 인위적인 속박을 벗어나고자 했으니 이 설명이 가장 설득력 있어 보인다.

행복의 근원이 자유로움에 있다고 생각한 히피족의 풍속은 그 당시 확고한 청년 문화로 자리 잡았고 여러 연령층으로 확산되었지만 일시적인 문화 현상이었다. 내가 히피족을 처음 만난 것은 1982년 네팔의 히말라야를 등반할 때였는데, 카트만두 시내에서 히피족과 자주 마주치곤 했다. 옷차림이나 행동 방식이 어떤 규제에도 속박되지 않는 자유로운 모습이었으니, 과연 그들이 주장하는 자유를 만끽하는 듯 보였다. 그렇지만 사회적 규범 속에서 일상을 사는 것이 습관화된 내 눈에는 언뜻 보기에 히피족은 자유롭다기보다는 무질서한 이상한 사람들로 생각되었다.

네팔의 동북쪽을 트래킹하다 보면 코다리라는 마을이 나온다. 먼발치에서 이곳을 내려다보고 있는데 시야에 이상한 모습이 하나 들어왔다. 나무에 새들이 앉아 있는 것처럼 하얀 점들이 드문드문 보였다. 가까이 다가가 보니 점이 아니라 모두 사람이었다. 그들은 바로 내가 처음 만난 히피족이었다. 그 후 나는 매년 네팔을 여행할 때마다 그들과 대화도 나누어 보고 마음을 열고 친해져 보려고 했다.

과연 인간에게 속박 없는 자유가 가능할지는 의문이지만 그 점은 일단 제쳐 두기로 했다. 자유를 중시하는 그들을 자주 만나면서 나는 두 가지 형태의 히피족이 있다는 사실을 발견했다. 하나는 그들 주장대로 스스럼없이 속박 없는 자유를 만끽하는 부류였다. 또 다른 한 부류는 기존 사회의 속박이 싫어서 단순히 탈출한 사람들이었다. 첫째 부류는 비현실적인 동시에 이상적인 자유만을 좇아 실천하겠다며 헤매는 히피족이라면, 둘째 부류의 히피족은 자신이 속한 사회의 규범에 적응하지 못한 낙후자로 보였다. 이런 청년 문화도 한때 유행하다가 사라지고, 또 다른 형태의 청년 문화가 새롭게 태동하고 유행한다. 이처럼 청년 문화는 시대적 상황에 저항하고 자유를 찾으려는 이상적인 무리와 변화된 상황과 기준에 적응하지 못하고 낙후된 무리로 구분되고 있다. 이런 크고 작은 유행은 시대 양식과 문화 상황에 따라서 항상 일어날 수 있다.

요즘 우리나라 청년들 사이에 번지는 유행으로는 캥거루족, 자라족이 있다. 심지어 스스로를 패러사이트족이라고 폄하하는 무리도 있다. 이 모든 것의 공통점은 자기 자신은 생각이나 행동에서 다른 누구의 간섭도 받지 않고 자유롭고 싶지만, 그 자유를 독립적으로 영위하려는 의지는 부족하다는 것이다. 자신의 자유를 위해 인생을 책임지고 스스로 개척하기보다는 부모나 타인에게 의존하여 자기 마음대로 인생을 만끽하고 싶어 한다는 공통점도 있는 것 같다. 다른 여러 형태의 청년 문화가 있겠으나 필자는 이외에는 알지도 자세히 설명할 수도 없다. 그러나 모르긴 해도 유행처럼 급속히 달아올랐다가 사라지는 청년 문화는 시간이 지나도 또 다른 유행으로 번져 나가지 않을까 생각해 본다.

    건강한 인생이란, 태어나서 청년기에 이르기까지 부모의 그늘 밑에서 삶에 적응하는 방법을 배우고 그 이후에는 배운 바를 토대로 스스로 체험해 보며 자기 경험을 쌓고 인생을 개척해 가는 독립적인 생활을 영위하는 것이다. 그러한 정신력을 일컬어 건강한 정신이라고 부른다.

    혹시 독자들이 《파랑새》라는 동화를 알지 모르겠다. 벨기에의 극작가인 마테를링크(1862~1949)가 지은 6막 12장의 동화극이다. 줄거리는 대략 다음과 같다. 나무꾼집의 어린 남매인 치르치르와 미치르는 마술 할머니로부터 부탁을 받는다. 할머니에겐 병을 앓고 있는 딸이 있었는데 그녀를 위해 파랑새를 찾아 달라는 것이었다. 이에 치르치르와 미치르는 파랑새를 찾기 위해 꿈의 세계로 들어간다. 추억의 나라에서 죽은 혼령도 만나고, 밤의 궁전에서 재앙의 실상도 보며, 숲에서는 자연의 두려움도 알게 된다. 그리고 행복의 궁전에서 물질적인 행복의 허무함을 본 다음에 참다운 행복은 건강, 정의, 특히 어머니의 사랑 등이며, 파랑새는 사실 마음속에 살고 있음을 깨닫게 된다. 끝으로 미래의 나라에서 앞으로 태어날 아이들을 만나게 된다. 이 파란만장한 꿈에서 깨어나자 자기들의 머리맡에 놓여 있는 새장 속의 새가 파랗게 보이기 시작한다. 이웃에 사는 마술 할머니의 딸에게 그 파랑새를 가져다주자 병이 나았다. 그러나 파랑새는 어디론가 날아가 버린다.

이 은유로 가득한 동화에서처럼 마음속의 새를 새장에 가둬 두고 날지 못하게 할 것이 아니라, 이 넓은 세상을 훨훨 날아다니는 나만의 파랑새를 키워 나가야 자신도 성장할 수 있다. 우리 사회의 젊은이들이 하루빨리 '스스로 생각하는 자유와 독립'을 자기가 책임지는 인생 속에서 누릴 수 있게 되기를 바란다. 또한 우리 사회도 그런 자율적인 능력을 배양할 수 있는 여건이 조성되기를 바라본다. 강압 섞인 교육으로 청년들을 억압해 온 한국 사회도 더욱 성숙해진다면 세월이 점차 흐름에 따라 방종하는 청년 문화가 바람직한 방향으로 변모할 것으로 기대한다. 그래서 우리 젊은이들이 독립성과 자유를 스스로 책임지고 성취하는 시대도 반드시 도래하리라고 확신한다.

자주 그리고 멀리 걷자

《틱 낫한의 걷기명상》 중에서

즐겁고 평화롭게 걸으세요. 당신의 발은 대지를 깊이 어루만집니다. 생각에 빠져든 것을 알아차리는 순간마다 다시금 이 길로 돌아오세요. 길은 당신의 진정한 친구입니다. 길은 당신에게 견고함과 평화를 전해줄 것입니다.

— 틱 낫한(스님, 1926~2022)

초·중고등학교를 다니면서 곤혹스러웠던 일이 하나 있었다. 생활기록부라는 것이 있는데 이 기록부에는 시시콜콜한 모든 개인 정보가 담긴다. 초등학교 때는 기와집인가, 초가집인가, 자기 집인가, 세든 집인가부터 시작하여 자전거가 있느냐 없느냐 등 지금 생각하면 우스운 항목들이다. 특히 곤혹스럽게 만드는 것은 제일 친한 친구 이름을 적으라는 것이었다. 친구는 많은데 누구 하나를 꼭 집어내기가 난처하기도 했다. 그리고 잘하는 운동이 무엇이냐는 질문도 있었다. 나는 딱히 운동이라고는 해본 경험이 없어서 '걷는 것'이라고 적으면서 좀 부끄러워한 적이 있다. 걷는 것이 부끄러운 것이 아니라 다른 사람들처럼 자기가 잘하는 운동을 구체적으로 적을 수 없었던 것이 부끄러웠다. 거두절미하고 나는 걷는 것 말고는 해 본 운동이 없다. 심지어 대학교에 다닐 때는 대중교통이 적긴 했지만 걸어서 등하교를 했다. 궁금해서 그 거리가 얼마인지 스마트폰으로 검색해 보니 직선 거리로만 8.7킬로미터이다. 등하교로 왕복한 거리가 16킬로미터가 넘는다. 그때는 걸어다니는 게 하나도 고통스럽지 않았고 그것을 당연하게 여겼다. 친구가 동행하기라도 하면 노닥거리면서 걷기도 하고 혼자서 걸으면 오만 가지 상상을 하면서 걷다 보면 집에 도착했다. 그런데 그때 이상한 경험을 했다. 걸으면서 오만 가지 생각이 연상되다가 잠깐이지만 한순간 머릿속이 비워지는 이상한 경험을 한 적이 있다. 그냥 멍했다고 표현하는 것이 옳을 것 같다.

틱 낫한이라는 베트남 스님이 계셨다. 한국의 승가 대학에서 초청하여 걷기 명상이라는 강연을 하기도 하고 스님들과 함께 실습하는 것을 텔레비전으로 본 적이 있다. 한국을 방문하셨을 때 실현한 걷기 명상의 영상을 보니 외견상으로는 그냥 걷는다. 서두르지 않고 느긋하게 걷는 모습이다. 그렇다면 특별히 걷기 명상이란 이름을 붙일 필요도 없을 텐데 그런 이름을 붙일 수 있다면 필시 보이지 않는 숨은 뜻이 있을 것이라고 생각했다. 명상이란 '고요히 눈을 감고 깊이 생각함'이라는 뜻이다. 걷기 명상은 눈을 감고 걷는 것은 아니지만 걸으면서 차분한 마음으로 깊이 생각하는 것을 말하니 그렇다면 나는 이미 대학생 때 걷기 명상을 이름도 모른 채 체험부터 한 셈이다.

명상은 보통 어떤 화두를 듣고 그 화두에 집중하면서 진리를 찾아보려는 수행 행위일 것이다. 정신의학적으로 말하면 사고의 집중력이다. 오만 가지 생각을 잘 정리하여 한 가지 주된 화두에 매달려 깊이 있게 생각하는 것이다. 그렇다면 걷는 데 격식이 있는 것이 아니라 걸으면서 조용히 생각을 정리하는 것이 목표일 것이다. 이런 점을 생각해서일까? 세계보건기구에서 사람이 건강하게 살려면 지켜야 할 10가지 수칙의 상위에 다음 항목을 올렸다. '걷자! 될 수 있는 대로 그리고 자주 그리고 될 수 있는 대로 멀리' 누구나 할 수 있는 말이긴 하지만 권위 있는 세계보건기구에서 만들어낸 수칙이니 더 신뢰할 만하다.

요즘 우리나라에는 걷기 좋은 길이 많이 만들어지고 있다. 이름 하여 둘레길, 올레길, 해파랑길, 남파랑길, 서파랑길 등 많은 길을 만들어 걷는 사람이 즐겁도록 해놓았다. 진작 이런 길이 있었다면 나도 재미있게 많이 걸었을 텐데 요즘 와서 이런 길이 많이 생기다니 나는 이용하기가 어렵지만 모든 사람에게는 좋은 일이다. 요즘 우리나라 사람의 습관을 보면 모두 자가용, 대중교통 등 차를 많이 타고 다니기 때문에 걷는 시간이 부족하다. 그런 습관 때문에 한 정거장 가는 거리도 걷기보다는 차를 타고 가기를 즐긴다. 그러니 걷기 좋아하는 마니아를 제외하고는 주말에라야 겨우 걸을 수 있는 기회를 얻는다. 주말이면 이 만들어진 길들이 복잡할 정도로 사람들이 몰리고 있으니 이 또한 좋은 일이다. 지금 생각하면 요즘 사람들에 비하면 나는 걷는 것이 몸에 배어 있다. 걷는 습관이 생긴 이유는 다른 운동을 할 줄 몰라서이기도 하다. 하지만 지금 와서 생각하니 젊을 때의 내 걷기로 1982년부터 코로나19가 발생하기 전인 2019년까지 매년 히말라야를 찾아 트레킹한 것이 은근히 자랑스럽다. 처음에는 길게 했지만 나이 들면서 점차 짧아지긴 했어도 눈 덮인 산을 바라보며 트레킹할 수 있다는 것이 자랑스럽다. 지금 회고해 보니 히말라야 트레킹 자체가 틱닛한 스님이 말씀하신 걷기 명상과 딱 들어맞는다. 히말라야의 트레킹은 짧은 시간에 해낼 수 있는 거리가 아니다. 내가 제일 길게 한 트레킹은 1987년에 내 제자 교수 한 분과 둘째딸과 나, 이렇게 셋이 어울려서 안나푸르나산군을 한 바퀴 돈 것이다. 이 트레킹 코스는 건장한 청년의 걸음으로 3주일이 걸린다. 나는 당시 3주일 예정으로 떠났으나 묵티나트(해발 3,800미터)란 곳에서 마낭(해발 3,540미터) 패스를 넘어야 하는데 폭설이 내려 마낭 패스를 넘지 못하고 왔던 길로 되돌아갔다. 지금 생각하면 아침 먹고 걷고, 점심 먹고 걷고, 저녁 먹고 자고, 이것이 트레킹의 전부였다. 달리 복잡하게 생각할 여유도 없고 두리번거릴 여유도 없고 피곤한 몸을 이끌고 높은 곳의 길을 가다 보면 자연히 머리가 단순해진다. 그러니 이것이야말로 걷기 명상이 아니겠는가? 걷기는 우리 몸이 지닌 모든 근육을 동원하는 운동이기 때문에 달리 규칙을 정해 놓고 하는 운동보다 가장 기초적인 운동이다. 일생 동안 걷는 것만 친근히 습관화하면 다른 운동을 하지 않는다 해도 건강은 충분히 유지할 수 있을 것이다. 그러면서 운동도 하고 보태어 명상까지 이어진다면 금상첨화이다.

우리나라의 트레킹 길들도 그런 분위기는 있지만 내가 경험한 히말라야의 여러 트레킹 코스가 더 인상적이다. 히말라야산맥이라고 하는 거대한 산맥의 허리띠를 걷는다는 것 자체가 자연스럽게 명상으로 이어지니 한번쯤은 도전해볼 만한 트레킹 코스다. 그래서 일까? 세계적으로 많은 수행자가 모이는 것을 보니 모르긴 해도 히말라야라는 분위기와 산 기운이 자연스럽게 더 깊은 명상으로 이끌어 주나 보다.

"걷자! 될 수 있는 대로 멀리, 될 수 있는 대로 자주"
아주 좋은 말이다. 실행해 보자.

잠을 충분히 자라

〈잠을 자야〉

잠을 자야
먼 거리도 좁아지는 거다
잠을 자야
물에 빠진 척척한 운명을
건질 수 있는 거다
잠을 자야
너와 내가 이 세상을
빠져나갈 수 있는 거다

— 이생진(시인, 1929~)

인생을 마음껏 누려라

잠은 일상생활에서 제일 긴 시간을 차지하는 신체 현상이다. 보통 수면 시간은 하루의 3분의 1이지만 잠의 효과는 그 이상이다.

정신과를 찾아오는 환자분 가운데는 잠을 자지 못해서 고통스럽다고 호소하시는 분이 많다. 잠을 얼마나 못 주무시냐고 물어보면 며칠간 한잠도 못 잤다고 하는 분이 많다. 의학적 연구에 따르면 며칠씩 잠을 안 자고 꼬박 밤을 세운다면 정신 건강에 변화를 일으켜 고통스러운 증상이 나타난다. 한 실험에서 피실험자를 잠재우지 않고 계속 깨어 있도록 했더니 72시간이 경과하면서 이런저런 정신적인 병리 현상이 나타나기 시작했다. 그렇다면 환자분들이 호소하는 며칠간 잠을 못 잤다는 말은 조금 모순이 있는 것 같다. 그렇다고 불면증을 앓고 있는 환자분이 정신과에 와서 거짓말로 호소할 리도 없다.

잠을 못 잤다는 것에는 몇 가지 유형이 있다. 첫 번째 유형은 자리에 누워 잠을 청해도 잠들기가 어려운 경우이다. 두 번째 유형은 잠을 자기는 하지만 자는 동안 자주 깨고, 깨고 나면 다시 잠들기가 어렵다는 경우이다. 세 번째 유형은 불면증 환자들이 가장 많이 호소하는 몇 날 몇 밤을 잠이 오지 않아 꼬박 밤을 지새웠다는 이야기이다. 이 경우에는 실제로 그런 많은 날 동안 잠을 못 잔 것이 아니다. 객관적으로 보기에는 잠을 잤지만 본인 스스로는 잤다는 느낌이 들지 않기 때문에 잠을 못 잤다고 말하는 것이다. 도대체 잠이라는 것이 무엇인데 우리를 이렇게 괴롭힐까? 아직 의학적으로 완벽한 설명은 할 수 없으나 여러 가지 가설은 나와 있다. 그중에 좀 그럴듯한 가설은 다음과 같다.

수면은 뇌의 노폐물과 독소 배출과 관련이 있다. 우리가 깨어 있을 때 증가한 뇌 속의 독소와 노폐물은 잠을 잘 때 빠르게 배출된다. 과학자들은 쥐의 뇌 속에 각각 똑같은 양의 베타 아밀로이드 단백질을 주입한 후 실험을 하였다. 참고로 베타 아밀로이드 단벡질은 알츠하이머를 일으키는 물질로 알려져 있다. 실험용 쥐들을 두 그룹으로 나눠 한쪽 그룹은 잠을 자게 하였고, 다른 쪽 그룹은 잠을 못

자게 하였다. 그 결과, 잠을 잔 쥐들의 뇌 속에서 베타 아밀로이드 단백질이 더 빨리 제거되었다고 한다.

이런 의학적인 설명이 아니더라도 쉽게 설명하면 의식이 있는 낮 시간에 활동하다 보면 우리 몸에 노폐물이 쌓인다는 뜻이고 이런 노폐물은 잠자는 동안 자동적으로 정화되어 아침을 맞이하게 된다는 이야기이다. 말하자면 독성물질에 중독되어 의식을 잃었다가 밤새도록 정화하여 의식을 회복한다는 가설이니 그럴 듯하지 않은가?

나는 중학교에 다닐 때 어디선가 '잠을 자야 성공한다'는 말을 들은 적이 있다. 나는 이 말이 왜 생겼는지 어떤 의미를 가졌는지 궁금해하지도 않고 무조건 잠을 자려고 노력했다. 그게 습관이 되어 의과대학에 다닐 때도 밤 12시 넘어까지 공부해 본 적이 없다. 의과대학은 시험 치는 과목이 많아서 밤을 새워도 다 공부하기 어려운데 나는 12시를 넘길 수가 없었다. 자느냐, 시험공부를 하느냐 중에서 나는 늘 잠을 택했다. 비록 시험은 잘 못 칠 수 있어도 잠을 자야 성공할 수 있다고 했으니 12시를 넘겨 본 일이 없다. 참 우둔한 생각이다. '잠을 자야 성공한다고?'라는 일말의 의심도 없이 그렇게 하다 보니 그게 습관이 되어서 지금까지도 그런 습관을 버리지 못하고 있다. '그 말에는 필시 그럴 만한 이유가 있을 것이고, 그 이유는 어느 정도 공감을 얻기 때문에 그런 말이 생겨나지 않았을까?'라고 생각하지만 그 이유는 아직도 모른다.

잠에 관한 이야기로는 나폴레옹의 마상 5분간의 수면이 유명하다. 나폴레옹은 잠을 안 자면서 전투도 하고 정치도 했으니 많은 사람의 입에 오르내릴 만하다. 그런데 내가 의과대학에 다닐 때, 나폴레옹의 잠에 관한 일화를 여러 책에서 읽었는데 그는 잠을 안 잔 것이 아니라 말을 타거나 전투 중에 잠시 틈이 날 때 잠을 잤다는 내용이 많았다. 그렇다면 5분씩 열 번 자면 합해서 50분은 자는 것이다. 이렇게 그가 틈틈이 잔 수면 시간을 모두 합하면 그도 잘 만큼 잤다고 생각된다.

　잠을 자야 성공한다는 이 말이 맞다면 나폴레옹은 그런 성공을 거둘 수 없어야 옳다. 지내 놓고 보니 잠은 참 중요하다. 내가 중학교 때 들었던 말을 진위도 모른 채 맹목적으로 믿으면서 습관화한 것이 지금까지 유지된 이유는 무엇일까? 잠에 대해서 정신과를 찾을 만큼 고통스러웠던 경험은 갖고 있지 않다. 간혹 이런 수면장애를 가진 분들이 나에게 조언을 구하는 경우가 있다. 나는 서슴지 않고 수면유도제를 복용할 것을 권한다. 내가 수련의일 때 판매되던 수면유도제와는 격이 다른 발달된 좋은 약이 많으니 굳이 피할 필요가 없다. 이분들은 수면제를 복용하다 보면 습관성이 생길 수 있으니 그것이 두려워서 정신력으로 이겨 보려고 한단다. 불면증은 정신력으로 이길 수 있는 것이 아니다. 잠은 신체적인 반응이다. 그러므로 정신력으로 견뎌보겠다는 것은 정신력을 너무 과신하는 것이다. 정신이라는 것도 신체가 생명을 유지하고 함께 작용하는 기능이다. 몸은 죽었는데 정신만 살아서 기능할 수는 없다. 정신력도 대단히 중요하다. 그렇지만 신체적으로 수면을 유도해 줄 수 있는 약을 복용하면서 정신력을 발휘한다면 불면증을 더 쉽게 극복할 수 있을 것이다. 규칙적으로 잠자는 습관을 지금이라도 길러보자. 왜냐하면 이 수면은 우리 신체 건강을 유지하는 가장 기본적인 조건이기 때문이다. 그런 소중한 일을 바쁘다고 건너뛰어서야 되겠는가?

　일장춘몽 一場春夢, 이것은 한바탕 꿈을 꾸고 나니 흔적도 없는 봄밤의 꿈이라는 뜻이다. 비록 한바탕 꿈속을 거닐다 깨어나더라도 그 꿈속의 주인공이 되어 보는 것도 좋지 않을까? 그만큼 꿈은 우리에게 황홀감을 주기 때문이다. 그래서 우리는 잘 때 자고 깨어 있을 때는 깨어 있어야 한다. 잠은 보배다. 우리 몸을 유지해 주는 원동력이다. 그리고 잠은 우리 삶에 있어서 가장 고마운 선물이기도 하다.

사랑한다 말하라

〈말 한마디〉

부주의한 말 한마디가 싸움의 불씨가 되고
잔인한 말 한마디가 삶을 파괴합니다.
쓰디쓴 말 한마디가 증오의 씨를 뿌리고
무례한 말 한마디가 사랑의 불을 끕니다.
은혜스런 말 한마디가 길을 평탄케 하고
즐거운 말 한마디가 하루를 빛나게 합니다.
때를 맞는 한마디가 긴장을 풀어주고
사랑의 말 한마디가 축복을 줍니다.

— 작자 미상

요즘 뉴스를 들으려고 TV를 켜 보면 이곳저곳 가릴 것 없이 이슈가 되고 있는 내용은 자그마한 단어 하나이다. 이 단어의 뜻을 가지고 이러쿵저러쿵 다투면서 정말 말이 많다. 정치에 상관없는 내가 듣기에는 말장난 같아서 이런 시조를 한번 떠올렸다.

말하기 좋다 하고 남의 말을 하는 것이
남의 말 내 하면 남도 내 말 하는 것이
말로써 말이 많으니 말을 말까 하노라

지은이가 누구인지는 모르겠지만 《청구영언靑丘永言》이라는 책에 수록된 시조다. 이 책은 1728년 영조 4년에 김천택이 역대 시조를 수집하여 펴낸 최초의 시조집이다. 시조 998수가 실려 있어서 시조 연구의 교본이 된다. 이런 시조가 당시에 유행했던 이유는 그때도 지금처럼 말이 이슈가 되어 말이 꼬리에 꼬리를 무는 싸움으로 이어지는 일이 많았기 때문이 아닐까 생각된다. 이런 시조대로 따라 간다면 입을 다물고 있는 것이 최선이다.

그런데 "입은 삐뚤어졌어도 말은 바로 하라"라는 속담이 있다. 이는 또 말을 하라는 뜻이다. 시조는 말을 하지 말라고 하고 속담은 말을 하라고 하니 말을 해야 하나, 하지 말아야 하나?

요즘 시간을 내어 유튜브에서 사마천의 《사기》를 설명해 주는 영상을 즐겨 듣는다. 설명해 주시는 교수님이 책에 충실하여 알기 쉽게 전달해 주니 내용도 내용이지만 듣기가 수월하고 재미있다. 말꼬리 같은 것을 가지고 시비할 필요가 없으니 재미있게 듣고 있다. 《사기》는 중국의 춘추전국시대의 책이니 2000년도 전인데, 그때도 말 때문에 참사를 당하는 일이 비일비재했다. 말을 잘해도 목이 날아가고 말을 잘 못해도 목이 날아가고 또 서로를 음모해서 목이 날아갔다. 입만 열면 목이 날아가는 상황이니 정말 시조가 맞는 것 같다. 말은 하는 사람도 주의해야 하지만 듣는 사람이 어떻게 듣느냐에 따라서 결과가 달라진다. 춘추전국시대의 《사기》를 보면 말하는 사람의 말과는 관계없이 그 말을 듣는 제후나 왕의 심기에 따라서 목이 날아갔으니 그런 위험을 무릅쓰고 말하기도 참 어려웠을 것 같다. 그런데도 죽음을 각오하고 말하는 사람도 있었으니 그런 사람을 보면 우리 속담이 또 맞다.

요즘 선거철인데, 며칠 전 TV를 켜 보니 지겹지 않는 한 장면이 나와서 재미있게 보았다. 나오는 후보마다 말꼬리 잡고 상대방을 비방하는 막말투성이였는데, 이 프로는 예능프로라서 그런지 후보 한 분을 모시고 즐겁게 진행하고 있었다. 재미있었다. 물론 연출된 내용이기는 하겠지만 휴대전화로 후보자의 부인과 우연히 통화하도록 연결하여 둘이 대화하는 장면도 보여줬다. 이 프로만 보면 지금이 선거철인지 아닌지도 잊게 할 만큼 재미있었다. 그 후보는 부인과 전화 통화 중 여러 이야기를 하다가 '자기 사랑해'라는 말도 아주 애교스럽게 했다. 그 말을 들으면서 나도 해 보지 못한 말이라 한번 흉내 내 봐야겠다는 싱거운 생각도 했다. 사실 그 후보는 이런 곱상한 말씨보다 막말과 욕을 잘하는 것으로 이미 소문나 있는 분인데 그런 분한테도 그런 살가운 면이 있다는 게 신기해서 나도 흉내 내 보기로 했다. 사무실에서 아내에게 말을 걸었다.

"자기야, 아이 러브 유."

아내는 이 뚱딴지같은 소리를 듣고 이렇게 반응했다.

"싱거운 소리 하지 말고 하던 일이나 하세요."

이 말을 듣고 섭섭하지는 않았지만 무안했다. 하긴 결혼하고 지금까지 아내를 자기라고 불러본 적이 없고 사랑한다고 말해 본 적도 없다. 그런데 90세가 다 돼서 이런 말을 했으니 '이 양반 혹시 치매 아닌가?' 하고 오해했을지도 모르겠다. 이런 말은 아무나 하는 게 아닌가 보다. 생각해 보면 사랑한다는 말이 왜 싱거운 말일까? 나보다 20세 정도 적은 친지에게 집에 가서 나처럼 싱거운 소리를 한번 흉내 내 보라고 권했다. 이튿날 그에게 들은 말은 이랬다.

"그 말했다가 침대에서 떨어질 뻔했어요."

그도 그렇지 정말 사랑한다는 표현인데 왜 싱겁게 여기고 침대에서 떨어질 뻔해야 하는가? 생각해 보니 습관이다. 우리같이 나이 든 사람은 연애할 때 한두 번 사랑한다고 말했을 뿐 결혼하고는 그 말을 살갑게 해 본 적이 없다. 사랑한다는 말은 한 번 말하면 됐다고 생각했다. 눈만 마주치면 사랑한다고 하는 서양 사람들이나 요즘 젊은 사람들을 보면서 그들이 이상하다고 생각되기도 하고 부럽기도 하고 그랬다. 가만히 생각하면 결국 그들과 나는 표현하는 습관이 다른 것이다. 그렇다면 젊은이들의 새로운 습관을 한번 따라 해 보는 것도 심심치 않을 텐데 한 번 했다가 무안을 당했다. 그런 무안쯤이야 새로운 경험을 하는데 거리낌이 될 이유가 없다. 나는 틈만 나면 그런 싱거운 표현을 했다. 이런 장난기 어린 내 표현은 나이 들어 무료함을 달래는 방법이기도 한데 이게 와전되어 자녀들은 걱정을 한다. 혹시 치매의 전조 증상이 아닌가 하고…….

자기들은 젊다고 스스럼없이 말하면서 나이 많은 내가 그런 말을 하면 치매로 몰려야 하니 그것 또한 재미있다. 거칠게 나간 말은 거칠게 돌아온다는 옛말이 있다. TV의 막말을 매일 시청하면서 저 말이 결국 자기에게로 돌아갈 것인데 그것도 모르고 쉴 새 없이 막말을 토해 낸다는 생각이 든다. 이제 우리 한 번쯤은 생각하고서 말해 보자. 말은 꼭 해야 되는 것이다. 그래야 소통이 되는 것이다. 기왕 말을 한다면 서로 생각을 나눌 수 있고 감정을 공유할 수 있는 고운 말을 한다면 얼마나 좋겠는가? 남에 대해 좋지 않은 말을 그렇게 떠벌린다면 그 뒷감당을 어떻게 하려는가? 나는 늦게 시작한 싱거운 소리지만 아내로부터 똑같은 말이 돌아올 때까지 적당히 틈만 나면 끈질기게 해 보려고 한다. 그러다 보면 내가 했던 싱거운 소리를 싱겁게 되돌려줄지 모르지 않겠는가?

'싼 게 비지떡'이라는 말이 있다. 이 말은 옛날에 박달재를 넘어 과거를 보러 가던 선비에게 주막집 주인이 비지떡을 보자기에 싸서 주며 배고프면 먹으라고 한 데서 유래되었다. 참 재미있는 말이다. 나도 이 속담처럼 하얀 도화지 위에 '사랑합니다'라고 쓰고 마음의 보자기에 정을 담아 꼭꼭 싸서 전달한다면 "사랑합니다."라는 말은 결코 싼 비지떡은 되지 않을 것이라고, 비 오는 오후 배시시 웃으며 싱거운 생각을 해 본다.

논쟁에서 이기지 마라

구겨진 옷은 다림질하면 되고
찢어진 옷은 꿰매면 되지만

사람의 마음은
그렇게 간단하지 않습니다

한 번 마음을 접으면 좀처럼 펼 수 없고
한 번 마음이 찢기면 수선하기 힘들어요

구겨진 마음을 돌이킬 수 없고
찢어진 마음은 꿰맬 수 없으니까요

몸에 생긴 상처는 병원에서 치료받으면 되지만
마음에 난 상처는
그 무엇으로도 치유되지 않아요

말에도 생각이 있어야 하고
행동에도 생각이 있어야 해요

생각 없는 말과 행동이 사람의 마음을
얼마나 아프게 하고 힘들게 하는지 모릅니다

지금 곁에 있는 사람에게 잘하세요
가까이 있는 사람과 따뜻한 마음을 주고받을 때
우리는 보석처럼 눈부시게 빛이 나고 아름답습니다

— 이시우(전 보령시장, 1948~)

　

논쟁이란 서로 다른 견해를 가진 사람들이 말이나 글로 옳고 그름을 따지며 다투는 것을 말한다. 서로 자기주장만 옳다고 하다 보면, 논쟁은 결실을 맺지 못하고 철로처럼 평행선만 달리게 된다. 그러나 또 논쟁을 하다 보면 서로 비슷한 점을 발견하여 적당한 선에서 합의하는 경우도 많다.

논쟁도 대화의 일종이고 소통의 수단이다. 내가 생각하는 바를 상대방에게 말하고 전적으로 동감을 얻을 수만 있다면 좋겠지만 상대방도 자신의 견해와 감정을 가지고 있는 터라 논쟁한다고 해서 꼭 의견의 일치를 보고 공감을 얻어낼 수는 없다.

　나는 논쟁도 소통이라는 점을 염두에 두고 갑론을박하는 가운데서도 서로 공통점을 찾아 합의에 이를 수 있으면 좋겠다고 생각한다. 하지만 대부분은 논쟁을 성패의 수단으로 생각한다. 논쟁을 전쟁처럼 여겨서 이기고 지는 개념으로 이해하기도 한다. 누가 논점과 주장을 합리적으로 잘 펼쳐서 상대방을 굴복시키느냐 하는 것이 승패의 관점에서 바라본 논쟁일 것이다. 그러나 넓게 생각하면 어떠한 종류의 대화든 합의에 이르는 소통이 되어야지 아귀다툼하듯 상대방을 흠집 내고 이기고 지는 승패의 노름이 되어서는 건설적인 성과를 얻을 수 없다.

　요즘 젊은이들에게는 잘 알려져 있지 않은 작품이지만, 한때 작가 정비석(1911~1991)은 《서울신문》에 〈자유부인〉이란 장편소설을 연재했다. 1954년 1월 1일부터 8월 9일까지 215회에 걸쳐 게재된 이 소설은 당시로서는 파격적이게도 불륜을 다루었다. 전쟁통이었는데도 사람들은 이 소설에 열광했고 신문은 불티나게 팔려 나갔다.

　소설의 주된 내용은 대학교수 부부가 각각 바람을 피우는 것이다. 지금은 흔해 빠진 스토리이지만 수십 년 전엔 사람들이 충격적으로 여기며 빠져들 정도로 일간지에서는 다루기 쉽지 않은 소재였다. 그러니 전쟁의 고통 속에서도 사람들은 이 소설에 대한 흥미를 잃지 않고 신문이 나오기만을 학수고대했으니, 지금 생각해도 참 신기한 일이다. 물론 신문에 연재되었으니 세간의 관심을 끌 수 있었겠지만, 이 소설이 더욱 유명세를 타게 된 것은, 당시 서울대학교에 재직 중이던 황산덕(1917~1989) 교수와 정비석 작가가 치열한 논쟁을 벌였기 때문이었다.

　황산덕 교수는 불륜이라는 주제도 주제지만, 주인공이 하필 교수 부부라는 점에서 큰 모멸감을 느꼈다고 한다. 이에 대해 정비석 작가는 남의 소설을 폄훼하려면 한 번쯤 읽기라도 해야지 주인공이 교수라는 이유 하나 때문에 비난을 퍼붓는 것은 잘못되었다고 반박했다. 이를 시초로 해서 또 여러 번 논쟁이 오고 갔다. 당시 여론의 관심은 황산덕 교수에게 더 많이 쏠렸다. 황산덕 교수는 자신이 교수라서 비난하는 것이 아니라 교수 부부의 외도에 혐오감을 느낀다며 논쟁을 계속하였다. 많은 사람이 황산덕 교수의 논리에는 고개를 끄덕이면서도 계속해서 신문을 사서 소설을 읽었으니 참으로 모순이 아닐 수 없다. 지금 이 소설을 다시 읽어본다면 그리 논쟁거리가 될 만도 못하다. 그러나 그때의 사회 분위기는 교수 부부의 불륜을 다룬 소설이 세간의 관심거리가 될 만큼 불륜을 용납하기가 어려웠다.

지금은 세상이 변하여 불륜을 대놓고 이야기한다고 해도 누구 하나 신기해하지도 않고 독특한 이야깃거리도 되지 않을 것이다. 그러니 딱히 문제 삼고 논쟁을 벌일 일도 아니다. 그런데 당시에는 교수 대 작가의 논쟁이 황산덕 교수의 승리로 끝났다. 만일 현 시대에 다시 이런 논쟁이 불붙는다면 분명 정비석 작가가 승리할 것이라고 생각한다.

논쟁이 때로는 여론으로 승패가 갈리기도 하지만, 설사 예전에는 이겼다고 하더라도 세월이 지나면 패할 수 있고 또 지금은 진다 해도 나중에는 설득력을 얻을 수도 있다. 그러므로 처음부터 마음 문을 열고 승패의 개념에서 벗어나 합의의 관점에서 의견을 주고받는 문화가 자리 잡았으면 하는 바람이다.

나는 네팔 카트만두에 있는 한 불교학교에서 난상토론爛商討論(여러 사람이 모여서 충분히 의논함)을 하는 것을 직접 본 적이 있다. 티베트 불교의 특징인지, 전체 불교에서 행해지는 교육법인지는 알 수 없었으나 무척이나 신기했다. 티베트의 최고 불교학교 세라사원에서는 라마승들이 교리문답 시간에 최라Chora라는 토론을 격렬하게 벌인다. 토론 방식을 자세히 들여다보면, 답변자는 앉아서 질문자에게 답변하고 질문자는 서서 앉아 있는 답변자에게 질문한다. 이 과정에서 일어났다가 앉았다가 자기 몸을 과격하게 움직이며 손뼉을 치기도 하고 질의문답을 한다.

무슨 교리문답이 저리도 격렬하단 말인가? 나는 난상토론과 논쟁을 혼돈한 적이 있는데, 난상토론도 서로 다투어 가면서 의견과 감정을 표출하는 소통 방법이라는 점에선 논쟁과 같다. 그러나 싸우는 가운데도 합의점을 도출하려는 점에서는 논쟁과 다르다.

왜 논쟁을 하면 기차의 선로처럼 평행선을 달리다가 꼭 누가 이기고 지는지를 판가름하려는 걸까? 논쟁이라는 단어 자체에 '쟁爭(다툴 쟁)'이라는 글자를 포함하고 있는데 그 자체가 말싸움을 뜻한다. 다툼이나 싸움에는 승패가 있기 마련이니 이기고 지는 것을 당연히 여기게 되었나 보다. 그러나 논쟁과 달리 토론은 합의에 이르거나 적어도 공동의 대안을 찾아내는 것을 목표로 하는 소통 수단이다.

승패는 일시적이다. 세월이 흐른 후에 보면 이겼다고 여겼던 논리가 설득력을 잃고, 졌다고 생각했던 논리가 이기는 경우가 많다. 상대와 마음을 터놓고 이야기하려면 우선 승패의 개념에서부터 벗어나 보자. 이기고 지는 사소한 자존심 싸움에서만 벗어난다면, 처음에는 싸움으로 시작한 논쟁도 건전한 토론에 이를 수 있고 서로 합의하게 되어 건전한 대화의 수단이 될 수 있을 것이다. 따지고 보면 사람들의 감정이나 생각에는 공통점이 많다. 이런 비슷한 점에도 불구하고 사소한 부분에서 견해나 느낌을 달리하는 경우가 많다. 그러니 더욱 토론이 필요하고 그러다 보면 논쟁도 일어나는 것이다. 논쟁도 싸움이 아니라 토론과 같은 뜻으로 사용되었으면 좋겠다. 토론과 논쟁이 건전해야 사회가 건강하게 발전한다.

영국의 급진적인 언론인 칼라일(1790~1843)은 이런 말을 남겼다.

"남과 토론할 때 화를 낸다면 진리를 위해 다툰 것이 아니라 자기 자신을 위해 다투는 것이다."

이 말을 듣고 엉뚱한 생각을 한번 해보았다. 만약에 공자와 아리스토텔레스가 만나 인간의 본성과 선악善惡의 문제에 대해 토론하면 어떻게 될까? 먼저 화를 내고 일어서서 나가는 사람이 지는 거라고 서로 약속했다고 치자. 그러고서 토론을 시작한다면 어떤 결론이 날까? 누가 먼저 화를 내며 자리를 박차고 일어날까? 아마 두 철학자는 세계의 석학이니 토론을 벌일 때 자리를 박차지도 언성을 높이지도 않은 채 각자 주장을 격렬하게 펼칠 것이다.

    탈무드에는 이런 말이 나온다.

    "인간은 입이 하나고 귀는 둘이다."

    이 말인즉슨, 사람이 대화를 할 때는 말하기보다 듣기를 두 배 더하는 것이 미덕이라는 뜻이다. 이 격언에서처럼 말을 잠시 줄이고 상대의 말을 경청할 줄 아는 사람이 합의점을 찾고 대안을 찾아내는 진정한 토론의 달인이지 않을까 싶다.

당신의 과거와 화해하라

《넬슨 만델라 어록》 중에서

최선의 무기는 함께 앉아 이야기를 나누는 것이다.

교육은 세상을 바꿀 수 있는 가장 강력한 무기다.

평화는 인간이 개발해야 할 가장 위대한 무기다.

……

화해는 과거의 정의롭지 못했던 유산을 고치기 위해 함께 노력하는 것을 의미한다.

— 넬슨 만델라(남아프리카공화국 제8대 대통령, 1918~2013)

한 사람의 삶 전체를 일생이라고 치고 구분해 보면 과거가 있고 현재가 있으며 미래가 있다. 우리가 살고 있는 지금은 한순간이 지나면 곧바로 과거가 되어 버린다. 그리고 지금 이후에는 새로운 미래를 맞이해야 하는데 아무도 미래를 경험해 본 적이 없기 때문에 누구나 '미래'라고 하면 막연히 희망을 떠올리기도 하고 두려움을 느끼기도 한다.

이렇게 크게 나누어 생각해 보면 인간의 한평생은 과거, 현재, 미래라는 세 토막으로 구분된다. 인간이 겪은 과거는 이미 지나가 버린 세월이고 불가역적인 성격을 띠고 있다. 과거가 제아무리 화려했다 해도 지나가 버린 사건이고, 고통스러웠다고 해도 다시 겪을 일은 아니다. 그러니 과거는 추억일 뿐 다시 그때로 돌아가 사는 것은 불가능하다.

나의 환자 중 한 분은 내가 그를 치료하는 2년 동안 매번 나에게 이렇게 졸랐다.

"나를 원래 모습으로 되돌려 주세요."

이것이 바로 그분의 소원이었다. 어찌 할 도리가 없으니 몇 번만 들어도 지겨울 법한데, 나는 2년 동안 같은 말을 듣고도 그에게 어떠한 도움을 주지 못했으니 허탈감만 들었다. 인류가 생겨난 이래 지금까지 과거로 되돌아간 사람은 단 한 사람도 없는데, 내가 무슨 힘으로 그의 소원을 들어주겠는가? 치료하는 가운데도 그냥 무력감만 느낄 뿐이었다.

내 친구 중에 한 명은 산부인과 의사인데 그도 나와 비슷한 고민으로 괴로워하곤 했다. 그런데 그 친구가 생각하는 치료의 개념은 내가 말하는 치료와는 조금 달랐다. 그는 '완치'를 증상에서 깨끗이 회복되는 것으로 여기고 완치가 어렵다며 고뇌에 차 있었다. 내가 생각하는 치료의 개념은 완치가 아니라 쾌유하는 것이다.

너무 깊은 마음의 상처는 영원히 치료될 수 없는 것처럼 보인다. 나 자신이 정신과 의사인데도 너무 깊은 마음의 병은 치료가 안 되는 경우가 있으니 나도 가끔씩 할 말을 잃을 때가 있다. 하지만 상처가 있고 고통이 있다 해도 주변 상황에 적응하면서 살아갈 만하다면 완치되지 않았다 해도 괜찮지 않을까? 나는 그런 관점에서 마음이 아픈 사람들을 평생 돌봤다.

나는 정신과 환자를 치료하면서 일찍이 통찰한 바가 있다. 통찰이란 깨달음과도 비슷한 말인데, 나의 인생 경험을 통해 나름 깨달음을 얻었다는 뜻도 된다. 과연 내가 깨달은 것은 무엇일까?

간단하다. 환자는 내게 와서 줄곧 마음에 사무친 과거의 상처를 이야기한다. 그 과거의 기억을 지우지 못해서 끝없이 호소하려 찾아오는 것이다. 그들의 호소를 인내하며 듣다 보면, '고통은 저렇게 과거에 집착을 하다 보니 발생한다'는 것을 저절로 알게 된다. 물론 나도 아픈 과거를 떠올리면 섭섭함이나 울분, 후회 같은 고통스러운 감정이 올라온다. 그런 내가 치료자라고 환자 앞에 앉아 있는데 환자들은 나를 붙잡고 고통을 호소하기 위해 찾아오다니 신기하지 않은가? 똑같은 생각과 감정, 행동거지를 지닌 사람인데 왜 나는 치료자이고 내 앞에 앉은 분은 환자일까?

그게 궁금했다. 내가 통찰이니 깨달음이니 거창한 말을 써본 것은 그 환자들을 스승 삼아 그와 똑같은 마음이 되어 보기로 했고 그들의 상처를 헤아려 보려 했기 때문이다. 그들과 내가 다른 점이 있다면 딱 한 가지였다. 그들은 지나간 과거에 약하게든 강하게든 집착한 나머지 그때 그 감정을 놓지 못하고 붙잡고 있었다. 나는 환자를 반면교사로 삼아 그 집착의 끈을 놓아야겠다는 통찰을 얻었다.

다른 신체 질환은 원인이 되는 병변을 잘라내면 그만이지만 정신과에서 말하는 마음의 상처는 잘라낼 도리가 없다. 지우개로 지울 수도 없다. 그렇다면 그 상처를 일상생활에 크게 영향 받지 않을 정도로 희석하는 수밖에 없다. 평상시 생활하는 동안 크게 영향을 받지 않을 만큼만이라도 고통을 놓을 수 있고 집착에서 벗어날 수 있다면 그는 마음의 상처로부터 자유로워질 것이다. 그 정도의 자유라면 과거의 고통을 현재의 삶에까지 끌어오지 않는다. 정신과 의사로서 내가 할 수 있는 최선의 방법은 과거의 고통을 그만큼이라도 희석해서 지금의 생활에 영향 받지 않도록 하는 것이다.

나는 의과대학을 졸업하고 난 뒤 줄곧 일해 왔기 때문에 여러 가지 공적·사적인 일에서 생긴 스트레스의 영향을 받아 왔다. 간혹 깊은 마음의 고통을 해결하지 못하고 현재의 일상생활을 하다 보면 그 분노가 사그러들지 않아서 현재의 삶이 고통스러웠던 적도 있다. 나는 환자를 돌보며 얻은 반면교사의 통찰을 교훈 삼아 일찍부터 나의 지난 과거와 화해하는 법을 배웠다. 한두 번 해본다고 쉽게 과거가 지워지는 것은 아니다. 이 통찰을 여러 번에 걸쳐 행동화하고 장기적으로 습관화하다 보면 스스로 과거와 화해하는 일이 그리 어렵지 않게 된다.

내 말을 잘못 듣는다면, 마치 내가 하해와 같은 넓은 아량을 지녀서 고통스러웠던 과거의 감정과 행동을 잘 처리하고 지내는 사람으로 뻐기는 것으로 오해될 여지가 있다. 하지만 나는 결코 그렇지 않다. 내 앞에 앉아 있는 환자만큼 고통스럽기도 했고 그 고통을 이기지 못하여 현재에 집중할 수 없을 만큼 집착도 해본 경험자이기 때문에 하해와 같은 넓은 아량을 갖춘 인격자와는 도통 격이 맞지 않는다. 단지 나는 반면교사의 경험을 통해 얻은 통찰을 인내를 가지고 실천해 보았고, 어지간한 과거사에는 집착하지 않게 되었다는 뜻이다.

그런데 이 글을 쓰다 보니 문득 내 일생 중 가장 심각하게 고통스러웠던 일이 또렷하게 떠오른다. 이 기억이 떠오를수록 흥분된다. 그리고 그때의 기억이 아프게 다가온다. 지금도 이 점이 나는 매우 놀랍다. 그러고 보니 완치가 치유라면 그것은 거의 불가능하다는 친구의 말도 옳다. 지금까지도 난 그 고통의 기억을 의식 수준에서는 아예 잊어버리고 한 번도 생각해 본 적이 없는데, 그 과거의 고통이 지금까지도 생생하게 떠오르는 것을 보니 신기할 따름이다.

적어도 의식 수준에서는 지워졌고 또 그 과거 때문에 일상생활을 하는 데 지장을 받은 적은 없으니 완전히 치유되었다고 착각했다. 지금도 이렇게 그때의 기억이 현재처럼 생생하게 떠오르고 뒤따라 그때의 분노도 함께 의식 수준으로 올라온다. 하지만 나는 훈련해 온 방법으로 지금 떠오르는 과거의 고통과 분노를 얼마간에 무의식 속으로 잠재울 수 있다.

결론적으로 내가 하고자 하는 말은 과거와 화해해 보라는 것이다. 과거와 화해하고 그때의 고통과 분노를 치유할 수만 있다면 마음이 한결 자유로워진다. 마음이 자유롭다는 것은 그만큼 행복하다는 뜻이다. 이런 통찰은 가만히 앉아서 얻을 수 있는 것이 결코 아니다. 일부러 화해하고 치유하기 위해 피나는 노력을 하는 사람도 많다. 이를 테면 수도자 같은 사람들이 그렇다. 수도자들이 아니더라도 일상을 살며 고통을 겪은 사람은 누구나 어떤 계기를 힘입어 나처럼 통찰에 이를 수 있다.

세네카가 한 이 말을 누구나 가슴에 새겼으면 한다.

"지나간 과거를 떠올리며 자기를 학대하는 자나 오지 않은 미래로 걱정을 사서 하는 자나 어리석기는 매한가지이다."

그리하여 과거에 매달리지 않는 냉철함을 지니고, 오지 않은 미래를 걱정하지 말며, 지금 현재 이 순간에 살며 오늘을 기억할 것을 권장한다. 나의 반면교사의 교훈처럼 각자의 과거와 화해하고 상처를 치유해 보자.

힘껏 여행하라

살구꽃 핀 마을

살구꽃 핀 마을은 어디나 고향 같다.
만나는 사람마다 등이라고 치고 지고.
뉘 집을 들어서면은 반겨 아니 맞으리.

바람 없는 밤을 꽃그늘에 달이 오면,
술 익는 초당(草堂)마다 정이 더욱 익으리니,
나그네 저무는 날에도 마음 아니 바빠라.

— 이호우(시인, 1912~1970)

인생을 마음껏 누려라

'여행은 가슴이 떨릴 때 해야지, 다리가 떨릴 때 해서는 안 된다.'

이 말은 내가 만든 것이 아니다. 누가 썼는지 또 어떤 제목의 글이었는지도 알 수 없으나 어떤 글을 읽던 중 이 문장 하나가 마음에 와 닿았고 지금까지 기억에 남아 있다.

인생은 넓은 의미에서 여행이다. 어디에서 와서 어디로 가는지는 모르지만은 적어도 지구에서 사는 동안은 삶 그 자체가 하나의 소소한 여행이다. 여행은 '일이나 유람을 목적으로 다른 고장이나 외국에 가는 일'을 일컫는다. 이 말이 맞다면 여행은 가슴이 떨릴 때 해야지 다리가 떨리면 하려고 해도 할 수가 없다. 두루 돌아다니면서 보자면 발이 떨려서는 안 되기 때문이다. 나는 지금 생물학적인 연령으로 봐서 발이 떨리는 시점에 와 있으니 가슴이 떨린다고 무턱대고 돌아다니기도 어렵다. 그래서일까? 엉뚱한 생각을 해보았다. 나도 가슴이 떨릴 때는 심심치 않게 여행을 많이 다녔다. 그런 여행을 '발품을 파는 여행'이라고 한다면 발이 떨려 발품을 팔 수 없다면 이제 '머리 품을 파는 여행'을 해보면 어떨까 생각해 본다.

내가 만들어낸 말인 이 '머리 품을 파는 여행'에 대해서는 부연 설명이 필요할 것 같다. 나는 일생 정신과 의사로서 마음이 상한 사람들을 도와주는 일을 했기 때문에 머리에 대한 생각이 조금은 남다르다.

이 세상에서 누가 여행을 제일 많이 한 사람일까? 검색해본 결과, 여행가나 탐험가의 이름이 줄줄이 나온다. 이 많은 여행가 중에 이름이 들지는 않았지만 내 생각엔 철학자 칸트(1724~1804)가 이 세상에서 여행을 가장 많이 한 사람일 것 같다. 역설적이다. 칸트는 집 밖에 나오는 시간은 일정했고, 골목길을 산책하는 것 외에는 여행을 해본 적이 없는 것으로 알려졌기 때문이다. 후세에 '철학자의 길'로 불리게 된 그 길을 걷는 칸트를 보고 사람들은 지금 몇 시인지를 알 수 있을 정도로 칸트는 일정한 시간에 산책을 했다고 한다.

나는 칸트의 철학에 대해서는 아는 바가 없다. 그런데 이런 일화에 나오는 그의 산책 행동은 정신의학적인 용어 몇 가지로 표현할 수 있다. 산책 행동 하나를 두고 표현할 말은 많다. '정확하다. 반복적이다. 규칙적이다. 일관성이 있다. 경직되어 있다. 융통성이 없다.'

그렇다면 그가 여행이라고 할 만한 거리를 다녀본 적은 있을까? 아마도 없을 것 같다. 이것은 내 생각이지만 그럼에도 불구하고 세계에서 여행을 제일 많이 한 사람은 칸트라고 내가 엉뚱하게 생각한 데는 나름의 이유가 있다.

천문학자인 아들과 이런 대화를 나눈 적이 있다. 지구와 크기나 조건이 비슷하거나 같은 별이 우주에 있느냐고 물었더니 많이 있단다. 개수를 알려 주었는데 잊어버렸다. 나는 그 말을 듣고 가슴이 떨렸다. 우리와 같은 조건이 갖추어진 별이 있다면 거기에도 지적 생물체가 있을까? 지구와는 어떻게 다를까? 나이답지 않게 가슴이 떨렸다. 나는 대화를 이어가기 위해 이런 질문을 던져 보았다.

"그런 별이 있다면 한번 가보고 싶은데 갈 수 있을까?"

갈 수 있단다. 나는 가슴이 더 떨렸다. 정말 가보고 싶었다.

"그럼 나도 갈 수 있니?"

아들의 대답은 내 질문보다 더 허황되게 들렸다.

"물론 갈 수 있지요. 제일 가까운 지구와 유사한 별에 도착하려면 수백 년이 걸립니다."

'헉! 그렇다면 수백 년을 살 사람이 어디 있겠는가? 지금 겨우 백 세 시대라고 하는데 말이다.'

이런 작은 궁금증에도 천문학을 전공하지 않는 나로서는 우주 공간의 넓이와 거리, 시간의 개념이 잘 와 닿지 않는다. 내가 이해할 수 있는 범위를 넘어서기 때문에 그저 허황되게 들릴 뿐이다. 그래서 생각해 낸 것이 세계에서 제일가는 여행가는 칸트가 아닐까라는 엉뚱한 생각을 해 본 것이다.

그 이유를 설명해 보겠다. 그가 발품을 팔아 산책한 곳은 집 앞 골목길에 불과하니 우리가 흔히 생각하는 여행가는 아니다. 그럼에도 불구하고 내가 그를 제일가는 여행가라고 생각한 이유가 있다. 실제 그가 그랬는지는 알 수 없지만 내가 그에게 내가 의미하는 바를 프레임으로 씌웠다. 집 안에 들어앉아서 무얼 하겠는가? 상상이라는 머리 품을 팔 수밖에 없다. 상상은 경계도 없고 무한하다. 그것이 시간이라고 해도 유한하지 않는 무한의 개념이다. 이런 공간이 우주 공간이라면 칸트는 상상으로 우주 공간을 헤집고 다니지 않았을까? 그렇다면 이 좁은 지구에서 그것도 자기 집 앞의 골목만을 걸어 다닌 그가 (상상이긴 하지만) 제한 없이 쏘다녔다면 그런 여행이 제일가는 여행이지 않겠는가!

나도 상상이 많은 사람이다. 고등학교 시절이다. 수업이 시작돼도 선생님이 하시는 말씀은 들리지 않고 나 혼자 상상의 나래를 펼치면서 비현실적이지만 온갖 곳을 머리 품을 팔면서 돌아다녔다. 한 번은 선생님이 이름을 호명하면서 일으켜 세웠다. 선생님은 나에게 선생님나이 조금 전에 설명한 내용이 무엇이냐고 물었다. 한 시간 내내 엉뚱한 상상 여행을 하고 돌아다녔으니 현실에서 선생님이 강의하신 내용은 듣지 못했다. 어쩔 수없이 '모르겠습니다'라고 너무나 엉뚱한 대답을 했다. 수업 시간에 선생님이 말씀해 주신 내용을 하나도 듣지 않았으니 엉뚱한 대답을 할 수밖에 없었다. 이런 내가 정신과 의사가 되면서 내가 허황되게 상상했던 무한의 여행을 비슷하게 경험한 환자분을 많이 만났다. 이분들을 만나면서 '나도 그런 생각을 많이 했었는데, 내가 정신과를 전공하지 않았다면 내 앞에 앉아 있는 환자처럼 나도 누군가를 찾아가서 상담하며 약을 처방받았을지 모르겠다.'라는 생각이 들었다. 실제 우리가 말하는 발품 파는 여행은 경계가 있고 시간도 제약이 있는 틀 속에서의 여행이라면 상상 속의 여행은 제한된 울타리가 없다. 시간의 제한도 없다. 모든 것이 무한대다. 그러나 가장 차이 나는 것은 실제 여행은 일상생활에서 가능한 우리 삶의 일부분이지만 비현실적인 상상의 여행은 일상에서는 일어날 수 없다는 점이다. 환자는 일상에서 일어날 수 없는 여행을 고집하면서 여행한다. 나는 다행히 고집하지는 않고 일상으로 돌아와 현실 생활을 했기 때문에 이상하다는 소리는 듣지 않았다.

나이가 들면서 신체적으로 정말 발이 떨리긴 하지만 가슴도 젊을 때보다는 덜하지만 아직도 떨림은 있다. 나이 들어 우리가 직시해야 할 것 중 하나는 나이에 적합한 신체적 조건을 올바로 인식해야 한다는 것이다. 흔히 마음은 젊은데 몸이 말을 듣지 않는다는 말을 한다. 이는 마음이 하는 말을 떨리는 발이 알아듣지 못한다는 의미이다. 발품을 팔 수 없다고 여행하지 못할 것이 있겠는가? 내가 말한 머리 품을 팔아 여행을 해보자. 머리 품을 파는 여행 한 가지는 내가 가슴 떨릴 때 여행했던 경험을 기억하면서 즐겨 보는 것이다. 다른 하나는 비현실적이지만 제한이 없는 무한한 상상 여행을 해 보는 것이다. 이것도 즐거울 것이다. 이런 뜻에서 나는 칸트를 잘 모르지만 머리 품을 판 여행을 가장 많이 한 여행가로 꼽아 보았다.

북마남선北馬南船이라는 사자성어가 있다. 이는 '중국의 북쪽은 산과 사막이 많아서 말을 이용하고 남쪽은 강이 많아서 배를 이용한다'는 뜻으로, '늘 쉬지 않고 여기저기 여행하거나 돌아다님을 이르는 말'이다. 이처럼 여행은 마음과 발이 건강할 때 발품을 팔아서 하자. 여건이 허락되는 한 많이 하자. 여행은 인생의 깊이와 안목을 넓혀 주기 때문이다. 덴마크 작가 안데르센(1805~1875)은 '여행은 정신을 다시 젊어지게 하는 샘이다'라고 했다. 지금은 비록 발이 떨려서 하고 싶은 여행은 못 하지만 마음의 여행만은 누구 못지않게 해 본다.

인생을 마음껏 누려라

조롱박 그득 술 향기 담아 허리춤에 차고서 이곳저곳을 기웃거린다. 이 등 저 등 거리낌 없이 치고 꽃그늘에 달 마중 나가 교교히 길을 밝혀 주는 길 따라서 오늘도 마음의 발품을 팔며 다녀 본다.

편집자의 글

내가 이근후 선생님을 처음 만났던 것은 스무 살 때였다. 나는 대학시절 내내 이근후 선생님에게 진료를 받았다. 어릴 적 사고로 상당히 오랜 기간 동안 정신적 후유증을 앓았는데 마침 어머니가 선생님의 평생교육원 강좌를 듣고 있었고 나를 선생님의 삼청동 진료실로 인도했다.

참으로 귀하고 드문 인연이다. 선생님께 진료를 받은 지는 어언 20여 년이 지났고 나는 오랜 시간 끝에 서서히 회복되어 다시 글을 쓰며 출판사를 열게 되었다. 인사차 선생님께 연락드렸는데 눈이 어두워진 가운데도 집필 활동을 계속하고 있다고 안부를 전해 오셨다. 더욱이 장애인과 요양보호사의 도움을 받아 글을 쓰고 계시고, 무엇보다 자신처럼 잘 볼 수 없어 글을 접하기 힘든 시각장애인을 위한 점자책을 내보고 싶다고 하셨다. 나는 옛 환자로서, 편집자로서, 작가로서 '옳다구나, 내가 선생님 책을 내야지' 했다.

이근후 선생님께서 베스트셀러를 출간한 경험이 있는 유명 작가이기 때문만은 아니었다. 그 처한 상황과 순수한 의도에서 요즘 시대엔 찾아보기 힘든 잔잔하고 훈훈한 감동이 전해져 왔기 때문이다. 선생님은 내게 나눔과 힐링의 철학을 몸소 실천한 분으로 기억된다. 그리하여 선생님의 글을 인디북스의 첫 책으로 삼게 되었다. 나 역시 오래 병고를 앓아본 처지라, 인디북스를 통해 밝고 희망이 가득한 메시지를 전하고 싶었다.

　지금 돌이켜보면 나의 젊은 시절은 사는 데 별로 도움이 안 되는 생각과 세상에 대한 원망으로 가득했고, 그런 나머지 자포자기하고 좌절하여 생을 저버리고 싶을 만큼 괴로웠던 순간도 여러 차례 있었다. 주변에 믿을 만한 인간은 당최 하나도 없다고 혼자 자주 한탄하곤 했는데, 그런 내게 오직 선생님 한 사람은 바른 말을 해주는 의사셨다. 절대 아부가 아니고, 그만큼 객관적 이성과 전문성을 갖추고 진료해 주셨다는 뜻이다. 헌데 함께 갖추기 힘든 덕목인데도 그 곁에 있으면 따뜻함과 넉넉함이 느껴졌다. 이젠 본인 눈이 어두우신데 시각장애인을 위한 점자책을 내고 싶어 하시는 모습을 보며, '과연 선생님답다' 하는 생각이 들었다.

　아무리 듣기 좋은 말을 하고, 교훈적인 글을 써낼지라도, 행동과 실천에서 모자람이 많다면 표리부동하다, 이중적이다 비판받기 십상이다. 그러나 내가 보아온 선생님은 정신과 환자라는 이유로 나를 비인격적으로 대우하거나 폄하하신 적이 없다. 아픈 것도 서러운데 사회적 차별까지 감내해야 했던 그때 상황을 떠올리면 참으로 고마운 의사시다. 더러 버럭거리기도 하고 짜증내는 모습도 보았는데 서운하기보단 굉장히 솔직한 분이라는 생각이 들었다.

이 책은 애초부터 시각장애인을 위해서 기획되었는데 점자책 이외에도 '읽어주는 전자책'으로도 출간될 것이다. 장애는 불편함이지 결함은 아니라는 평소 나의 소신이 조금이나마 전해져 많은 시각장애인이 만지고 들으며 내용뿐 아니라 그 속에 담긴 저자의 사랑까지 느낄 수 있길 바란다. 비장애인 독자도 나눔과 베풂 속에 소소한 행복을 찾길 기원해 본다. 또한 이근후 선생님이 건강하고 재미나고 행복하게 집필활동을 이어가시길 빌어 보며, 인디북스 첫 책을 기획출간하며 느낀 감동을 백분지 일 전해 본다.

2022년 8월

인디북스 최다경